CHINA'S ECONOMIC GROWTH PROSPECTS

From Demographic Dividend To Reform Dividend

現代中国経済入門

―― 人口ボーナスから改革ボーナスへ

蔡 昉 =著　丸川知雄 =監訳・解説　伊藤亜聖・藤井大輔・三竝康平 =訳

東京大学出版会

China's Economic Growth Prospects
From Demographic Dividend to Reform Dividend
by Cai Fang
Copyright©2016, Social Sciences Academic Press

Published with the financial support from the Chinese Fund for the Humanities and Social Sciences

Japanese translations by Tomoo MARUKAWA, Asei ITO, Daisuke FUJII, and Kohei MITSUNAMI
UNIVERSITY OF TOKYO PRESS, 2019
ISBN978-4-13-046131-3

現代中国経済入門

目　次

序　章 ……………………………………………………………… 3

第1章　長期発展の曲がり角 …………………………………… 11
　1　中国経済の展望　11
　2　大分岐と大収斂　15
　3　新古典派的収斂論の誤り　17
　4　高度経済成長が減速する時期とその理由　21
　5　結　論　24

第2章　二重経済の発展 …………………………………………… 27
　1　ルイス・モデルの中国への適用可能性　28
　2　農業の余剰労働力　33
　3　余剰労働力の推定　35
　4　労働移動　39
　5　結　論　42

第3章　ルイスの転換点 …………………………………………… 45
　1　労働力不足　46
　2　労働需要の変化　48
　3　賃金の上昇と収斂　55
　4　結　論　60

第4章　人口ボーナス ……………………………………………… 63
　1　経済成長の人口的要因　64
　2　中国の人口転換　69
　3　中国経済の成長会計　72
　4　人口ボーナスの消失　75
　5　結　論　78

第5章　未富先老 ……………………………………… 81

1　早熟な人口高齢化　81

2　第二の人口ボーナスはあるか？　84

3　貯蓄への誘因と年金制度　88

4　退職年齢と労働供給　92

5　結　論　95

第6章　中所得国の罠に陥るリスク ……………… 97

1　中所得国の罠の理論的基礎　98

2　外国の経験と実証的証拠　102

3　中国の経済成長に対する含意　107

4　結　論　110

第7章　経済成長の新たなエンジン ……………… 113

1　資本の収穫逓減の法則　114

2　国内における雁行形態型発展　118

3　創造的破壊のメカニズム　122

4　政策的なゆがみの回避　125

5　結　論　131

第8章　移行期のマクロ経済政策 ………………… 135

1　中国経済における不均衡はどこにあるのか　136

2　中国の潜在成長率　139

3　景気刺激策の潜在的な代価　143

4　結　論　151

第9章　人的資本の蓄積 …………………………… 155

1　産業高度化と技術に対する需要　156

2　労働市場における教育のインセンティブ　159

3　中国は「過剰教育」の状況にあるのか？　163

4 教育の発展に対する政府の責任 166

5 結　論 172

第10章　所得不平等の削減 ………………………………… 175

1 クズネッツの転換点に関する新たな事実 176

2 経済成長と所得分配 181

3 所得分配に関する議論 184

4 相対立する見方の間の共通点 188

5 結　論 191

第11章　労働市場制度と社会保障 …………………………… 193

1 労働市場の転換 194

2 増大する労働市場制度への期待 197

3 政府の役割の転換 201

4 社会保障の発展 205

5 結　論 211

第12章　改革のボーナスを獲得する ………………………… 213

1 中国の改革は行き詰っているのか? 214

2 新段階の改革の特徴 220

3 改革ボーナスはどこにあるのか? 223

4 結　論 228

解　説　丸川知雄 …………………………………………… 233

1 本書の特色と著者 233

2 ルイス 234

3 リカード 238

4 マルクス 240

5 ルイス理論がなぜ現代中国に当てはまるのか? 241

6 日本経済 242

参考文献 245
索　引 263

現代中国経済入門

装幀：間村俊一

序 章

　世界銀行は4年ごとに東アジアの経済発展の現状と課題に関するレポートを刊行している．そのシリーズの第一弾が1993年に発行された『東アジアの奇跡：経済成長と政府の役割』であった．そこでは香港，インドネシア，日本，韓国，マレーシア，シンガポール，台湾，タイのダイナミックな成長と，それを可能にした政策について分析していた．このレポートは東アジアの経済発展を高く評価するものであったが，それに反論したのが著名な経済学者のポール・クルーグマンである．彼は「フォーリン・アフェアーズ」誌に寄稿した「アジアの奇跡のまぼろし」と題する論文のなかで，東アジアの経済成長は奇跡などではないし，それは持続可能ではないと論じた．

　実際，1997年には東アジアで連鎖的な金融危機が起こり，各国の経済が大きな打撃を受けた．危機の原因が東アジアの構造的な問題にあることも明らかになり，クルーグマンの批判の正しさが証明されたかのように見えた．とりわけ深い危機に陥ったのがインドネシア，韓国，マレーシア，タイである．

　だが，少し長い目で見れば，結局は世界銀行の見立ての方が正しかった．危機後ほどなくして東アジアは再び力強い成長を取り戻し，金融危機の悪影響を克服したのである．2007年に世界銀行が刊行したレポートのタイ

トルは『東アジアの再興：経済発展のアイディア』であった.

東アジアの「再興」は単に一時的な経済危機から回復したというのにとどまらず, かつての栄光を取り戻すという意味がある. 経済史家のアンガス・マディソンによれば, 1820 年の時点で, 東アジアと太平洋地域は世界の国内総生産（GDP）の 40% を生み出していた. 21 世紀の東アジアは 19 世紀初めにそうであったように世界を再び牽引しようしている.

世界銀行の 1993 年の『東アジアの奇跡』では中国は主たる分析対象とはなっていなかったが, 2007 年の『東アジアの再興』では中国も取り上げられている. そこでは, 中国の経済成長と世界経済に対する貢献を評価し, 東アジア全体の前途についても楽観できるとしていた. ただ, このレポートでは「中所得国の罠」, すなわち中レベルの所得水準にある国の多くが高所得国になれずに停滞していることも指摘されていた. 現在中所得レベルにある中国もそうした罠に陥る危険性があることを示唆したのである.

一口に東アジアといってもその経済発展のレベルはさまざまである. 各国の経済発展はそれぞれ複雑な経過をたどっており, そこからいろいろな教訓を汲み取ることができる. 中国はそうした東アジア各国の経験や教訓を学ぶことができるはずである.

中国の急速な経済発展は 1970 年代末から始まった. そこでは二つのことが起きていた. すなわち, 二重経済の発展と経済体制の移行である.

二重経済の発展とは, 過剰な労働力を抱えた農村と, 近代的な工業を持つ都市という二つの部分から構成される経済において, 農村から都市への労働移動を通じてこの二つの部分が結びつくことによって一国経済全体が拡大していく現象を指す.

1970 年代までの中国では, 農村と都市とが厳格に分断されていたが, 70 年代末以降, それまで農村から都市への労働移動を妨げていた障壁が徐々に取り除かれていった. すると, 農村から沿海部の都市へ大勢の労働者が出稼ぎをするようになった. 中国は対外開放政策によって国際分業のなかに入っていったが, 出稼ぎ労働者の豊富な労働力を生かして, 労働集約的な産業における比較優位を獲得したのである.

アメリカの経済学者ローレンス・サマーズは, 中国は個人の一生のうち

にその生活水準が100倍以上になった人類史上初めてのケースとして後世の歴史家によって語られるだろうといっている．もっとも，これはいささか誇張しすぎで，本当にそんなことが実現するためには1人当たりの所得が毎年7％ずつ70年近くにわたって成長し続ける必要がある．1980年代初め頃の中国人の平均寿命は70歳ぐらいだったし，1978年以来，中国の1人当たり所得は2017年まで年8％以上のペースで成長しているものの，この先あと30年ぐらいハイペースで所得が高まらないと人の一生の間に生活水準が100倍になるということにはならない．

　二重経済の発展，すなわち農村の過剰な労働力が都市の工業へいくらでも無制限に流入してくるような状況こそ，中国の経済発展の不変のパターンであると考える人は多い．また，労働集約的な工業製品を大量に作って輸出するだけでは，中国の労働者は低賃金に甘んじざるをえず，所得が高まらないと主張する人も多かった．

　そうした人たちにとって意外だったのは2004年以来，農村からの出稼ぎ労働力の流れが鈍り，沿海部の多くの工場から労働力不足で困っているという声が上がるようになり，一般労働者の賃金が上昇しはじめたことである．もっとも，こうしたことがいつか起きることは二重経済発展の理論を生み出したアーサー・ルイスの議論から予想できたことであり，そのことを開発経済学では「ルイスの転換点」の到来と呼ぶ．都市部の工業が従来は低賃金で出稼ぎ労働者をいくらでも雇うことができたのが，出稼ぎ労働者の流れが鈍ってきたことにより，賃金を引き上げなければ必要な労働力が確保できなくなる状態が「ルイスの転換点」である．

　中国がルイスの転換点に到達したかどうかに関してはさまざまな意見があるが，いずれにせよ2004年が一つの区切りであることは確かである．それ以降，沿海部の工場では非熟練労働者の賃金が急激に上昇しているし，農村では農業に従事する労働者の数が減少している．そしてあらゆる産業で，従来は人手に頼っていたような作業を機械で代替しようとする動きが活発になっている．労働者を多数使うような産業で賃金が上昇するとコストが高くなってしまうので，より低賃金で労働者を雇うことのできる中国の内陸部やカンボジアなどの近隣国に工場を移転する動きが目立つようになった．つまり，従来の二重経済発展のパターンが弱まっており，中国の

経済発展はいやおうなしに新たなステージに入らざるをえないのである.

中国で二重経済発展が進んでいた時期は,ちょうど中国がいわゆる「人口ボーナス」を享受していた時期とほぼ重なる.人口ボーナスとは,総人口の中で生産年齢人口(一般には15〜59歳,または15〜64歳の人口を指す)の割合が持続的に高まっていく状況を指す.生産年齢人口の多くは就業を求めるため,労働の過剰供給が生じる.農村では農業に過剰に労働が投入されるため,労働の限界生産性がとても低い[1].だが,いずれは総人口に占める生産年齢人口の割合が上昇から低下に転じるようになる.それはまた従属人口(14歳以下,および65歳以上の人口を指す)の割合が低下から上昇に転じるということでもある.これが人口ボーナスの消失であるが,中国でこれが起きた時期は,ちょうどルイスの転換点が現れた時期と重なっている.

一般にどの国も,出生率と死亡率がともに高い多産多死の段階から,多産少子,そして少産少死の段階に変化する「人口転換」のプロセスを経るが,中国は経済発展が急速であったことに加え,一人っ子政策という強力な人口政策が展開されたことにより,人口転換が他国よりもかなり短期間で終わった.多くの国は人々が富裕化するのに伴って出生率が低下し,少産少死になって,人口の高齢化が進展するが,中国は富裕化しないうちに高齢化を迎える,すなわち「未富先老」ということになった.実際,生産年齢人口(15〜59歳の人口)の絶対数はすでに2011年から減少を始めている.

人口ボーナスの消失は労働供給の伸びを鈍化させるので,潜在成長率を押し下げる要因となる.中国の中央政府も地方政府も経済成長の勢いが低下してくるのを見て,過去30年と同じような高い経済成長率を維持しようと焦り,投資などの手段で経済を刺激しようとした.だが,潜在成長率を上回る経済成長を無理に実現しようとすると,経済のバランスが崩れ,調和が乱されるので,そんな経済成長を長期にわたって続けることはでき

---

(1) [訳注] 労働の限界生産性とは,労働者を1人増やすことによって増える生産の量,という意味である.もともと労働者が過剰なところに,もう1人労働者を増やしても生産はほとんど増えない.このことを「労働の限界生産性が低い」という.

ない.

1990年以降, バブルが崩壊して日本経済は低成長の時代を迎えたが, 日本は無理をして成長率を高めようとしたため, かえって深刻な経済の停滞に見舞われた. もし中国が同じ轍を踏むのであれば, 中国はいつまでも中所得国から抜け出せない「中所得国の罠」にはまることになるだろう.

富裕化以前の高齢化は「中所得国の罠」の原因となりうる. 人口ボーナスはこれまで中国の高度成長を労働供給の面から支えてきたが, それが失われた後, それに代わる経済成長の源泉を見つける必要がある.

人口ボーナスのおかげで中国はこれまで30年以上にわたって先進国へのキャッチアップを加速させてきた. ルイスの転換点の到来は中国経済の二重経済発展の終わりが近づいていることを示している. 東アジアの多くの国が同様の転換を経てきたが, その過程でつまずく国も少なくない. フィリピン, マレーシア, インドネシア, そしてラテンアメリカのいくつかの国々は中所得の段階にずっととどまっており, 中所得国の罠にはまってしまった. 日本は高所得国になったが, 高所得の段階で長い停滞を経験している.

中国の経済成長が今後どうなるかは経済理論, 他国の経験, そして中国自身の経験から予測できる. 今後のゆくえはどのような政策を選択するかによって大きく左右される. 未利用なまま眠っている労働力などの生産要素を引き出し, 生産性の向上を促すような改革を続けていくことこそが, 中国が経済成長を続けていくための唯一の道である, と過去の経験は教えている.

中国は果たしてルイスの転換点を通過したのか, いつまで人口ボーナスを享受し続けることができるのか, 「未富先老」がいかなる意味を持つのか, 中国は中所得国の罠にはまるのかについて議論は尽きない. 単に人口学, 開発経済学, 新古典派成長理論を応用するだけでは答えは出てこない.

本書は, 経済理論と中国の現実に対する客観的な評価に基づき, 首尾一貫した分析枠組を構築することを目指す. 外国の経験も中国の前途に対してさまざまな教訓を与えるだろう. さまざまな概念の意味を明確にすることが議論の深化には不可欠である. ただ, 読者が本書で取り上げるあらゆる問題について同意することを求めるものではない. 中国が直面する最大

の課題は中所得国の罠を乗り越えることであるという認識を持ってもらえれば本書の課題は十分に果たされたといえる.

本書は欧米で発展した経済理論が中国のユニークな経済発展の経験にも応用可能であることを示すものとなるだろう. 20 世紀後半には,発展途上国の経済的なキャッチアップに関わる理論として,アーサー・ルイスの二重経済発展の理論などさまざまな開発経済学の理論が登場した. しかしその後,二重経済発展の理論は新古典派経済学からの批判にさらされて忘れられつつある. だが,労働供給曲線が常に右上がりだ,つまり賃金が上昇すれば労働供給は増えていくという新古典派経済学の仮定は,発展途上国の現実を説明するには不適切かつ非現実的である.

1970 年代末に改革開放政策を開始して以降の中国の経済成長は,単一の経済理論で説明しつくせるものではない. 経済発展の各段階ではそれぞれ異なる経済法則が作用するからである. 本書では中国の経済発展の各段階に応じてさまざまな経済理論を動員する. 筆者は本書の分析をなるべく経済理論と整合的なものにしたいと思うが,欧米の経済学を鵜呑みにするわけではない.

以下の各章では,中国の経済発展の経験の全体を議論する. 取り上げるトピックは,ルイスの転換点の到来,人口ボーナスの消失,「未富先老」,そして中所得国の罠の危険性である. 本書では人口ボーナスという成長の源泉が尽きた後,経済発展と社会の進歩を持続させるための改革と政策課題を明らかにする.

第 1 章では,各国の経済発展の分岐と収斂という世界規模の現象を説明する分析枠組のなかに中国の経済発展を位置づける. そして,新古典派経済学が中国や他の発展途上国の発展を導く役割を果しえず,それを説明したり予測したりすることに失敗したことを明らかにする. 他国の経験では高度成長の後に中成長,低成長の時期が到来するが,その経験に照らしたとき中国はいまどのような位置にあるのか,中国はどうすれば中所得国の罠を避け,「偉大なる復興」を実現できるのかを問う.

第 2 章,第 3 章,第 4 章では,ルイスの理論が中国の移行期の経済に応用できるかを検討し,経済改革・対外開放と並行して進展した二重経済発展のプロセスを跡づける. これらの章では,中国の体制改革,経済成長,

人口転換を踏まえながら，農村から沿海部へ空前の規模の労働移動が生じた状況をふりかえり，農村にどれぐらいの過剰労働力があったのか，1970年代末から今日までの状況を明らかにする．労働力不足と賃金の上昇という形でルイスの転換点が現れており，中国が長い間享受してきた人口ボーナスも消え始めていることを示す．

　続く第5章と第6章では中国での経済発展と人口転換の特色を明らかにする．中国は1人当たり所得が比較的低い段階で高齢化社会になった．すなわち，「未富先老」が起きているが，これは経済成長の持続にとって大きな脅威であり，中所得国の罠にはまる恐れが高まっている．中所得国の罠は世界の多くの国で実際に起きている現象であり，中国の経済成長の将来を理解するうえでも重要な視点である．

　第7章から第12章までは中国がどうすれば中所得国の罠を避けることができるのか，その課題について議論する．第7章，第8章，第9章では新たな経済成長の源泉を開拓して潜在成長率を引き上げる方策を議論する．旧来の成長の源泉が枯渇するなかで，今後は労働供給の潜在力を引き出したり，生産性を引き上げたり，人的資本を蓄積したりすることが必要である．これまでの各国および中国の経験から考えると，需要よりも供給側を重視するべきだと考える．経済成長の減速に直面したとき，為政者は有効需要が不足していると考えて需要刺激策をとる．だが，中国でそれをやると，中所得国の罠にはまるリスクがかえって高まる．

　生産性を引き上げるためには創造的破壊のメカニズムが必要である．すなわち，比較優位や競争力を失い，市場で生存することが困難になった企業には退出してもらわなくてはならない．だが，企業は消滅しても，そこで働いていた労働者たちを路頭に迷わせるわけにはいかない．失業などによる所得格差の拡大は，多くの国が中所得国の罠に落ち込む原因になっており，その意味でも格差拡大を防ぐ必要がある．第10章，第11章では所得格差，労働市場制度の不完全性，そして勤労者に対する社会的保護の欠落について議論する．他方で，生活保護などを充実しすぎると労働意欲の低下を招くおそれがあるので，有効な保護と労働意欲の維持をバランスさせるような労働市場制度と社会保障メカニズムを構築する必要がある．中国では政府と企業の役割分担を見直すことが重要である．

今後，中国が中所得国から高所得国への上昇を成功させるには，成長の源泉を人口ボーナスから「改革ボーナス」に転換することが重要である．第12章では，経済改革がこれまでたどってきた論理を明らかにするとともに，これから求められる改革を指摘する．「改革ボーナス」を具体的に数量化することによって，改革の効果を明らかにし，政策当局に対してどのような改革に優先的に取り組めばいいのかを提案する．第1章での問いに対する本書の結論は，中所得の罠を回避し，偉大なる復興を成し遂げるには改革の道しかない，というものである．

第1章　長期発展の曲がり角

希望の春でもあれば，絶望の冬でもあった．（チャールズ・ディケンズ『二都物語』）

中国経済の将来をめぐって，経済学やその他いろいろな学問分野の学者，さらには専門家でない人たちまでが，これまで長い間，さまざまな予測を行ってきた．中国を賞賛するものもあれば批判するものもあり，中国政府もしばしばそういう予測を気にしてきたし，メディアや学界での論争にもなった．なかには学問的に厳密でない予測もあったが，少なくとも中国の経済成長が直面する課題に対して警鐘を鳴らす役には立ったし，課題の解決策もいろいろ提案されてきた．

ただ，本書では方法論がしっかりした研究に基づく将来予測だけを吟味することとし，十分な証拠や経済理論に基づかない「オオカミ少年の警告」の類は無視することにする．また，短期的なマクロ経済変動については，外的なショックや政府のマクロ政策の変化や人々の期待の変化によって左右されるものなので，ここでの議論では取り上げない．中国経済や，中国にとって参照価値のある他国の経験に照らしたとき，中国はいまその将来を左右する分岐点に立っているといえる．

1　中国経済の展望

2010 年に中国の経済規模は日本を追い抜いて世界第2位の規模にな

った．では中国がアメリカを抜いて世界最大の経済大国になるのはいつになるのだろうか．国際通貨基金（IMF）が行った最も楽観的な予測によれば，購買力平価で換算した中国の国内総生産（GDP）は 2016 年に 19 兆ドルに達して世界の総 GDP の 18% を占め，18.9 兆ドルのアメリカ（世界の 17.7%）を凌いで世界最大になるという（IMF, 2011）．実際，世界銀行の計算によれば購買力平価で評価した換算した中国の GDP は 2014 年にアメリカを上回っている．通常の米ドル換算の GDP でも中国がいずれかの時点でアメリカを抜いて世界最大の経済大国になるであろう．

こうした予測は『千夜一夜物語』のような空想ではなく，これまでの流れを自然に将来に延ばした結果なのである．1990 年時点では中国は世界第 10 位の経済規模でしかなかった．1995 年に中国はカナダ，スペイン，ブラジルを抜いて世界第 7 位になり，2000 年にはイタリアを抜いて第 6 位となった．21 世紀の最初の 10 年間に中国はフランス，イギリス，ドイツ，日本を次々と追い抜いて世界第 2 位となったのである．

もっとも，中国は世界の人口の 2 割を占めているので，世界最大の経済大国になること自体はさして胸を張るべきことではない．ただ，中国の人口 1 人当たり所得に関しても楽観的な予測がある．例えば，ノーベル経済学賞を受賞したロバート・フォーゲルは 2040 年に中国の GDP は購買力平価で換算すると 123.7 兆ドルに達して世界の 40% を占めると予測した．中国の人口はそのときに 14.6 億人に達しているので，1 人当たり GDP は 8 万 5000 ドルとなるが，これは世界平均の 2.4 倍で，アメリカの 1 人当たり GDP の 80% になるという（Fogel, 2007）．

ただし，国連の予測では中国の人口はピークの 2035 年でも 14 億 4000 万人にとどまり，そのあとは減少に転じて，2040 年には 14 億 3000 万人になるとされている．さらに，2010 年に行われた中国の人口センサスに基づいて予測すると，中国の人口は 2020 年の 13 億 8000 万人がピークで，2040 年には 13 億人に減少するかもしれない．分母で

---

(2) ［訳注］「購買力平価」とは，各国の通貨で同じ量の商品やサービスが買えるようになる為替レートをいう．例えば同じハンバーガーが日本では 200 円，アメリカでは 1 ドルであれば，200 円＝1 ドルが購買力平価ということになる．

ある人口がこのように縮小する一方，GDPの総額がフォーゲルの予測通りということになれば，2040年時点の1人当たりGDPは彼の予測よりももっとアメリカに近づくことになる．過去30年余りの中国の高度成長を見れば，そういう未来予測もあながち驚くべきことでもない．

　欧米諸国が経済成長の歩みを速めた18世紀に中国は大きく遅れをとった．1700年から1820年の中国の年平均GDP成長率はわずか0.85%，1人当たりGDPに至るや全く成長しなかった．中華人民共和国が成立する1949年までの数十年間，中国は内憂外患に苛まれ，経済は停滞し，著しい貧困にあえいでいた．1820年から1952年までの年平均GDP成長率は0.22%，1人当たりGDPは−0.08%のマイナス成長だった．その間にヨーロッパはGDPが年平均1.71%，1人当たりGDPが年平均1.03%で成長したのである．

　中華人民共和国が成立した1949年から改革開放政策が始まった78年まで，中国と先進国や新興工業国との差は開く一方であった．中国は，市場メカニズムの否定，過度の資本蓄積，産業構造の不均衡によって特徴づけられる中央計画経済を実施し，苦しみ続けた．加えて度重なる政治運動が経済発展を攪乱した．中国と世界の他の国々との間の生活水準の差は縮まるどころかますます開いた．1978年には2億5000万人もの農民たちが絶対的貧困のもとにあったのである．

　1970年代末から中国は制度の抜本的な変革に着手した．農村では人民公社制度が廃止されて，農家による請負制(3)が導入された．計画経済による資源配分は市場メカニズムによる配分に置き換えられた．経済の閉鎖状態も打破され，中国はグローバル経済に参画するようになった．こうした改革開放政策によって，企業や個人にインセンティブを与える仕組み，現代的な企業ガバナンス，公共財政の仕組み，金融制度，そして社会保障制度など，市場経済に基づく効率的な経済制度が確立されていったのである．

　これらの成果によって中国の国力が強化され，人々の生活水準が向上した．1978年から2012年の期間における中国のGDP成長率は年平均9.8%である．中国は世界の主要経済大国との差を縮めただけでなく，国

---

(3)　［訳注］請負制とは，農家ごとに農地を割り当て，その農地を使って自由に農業を経営できるようにする制度である．

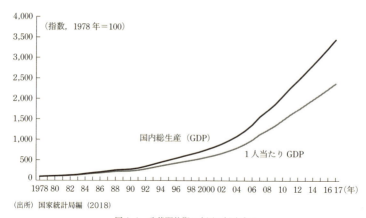

図1-1 改革開放期の中国の経済成長
(出所) 国家統計局編 (2018)

民の所得は奇跡的な飛躍を遂げた．1人当たりGDPは年平均8.7％のペースで伸びたのである（図1-1）．

　この時期の中国と同じぐらいの所得水準にあった先進各国が1人当たりGDPを2倍に拡大するのに要した年数を比べてみよう．イギリスは1780年から1838年までの58年間を要し，アメリカは47年（1839年から1886年），日本は34年（1885年から1919年），韓国は11年（1966年から77年）を要した．ところが中国は1978年から87年の9年間で2倍，87年から95年の8年間で2倍，95年から2004年の9年間で2倍，2004年から11年までの7年間で2倍と急速に所得を高めてきたのである．

　1994年に刊行された林毅夫・蔡昉・李周『中国の奇跡』では，中国，日本，アメリカの1980年から1995年までの経済成長率がその後も変わらず，為替レートや価格水準も不変だと仮定した場合に，中国の経済規模は2035年に日本とアメリカを抜くだろうと予測した．またGDPを購買力平価で換算した場合，2015年には日本とアメリカを抜くだろうとした．アメリカの経済学者であるローレンス・サマーズ，オーストラリアの外交貿易省，オランダの数量経済史家のアンガス・マディソン，そして世界銀行もおおむね同様の予測をしていた（Lin, Cai, and Li, 2003）．

　21世紀に入ってからは，少数の中国崩壊論者を除けば，国際機関や経済学者の多くは，中国が以前に予測されていたよりももっと早く世界最大

の経済大国になると見ている．いまやこの問題は単なる順位の問題というよりも，中国が世界史のなかで人類の文明の頂点から奈落に落ち，再び頂点に立つ唯一の国になるかどうかということに関心が移っている．

2　大分岐と大収斂

2007年の世界銀行のレポート『東アジアの再興』（Gill and Kharas, 2007）は，東アジア経済に対して高い期待を寄せている．その報告書によれば，この地域は世界の平均を大きく上回る年平均5.9%の勢いで経済成長し，2025年には世界のGDPの40%を占めるに至るという．東アジアは1820年の頃の栄光を取り戻そうとしている．中国経済の大きさと東アジアにおけるポジションから考えて，中国は東アジアの復興において最も重要な役割を果たすだろう．

世界経済史の分野では，世界の経済発展，技術，国民所得において欧米が支配的な地位を占めている今日の構図は，決して過去からずっとそうだったわけではないという点でほぼコンセンサスができている．歴史学におけるいわゆるカリフォルニア学派によれば西暦1500年の時点では世界の富は東洋，とりわけ中国に集中していて，ようやく1750年になって東洋と西洋の大分岐が始まったのである（Pomeranz, 2000; Goldstone, 2008）．

大分岐が始まるとともに，中国と西欧の間で，経済の繁栄度，科学技術のレベル，生活水準における差が開き，中国は貧しく弱い国として知られるようになった．産業革命のあと，東洋がなぜ西洋に対して遅れをとったのか，すなわち近代以前には西洋よりも科学技術が発達していた中国がなぜ産業革命のあと西洋に差をつけられたのかという「ニーダムの謎」をめぐって激しい論争が展開されたが，それはより大きな「大分岐の謎」の一部である．

中国は18〜19世紀に西欧で産業革命が起きるまでは，1000年以上にわたって科学，技術，経済が世界で最も発達した国であった．歴史研究によれば9世紀から13世紀まで中国の農業生産性は世界で最も高い部類に属したし，漢の時代から14世紀までは工業が世界で最も発達してい

た．宋代の中葉には商業の発達を示す都市化のレベルがヨーロッパを上回っていた．市場経済に関する各種の経済制度も発展していた．16世紀以降になって，中国の経済発展と技術進歩はヨーロッパに遅れをとるようになった．[(4)]

中華人民共和国が成立した1949年までの国内の動乱と外国の侵略だけでなく，人民共和国成立以後の度重なる政治運動や経済政策の失敗も中国の先進国へのキャッチアップを遅らせた．ある推計によれば大躍進[(5)]と文化大革命[(6)]によって中国の労働生産性は63%も下落した（Kwan and Chow, 1996）．文化大革命が終わった1970年代末，中国の指導者たちは，中国が欧米や日本のみならず台湾，マカオ，香港にさえ大きく遅れをとっていることに気づいた．

中華人民共和国が成立してから最初の30年間，中国は失政につぐ失政を重ね，先進国にキャッチアップするチャンスを逃してしまった．ノーベル経済学賞を受賞したマイケル・スペンスによればキャッチアップのチャンスは1950年から到来したという（Spence, 2011）．つまり，中国経済は30年分の経済成長を失ったということである．1980年代初めに経済改革が始まってから中国経済は急成長によってよみがえり，世界第2位の経済大国へとのし上がっていった．中国のような巨大な人口とGDPを持つ国が劇的に再生したことにより，世界経済における新たな大収斂が進んでいるのである．

経済史家の故アンガス・マディソンとその後継者たちは人類史の早期から現在に至る主要国のGDPと1人当たりGDPを推計したデータを提供している．マディソンのデータを利用することによって中国が世界経済に占めるシェア，および世界の平均と比べて中国の所得水準がどうであった

---

(4) Lin（2008）は，科学技術が最も発展していた中国がヨーロッパに遅れをとったという「ニーダムの謎」と，それにかかわる比較を行っている．

(5) ［訳注］「大躍進」とは，1958年から翌年にかけて急速な工業化を図るために大勢の農民などを製鉄業などに動員した政策である．無謀な政策によって農業生産が著しく減少し，数千万人が餓死した．

(6) ［訳注］「文化大革命」とは，1966年に最高権力者の毛沢東の呼びかけで学生や労働者たちが政府や企業の高官たちを攻撃した事件に端を発し，それ以後毛沢東が亡くなる1976年まで10年間にわたって政治，経済，文化の混乱が続いた時期を指す．

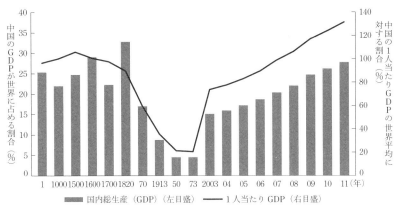

(出典) Maddison (2007)

図 1-2 中国の相対的な経済規模と経済水準

かを知ることができる．図 1-2 は中国の経済が落ち込みの後，劇的に回復したありさまを端的に示している．

歴史的に見れば，中国の 1 人当たり GDP が世界平均に比べて最も高かったのは西暦 1500 年で，そのときは世界平均より 6% 高かった．また，中国の GDP が世界に占める割合が最も高かったのは 1820 年で，そのときは世界の 3 分の 1 を占めていた．その後，中国が世界経済に占めるシェアは 150 年間にわたって下落しつづけ，1970 年代に底を打ったのち，1980 年代初めから次第に上昇している．つまり，長い目で見れば中国経済は 19 世紀後半から下落し，改革開放以降，V 字回復を遂げた．

3 新古典派的収斂論の誤り

新古典派成長理論における核心的な仮定の一つは資本の限界生産性の逓減である．すなわち労働の供給量に制約があるなかでは，生産活動に投じられる物的資本が多くなればなるほど，1 単位の資本の投入によって新たに生み出される産出は次第に減っていく．だから，もし先進国と発展途上国に同じ量の物的資本を投じるならば，発展途上国の方がより多くの産出を生み出せるので，より速く成長できるのである．発展途上国の方が長い期間にわたってより速く成長するならば，両者の経済発展レベルは次第に収斂していくだろう．つまり，理論的には発展途上国は先進国にキャッチ

アップできるはずなのである.

　しかし，実際に先進国と発展途上国との間の発展レベルが収斂している
かというと，多くの研究は否定的な結論を出している. 東アジアの少数の
国がキャッチアップに成功したのを除けば，むしろ先進国の方が途上国よ
り速く成長した. 発展レベルの収斂は起きておらず，むしろ両者の差は開
いてさえいる[(7)].

　新古典派成長理論が東アジア諸国などのキャッチアップを予測したり説
明できているかというとそうでもない. 新古典派成長理論が失敗した理由
は三つある.

　第一に，よく知られている新古典派成長理論の欠陥は技術進歩を外生的
な要素としたことである. 技術進歩は長期的な経済成長において重要な源
泉であり，究極的には唯一の源泉だともいえるのだが，それが理論モデル
の外に置かれてしまっているのである. そこで成長理論の研究者は理論モ
デルのなかに技術進歩などの要素を入れようとしてきた. 例えば，ポー
ル・ローマーやロバート・ルーカスらの新成長理論は人的資本の蓄積や技
術進歩の役割を取り入れることで成長理論を活性化した. しかし，収穫逓
増[(8)]の性質を持つ人的資本や，独占をもたらす傾向のある技術の進歩や普及
が成長モデルのなかに取り込まれると，新古典派成長理論の前提である完
全競争の仮定が崩れてしまう.

　第二に，新古典派成長理論は，経済成長を生産要素の投入と全要素生
産性（Total Factor Productivity: TFP）の上昇とに単純化してしまい，
TFP の上昇を統計的な残余としてしか扱わない. しかも，発展段階によ
る制度の相違を無視してしまう. 実証分析によれば，経済発展レベルの収
斂は同質性のある国々や地域の間で起きる. 例えば，経済協力開発機構
（OECD）に属する国々とか，アメリカ合衆国の州の間とか，日本の都道
府県の間など. 一方，異質性の高い国々や地域の間ではむしろ発展レベル

───────────────

(7)　21 世紀に入ってからは新興国の成長によって，長く続いた分岐の傾向が
　　逆転しつつある. この趨勢が今後も続くかどうかは注視していく必要がある.
　　本書の目的は，中国の経験に基づき収斂がなぜ起きるのか，どうすればそれを
　　持続できるかを明らかにすることである.

(8)　［訳注］収穫逓増とは，資本や経済の規模が大きくなるにつれて，投資に
　　よってもたらされる収益の増加が増えていく状況を指す.

の格差が拡大する．新古典派成長理論の収斂仮説を検証してみると，一部では成り立っているが，一部では成り立っていないので，収斂は条件つきで起きる，という新たな考え方が生じてきた．

　実際，新古典派成長理論が暗に含意しているのは条件つき収斂である．例えば，この理論は人口成長率の差や貯蓄性向の差が国々の間に長期的な成長率の差をもたらすことを示している．これらの条件が一定であると仮定したときにのみ低い所得水準からスタートした国がより急速に成長し，収斂が起きるのである．バローとサライマルティン（Barro and Sara-i-Martin, 1995）はそうした新古典派成長理論に基づき，経済成長の実証モデルのなかにさまざまな変数を入れることで，条件つき収斂仮説が成り立つ条件を探っている．

　新成長理論と新古典派成長理論には，各国の経済発展を説明するうえで得意な分野がそれぞれある．ローマー（Romer, 1986）やルーカス（Lucas, 2009）らの新成長理論は，先進国がさらに発展を続けることができる理由を収穫逓増で説明している．これはキャッチアップ過程にある国の成長を説明するにも役立つだろう．他方で，バローとサライマルティン（Barro and Sara-i-Martin, 1995）は経済成長に有意な正もしくは負の影響がある100以上の変数（要素）を見つけ出した．すなわち，貯蓄率や投資率，インフラの状況，制度，責任ある政府，人的資本，その他の人口の特徴，といった要素は，発展が遅れている国がキャッチアップを目指すうえで改善していくべき課題を示している．

　第三に，新古典派成長理論では労働は希少であり，資本の限界生産性が逓減すると仮定されているが，この仮定は多くの発展途上国には当てはまらない．東アジアの発展を新古典派の枠組みで見ていたポール・クルーグマンは，1990年代初頭の実証研究に基づいて，東アジアの発展モデルの限界を指摘した（Krugman,1994）．彼はシンガポールを例にとり，東アジアの経済発展は生産要素の投入に頼ったものであって生産性の向上に依拠していないと主張した．そのため，東アジアはかつてのソ連のように発展が行き詰まると予測した．

　しかし，シンガポールや他の東アジア諸国のその後の経済成長は，クルーグマンや他の新古典派経済学者の予測が誤りであったことを証明した．

彼らが間違ったのは，資本の収穫逓減という新古典派の仮定を，二重経済の特徴を持つ東アジアに当てはめたことに起因する．二重経済においては労働供給が無制限であるため，資本の限界生産性は逓減しない．また，生産性の低い農業から生産性の高い工業などに労働力が移動することによって資源の配分効率が向上する．

　東アジアの経済発展に関しては，世界銀行のレポート（例えば World Bank, 1993）のように東アジアの発展モデルを抽出するよりも，その経験と教訓を一般化することを目指したものや，クルーグマンのような新古典派経済学者の立場からの容赦ない批判以外に，非主流派の分析枠組を用いた数多くの研究がある．

　例えば，小島清（Kojima, 2000）は東アジアのキャッチアップ過程と，貿易・直接投資によって主導された輸出志向型発展を説明するために「雁行形態論」をより洗練された理論モデルに展開しようと試みた．ただ，小島自身が認めているように，このモデルはまだ東アジアの経済発展を十分に説明できるものではない．またもっと新しい研究としては，青木昌彦（Aoki, 2012）が東アジアのキャッチアップを説明するために，この地域の経済発展を五つの段階に分け，制度的要素を内生化することで，中国，日本，韓国の経済成長方式の共通性と制度進化プロセスの違いを分析している．彼が言わんとしたことは，各国の制度進化には経路依存性があるため，欧米のモデルを模倣しても成功する保証はないということである．

　もし主流派理論の限界をわきまえ，他の発展途上国との共通性と相違を把握し，中国の改革の歴史を知るならば，中国の成長実績を理解するのはさほど困難なことではないだろう．中国が過去 30 年の間に，経済発展と所得水準における先進国との格差を一気に縮めたことが示すことは，その国特有の特徴に合わせて成長方式を正しく選びさえすれば，後発国は必ず先進国にキャッチアップできるということである．また，経済理論は実践によって確かめられてこそ初めて有効だといえる．したがって，改革と開放，そしてそれによる急速な社会経済発展を示した中国の経験は，収斂仮説を検証するために 200 万回の回帰分析を行うことよりもはるかに意味がある．[9]

4 高度経済成長が減速する時期とその理由

　IMF などの国際機関は中国経済のこれまでの実績に基づいて，楽観的な将来予測を行っているが，だからといって将来の持続的な成長が約束されていると安心するわけにはいかない．この問題を考えるうえで日本のことを考えないわけにはいかない．日本は 1972 年に西ドイツを抜いて世界第 2 位の経済大国になってからも高い経済成長率を維持し，その勢いが続くかと思われた．ところが 1990 年以降の 20 年間，日本は「失われた 20 年」といわれるほど経済が低迷し，2010 年にはついに世界第 2 位の地位を中国に明け渡した．

　中国のかつてない経済成長が認知され評価されるにつれ，中国経済の成長鈍化がいつ，どのような状況のもとで，どの程度まで起きるかが研究されるようになった．統計学における「平均への回帰」の法則に基づき，プリチェットとサマーズ（Prichett and Summers, 2014）は中国の経済成長率は 2013〜2023 年の期間は年平均 5.01%，2023〜2033 年の期間は年平均 3.28% になると予測した．アイケングリーンら（Eichengreen et als., 2011）も同様の方法により，高度成長をしている国の 1 人当たり所得がどのようなレベルに達すると成長が鈍化するかを研究し，それが中国にとって何を意味するかを検討した．その結果，一般に 1 人当たり GDP が 2005 年国際ドルで測って 1 万 7000 ドルに達すると高度成長している国の経済成長率は平均して年 3.5 ポイント下がることがわかった．中国はそのレベルに近づいてきているので，2015 年以降，同じ道をたどる可能性が高い，という．

　経済成長率が鈍化することは必ずしも悪いことではない．それを自然なものとして受け止められるか，否定したくなるのかは，成長の鈍化をもたらす原因によって異なる．ロシアの文学者トルストイが述べたように，幸せな家庭はみな似通っているが，不幸せな家庭はそれぞれに不幸である．

---

(9)　スペイン出身のアメリカの経済学者サライマルティンは新古典派成長理論を検証するために自分が行った努力について「私は 200 万回の回帰分析を行った」と表現した．Sala-i-Martin（1997）参照．

成長鈍化の要因のなかには各国に共通するものもあろうが，各国独特の要因もある．中国は改革開放の時期を通じて人口ボーナスを享受してきたが，人口動態における急激な変化が今後成長を鈍化させる重要な原因となる．すなわち，今後豊かになる前の人口高齢化，すなわち「未富先老」が起きる．

　低い出生率のもとでの人口転換が長く続いた結果，中国は人口の年齢構成が大きく変化した．第6回人口センサス（2010年）によれば，15～59歳の人口は2010年にピークを迎え，それ以降は減少し始めている．2010年から2050年の間に，この年齢層の人口は2930万人減少すると予測されている．こうした人口の趨勢に応じて，GDPの潜在成長率も1950～2010年は10.3％だったのが，2011～2015年は7.6％，2016～2020年は6.2％へ下がっていくと予測されている．つまり，2010年は中国の経済成長における分岐点なのである．

　2010年の中国の1人当たりGDPは，アイケングリーンら（Eichengreen et als., 2011）が用いている2005年国際ドルで測ると1万1466ドルだった．一方，1992年の日本のそれは2万7250ドルで，2010年の中国とは発展レベルが全く違うように見える．ただ，1992年までの日本も，2010年までの中国と同様に，人口ボーナスというチャンスを生かして高い成長を続けてきた．それが，人口転換が新局面に入ったことで生産年齢人口が減少に転じ，従属人口比率が高まり，そこへ経済成長率の低下が重なったという点では，1992年の日本と2010年の中国には共通性がある．

　経済成長が減速する境目で，従属人口比率，すなわち［（14歳以下の人口＋65歳以上の人口）／（15～64歳人口）］が上昇に転じている．図1-3に示したように日本経済は成長率の減速を2度経験している．1回目は1970年代初頭，2回目は1990年代初頭であり，それぞれ人口動態の変化と符合している．特に2回目の減速以降，かなり長期の停滞が続いている．

　中国の成長率の減速については三つの点に注意すべきである．第一に，人口動態の変化が成長率を鈍化させた重要な要因ではあるものの，他にも要因がある．いわゆる「中所得国の罠」にはまって成長率が鈍化した国々

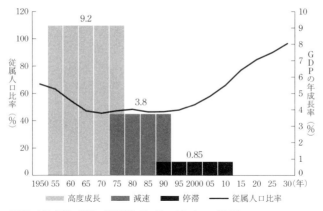

(出所) 人口＝国連，GDP＝世界銀行，Hoshi and Kashyap (2011)
図1-3 日本経済の減速・停滞と人口転換

の経験からいえることは，中所得から高所得の段階に移行するときには，発展戦略と社会政策を抜本的に変える必要があるということである（Gill and Kharas, 2007）．

　第二に，アイケングリーンらが示したこれまでの経済発展のパターン，すなわち成長率鈍化の局面に入ると経済成長率が3.5ポイント下がるというパターンがもし中国にも当てはまるとすると，中国の成長率は下落した後でもなおかなり高い．中国は1978〜2012年の期間は年平均9.8%で成長したので，仮に3.5ポイント下がっても年6.3%である．だから，仮に減速するとしても，下手に景気刺激策を繰り出してかえって経済の停滞を招くような愚を犯してはならない．

　最後に，中国が2010年に日本を抜いて世界第2位の経済大国になったといっても，1人当たりの水準でいえばようやく上位中所得国の仲間入りをしたにすぎない．その時の中国の1人当たりGDPは1992年の日本の42.1%にすぎない．1990年以降の日本経済の停滞は所得水準が高くなってからの停滞であり，いわば「高所得国の罠」にはまったといえるが，中国がもし今後停滞に陥るとすれば，それはラテンアメリカや東南アジアのいくつかの国が陥ったのと同じ「中所得国の罠」ということになる．

　そうした最悪のシナリオを避けるためには，中国は過去の成功の夢から覚め，経済成長が鈍化したときの課題に直面する必要がある．問題は中国の経済成長率が減速するか否かではなく，将来必ずやってくる減速といか

に共存し，かつ停滞を避けるかである．幸いにもそうした局面での成功と
失敗の経験は数多くある．

5 結 論

　これまでの他国の経験をふりかえると，経済成長率が鈍化するポイント
から三つの異なるシナリオが分岐していることがわかる．以下では，各シ
ナリオをシンプルに示し，中国が最良のシナリオを選択し，最悪のシナリ
オを避ける方策を考えていきたい．

　欧米諸国は第一のシナリオをたどった．これらの国々は分岐点以前のよ
うな高い成長を見せていないが，分岐点を過ぎたのちも先端的な科学と技
術のパイオニアであり続けることである程度の経済成長を実現している．
例えば，ビジネススクールの INCEAD や世界知的所有権機関（WIPO）
が刊行しているグローバル・イノベーション指数（イノベーション活動を
可能にする制度，人的資本，研究，インフラ，市場やビジネス環境，知識や技
術の産出，創造的な生産物などをもとに算出）をみると，2013 年のトップ
20 は，香港，シンガポール，イスラエルを除けばすべて欧米諸国で占め
られていた．

　発展途上国は後発の優位性を生かして，先進国の技術を借りたり，買っ
たり，模倣したりして急速にキャッチアップするが，いずれは長期的な成
長を支えるために独自のイノベーションに踏み出さないとならない．特に
経済成長の分岐点を過ぎたのちはそうである．人口ボーナスを失った中国
は経済成長率の低下が避けられないが，生産要素の投入に依拠した成長方
式から生産性上昇に依拠した成長方式に転換できれば，中国経済がなお質
的に向上しつづけることが可能になる．中国は新たな経済発展の段階に入
ったため，イノベーションにおける独自性を強めていく必要性がある．と
はいえ，現状では科学技術においては，中国と先進国の間になお大きな差
があり，中国が後発の優位性を生かす余地はまだ大きい．つまり，中国は
あらゆる分野で応用技術を自ら発明しなければならないわけではなく，既
存の技術があればそれを安く借りてくればよい．そうすることで中国は少
なくともあと 10 年は先進国より速く成長することが可能になる．

第二のシナリオの典型例は日本である．経済発展の段階が移行したのに，日本は間違った対処をしたため，経済の自然な減速が人為的な停滞に転化してしまった．日本はいまでも世界第3位の経済大国ではあるが，日本のイノベーション力と世界経済に対する影響力は次第に低下している．2013年のグローバル・イノベーション指数で日本は欧米諸国を下回っただけでなく，香港，シンガポール，韓国にも遅れをとり，第22位にまで落ちている⁽¹⁰⁾．

　日本経済の停滞は20年以上も続いているが，このことは，成長率が低下する新段階に入ったときにどのような政策を選択するかによってその後のシナリオが変わってくることを示している．中国も潜在成長率の低下という事態に直面したとき，供給サイドで成長力を高められないと，いきおい景気刺激策をとる誘惑にかられる．だが，それこそが日本を停滞に招き入れた要因なのである．短期的なマクロ的ショックに対処するためには景気刺激策も必要となるが，それと長期的な成長の持続性を高める政策とを適切に組み合わせることが，いま分岐点に立つ中国にとって何よりも大事である．

　第三のシナリオをたどったのはラテンアメリカと東南アジアのいくつかの国々である．これらの国が中所得国になったのはかなり昔のことだが，その後1人当たり所得において先進国にキャッチアップできなかった．つまりこれらの国々は「中所得国の罠」にはまってしまったのである．これらの国々の経済社会発展の失敗は次のような過程をたどった．①経済政策の失敗と制度の問題が重なり，経済のパイの拡大が起きなかった．②パイの大きさが限られているにもかかわらず，国民の間でパイが平等に分配されなかった．③既得権益階層が所得分配を決める政策形成に影響を与えようとした．④政治家はポピュリスト的な社会経済政策を変えると主張するが，それはリップサービスにとどまった．

　この「中所得国の罠」シナリオからわかるように，経済成長，所得分配，所得分配に影響を与える政策・制度は，互いに原因となり結果となる関係

---

(10)　（訳注）ちなみに，2018年のグローバル・イノベーション指数のランキングでは日本は第13位に上がっている．アジアではシンガポールが第5位，韓国が第12位，香港が第14位，中国が第17位に入った．

にある．これまでのところ，中国では成長の果実が国民全体に及んでいる．所得格差の拡大に対する懸念は増しているものの，経済のパイが拡大している間は不平等はまだ許容されうる．労働所得に関していえば，所得格差は次第に縮まる傾向がある．しかし，成長が停滞して，各階層に分配できる所得が先細りになる一方で，政治力の強い階層だけが所得をぐんぐん拡大していくようであれば，こうした所得分配に対する不満が高まり，社会不安に陥るだろう．

　中国の指導者たちは経済成長の減速と，成長の果実をどう分配するかを考え始めている．第12次5カ年計画（2011～2015年）においては，年平均成長率の目標は7%と設定され，過去の5カ年計画の目標より低かった．これぐらいの成長率の方が，成長方式を転換し，人々の生活に配慮することが可能になる．「中所得国の罠」の回避とは経済成長の減速を回避することではなく，新たな成長の源泉を切り開くことによって経済の停滞を避けることである，ということを以下の章では論じていく．

第2章　二重経済の発展

乳と蜜の流れる地へ（聖書，出エジプト記）

中国経済の成長が減速しているのは中国が経済発展の新たな段階に入ったからである．そうした段階の変化を理解するためには，まず経済改革が始まった1980年代からの経済成長が持っていた特徴を明らかにすることから始める必要がある．中国の経済成長の物語は，全体が同質的な経済のなかで富が徐々に拡大するという主流派（新古典派経済学）が描く経済成長の枠組みには収まらない．全体が同質的な経済という主流派の仮定は，産業革命が最初に起きた国には当てはまるかもしれないが，現在の発展途上国には当てはまらない．

ノーベル経済学賞を受賞したアーサー・ルイスが二重経済発展の理論を打ち出す以前の新古典派経済学の理論では，先進国と異なる発展途上国の特徴を把握することができず，したがって発展途上国が先進国にキャッチアップするのを妨げている要因を明らかにできなかった．ルイスの理論は経済学に対して少なくとも二つの重要な貢献をした．第一に，よく知られている経済発展の二つの段階の間に橋を架けたことである．つまり，マルサスが描いたような貧困の罠に囚われた経済状態と，新古典派経済学が描くような経済発展が持続する状態の二つである（Hansen and Prescott, 2002）．第二に，工業化の初期において，二重経済の発展という段階を多くの国が通過することを明らかにしたことである．今日の発展途上国もま

たこの段階にある.

ルイス理論は中国で起きているさまざまな現象を理解するのに役に立つ. すなわち,農業における過剰労働力,農村から都市への人口移動,そして二重労働市場など,中国が経済改革を始めてからの40年間を特徴づけるさまざまな現象である. とりわけ,中国経済の発展段階の分岐点である「ルイスの転換点」というものを学者や政策担当者が理解することを助けるであろう. 逆に中国の経済成長がルイス理論をいっそう発展させ,開発経済学の進歩にも貢献した. 本章では二重経済発展という理論枠組を用いて,改革開放期の中国経済のユニークな特徴と主な現象を解明する.

1 ルイス・モデルの中国への適用可能性

アーサー・ルイスは1954年に発表した有名な論文のなかで,自分は労働供給には制限があるという新古典派経済学の仮定を捨て,発展途上国に古典派経済学の枠組みを適用すると宣言して,途上国経済を二つのセクターに分けた. すなわち,農業セクターと近代セクターである. 農業セクターでは資本と土地に対して労働が過剰であるため,労働の限界生産性は大変低く,時にゼロであったり,マイナスであったりする. なお,農業の労働の限界生産性がゼロとは,農業に従事する人を減らしても農業生産が全く減らない状態をいい,それがマイナスであるとは,農業生産に従事する人が減ると生産がかえって増える状態をいう. 途上国では,農業だけでなく,他の伝統的産業も労働の限界生産性がゼロの状態にあることをルイスは指摘している. 一方,近代セクターとは,賃金が労働の限界生産性と等しい水準で決定されるような産業を指す.

二重経済理論によれば,農業などの伝統的産業では労働の限界生産性がとても低いため,労働力が農業セクターから他に移動することの機会費用も小さい. そのため,近代セクターは生存水準を多少上回る程度の低い賃金を提示するだけで農業セクターから無制限に労働力を引き出すことができる. 近代セクターにとって成長を制約するのは労働供給の限界ではなく,資本蓄積の限界である. 初期の開発経済学者が指摘したように,経済発展を推進する鍵は,貯蓄率をある水準以上に高めることである (Rostow,

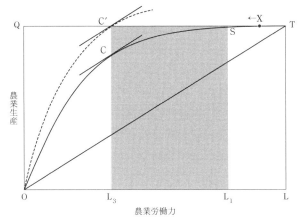

(出所) Ranis and Fei (1961)
図 2-1　二重経済発展の諸段階と転換点

1960).

　こうして発展途上国では，農業セクターと近代セクターとが併存する「二重経済」の状況が現れる．二重経済の発展が続くと，農業セクターは余っている労働力を近代セクターに送り出し続けることで次第に縮小し，近代セクターは低賃金で農業セクターの余剰労働力を吸収し続けることで拡大していく．農業セクターで不完全就業の状態にある労働力が枯渇したとき，農業セクターと近代セクターとが一体化し，二重経済発展は終わり，全体が同質化された経済が出現する．つまり，農業セクターの余剰労働力が枯渇する時点が重要な分岐点なのである．

　開発経済学では，二重経済発展のプロセスを，経済全体の労働力が農業セクターと近代セクターにどう配分されているかによって三つの段階に分けている．図 2-1 では農業セクターに従事している労働力の数と農業生産との関係が示されている．縦軸は農業生産，横軸は農業に従事する労働力の数，曲線 OCT は農業に従事する労働力数の変化に応じて農業生産がどのように変化するかを示している．上に凸な格好をしているのは，農業における労働の限界生産性が逓減していく様子を示している．

　この国の経済の状態を図 2-1 の点 X で表現するとして，経済発展が始まる以前の時点では点 X は図 2-1 の T の位置にあるとする．一国の労働力のすべて，すなわち OL がすべて農業に従事し，OQ だけの農産物を生

産している．経済発展とは経済のなかで近代セクターが拡大し，農業セクターが縮小していくこと，すなわちTから出発した点Xが曲線OCTに沿って徐々に左側に移動することだ，と考えてほしい．

　第一段階は，点XがTからSまで移動するまでの段階である．この段階は典型的な二重経済発展の状況で，農業セクターには余剰労働力が多いため，農業における労働の限界生産性はゼロで，農業セクターも近代セクターも賃金は生存水準で決まっている．生存水準賃金とは，労働者とその家族の生活を維持するのに必要な生活物資を賄うに足るだけの賃金という意味で，図2-1では直線OTの傾きで表される．農業セクターに従事する労働力の数がLからL_1まで減少する時期，すなわち経済を表す点XがTからSに移動する第一段階においては，農業における労働の限界生産性，すなわち曲線OCTの傾きはゼロである．

　点XがTの位置にある時点では，近代セクターは全く存在しないが，点XがTから左へ移動するということは，点Xのx座標をx_1とするならばLx_1だけの労働力が近代セクターに雇われ，Ox_1だけの労働力が農業セクターに残っていることを意味する．点Xが左に向かって移動するということは，農業セクターから近代セクターへ労働力が流出することである．点XがTからSに移動し，農業労働力がOLからOL_1まで減少するまでの期間は，労働の限界生産性はゼロで，労働移動の機会費用もゼロなので，農業に投下される労働力が減っても農業生産はOQのまま減少しない．近代セクターは農業セクターの生存水準賃金を少し上回る賃金を提示しさえすれば，多くの人々が喜んで近代セクターに移動してくるだろう．

　第二段階は点XがSからCまで移動する期間である．Sを過ぎると，近代セクターでは生存水準賃金で労働者を雇うことが困難になり，賃金が上昇し始める．しかし，農業セクターの賃金は依然として労働の限界生産性で決まるわけではなく，生存水準賃金のままである．点XがSからCに移動すると，農業セクターで雇用されている労働力はOL_1からOL_3に減少し，近代セクターに雇用される労働力はLL_1からLL_3に増える．本書では，点XがSを通過することをもって，ルイスの転換点を通過したとみなす．農業の労働力がOL_3に減少するまで，労働の限界生産物（曲

線OCTの傾き）は，生存水準賃金（直線OTの傾き）より小さい．しかし，点Xが左に移動していくと，ついに労働の限界生産物が生存水準賃金と等しくなる点Cに到来する．

この第二段階については二つのことがいえる．第一に，農業セクターの労働の限界生産性が生存水準賃金や近代セクターの労働の限界生産性を下回っている間は，農業セクターにまだ余剰労働力があることを意味し，それが近代セクターに移動することは経済全体の効率を高める意味がある．第二に，点Xが点S（ルイスの転換点）を過ぎると，農業における労働の限界生産性はプラスなので，農業から近代セクターに労働力が流出すれば農業生産が減ってしまう．したがって，それを補うために農業の労働生産性を高める努力，例えば機械化が必要になってくる．

第三段階は点XがCを越えてさらに左に移動した段階である．この段階では，農業でも労働の限界生産性の方が生存水準賃金よりも高いので，農業経営者は限界生産性に等しい賃金で労働者を集めるようになる．いまや農業セクターも近代セクターも賃金が労働の限界生産性で決まるようになり，二つのセクターで限界生産性が等しくなる．二重経済は解消され，経済全体が同質になる．農業セクターでも雇用数が賃金と限界生産性が等しくなる水準になるので，余剰労働力はもはや存在しない．つまりCは経済発展の段階を画するもう一つの転換点であるが，これをレニス＝フェイは「商業化点」と呼んでいる（Ranis and Fei, 1961）．[11]

実のところ，転換点をどう定義するか，二つある転換点のどちらに着目すべきかということが重要なのではなく，いずれの転換点が経済により深刻な変化をもたらし，より重大な政策課題をもたらすかということが重要である．本章でこれから述べるように，二つの転換点のうち一つ目（すな

---

(11)　ルイスも1972年の論文では二つの転換点があることを認め，それぞれの特徴を定義している．議論の便のため，またルイスの本来の意図と，レニス＝フェイが修正・拡張したルイス・モデルとの整合性を保つため，本書では労働力不足と一般労働者の賃金上昇が起きる点を「ルイスの転換点」と呼び，農業セクターの余剰労働力がいなくなり，近代セクターと限界生産性が同一になる点を商業化点と呼ぶことにする．Lewis (1972), Ranis and Fei (1961) を参照．［訳注］訳者は，この商業化点こそが本来の意味での「転換点」であると考える．この点については巻末の「解説」で詳しく議論する．

わち，私のいうルイスの転換点）が到来してから，中国経済の従来の成長方式は立ちいかなくなり，発展軌道が変わったのである．

　長い期間にわたって中国経済は農業における膨大な余剰労働力，都市と農村の労働市場の制度的な分断，農村から都市への膨大な労働移動，そして出稼ぎ労働者の賃金の停滞という現象が見られた．こうした二重経済に特有の現象に加え，中国経済を特徴づける固有の制度的背景があるので，中国経済は二重経済発展のユニークな事例となっている．

　1980年代初頭に経済改革が始まる以前，中国は計画経済を実施していた．この時期の農村では，農産物は政府が独占的に買い上げ，農業は人民公社によって営まれ，農民と都市住民とを分断する戸籍制度が実施されていた．そのため農村に余剰労働力があっても都市に向けた労働移動は起きなかった．このような体制は二つの非効率を招いた．第一に，農民は人民公社をやめることができないため，労働意欲を失い，農業の低生産性を招いた．第二に，農業から工業などへの労働移動が起きないため，労働配分の非効率が起きた．工業などでも同様の非効率性があったため，1950年代後半から1980年代初頭までの計画経済の時期においては経済成長に対する生産性上昇の貢献は微々たるものにとどまった．

　改革開放期には，労働移動を妨げてきた制度的障害が徐々に取り除かれてきたことによって二重経済発展のプロセスが進行した．30年以上にわたって大量の労働移動が続いた結果，農業における余剰労働力はいまや枯渇しはじめ，中国は2004年以降，労働力不足と賃金の上昇というルイスの転換点に至ったのである（Cai, 2008）．

　中国がルイスの転換点に到達したという私の議論に多くの学者が反対した．しかし，時間が経つにつれ，転換点が来たという議論はますます説得力を持つようになり，ついには転換点の到来という議論が中国崩壊論の論拠として利用されるまでになっている．例えば，クルーグマンはルイスの転換点の議論を用いて，中国は急速な経済発展を長い間続けてきた結果，すぐに壁にぶち当たるだろうと予測した．しかし，事実を無視することや誤った議論では，中国が今日と将来直面する課題を適切に把握できない．以下，本章ではルイスの転換点の到来とそれによってもたらされた変化，そして政策に対する含意を議論する．

2　農業の余剰労働力

　二重経済発展の理論はルイスによって提唱されてから，三つの段階を経て受容されてきた．まず，伝統セクター（農業セクター）に余剰労働力があるという理論的な仮定は，新古典派経済学者によって疑問視された．ルイスとともに1979年のノーベル経済学賞を受賞したセオドア・シュルツは低開発国の実証研究に基づき，余剰労働力の存在についても，また農業セクターに限界生産性がゼロの労働力が存在するという主張についても否定的な見解を打ち出した．こうしてルイス理論はまず否定され，その後新古典派経済学が主流を占めたことから長い間忘れられた（Ranis, 2004）．生産要素についても商品についても完全な市場を仮定する新古典派経済学では農業セクターと近代セクターの間で大きな賃金の格差があったり，余剰労働力がずっと残ったりするような事態は理論的に受け容れられないのである．だが，中国は戸籍制度という独特の制度を持っているため労働移動が妨げられ，制度的な賃金格差もできてしまうので，余剰労働力や限界生産性ゼロの労働力といったルイス理論の仮定が現実性を帯びている．

　1980年代初頭に始まる経済改革の期間を通じて，中国では二重経済発展が続き，ついに余剰労働力が枯渇するルイスの転換点を迎えようとしている．中国は1950年代末に戸籍制度を導入し，それによって形成された制度が計画経済の時期から経済改革の時期に至るまで，労働市場を都市と農村に分断し，フォーマル・セクターとインフォーマル・セクターとに経済を分断してきた．こうした背景を踏まえれば，余剰労働力が存在するという仮定を受け入れ，経済全体が同質的だという新古典派の仮定を退けることにあまり抵抗感はないだろう．

　実際，新古典派成長理論を信奉する学者でも，ひとたび中国の制度について知るや，中国ではルイス・モデルを当てはめるのが妥当だと考えるようになることが多い．主流派経済学者は二重経済のもとで労働が無制限に供給されるという論点を受け入れないが，主流派の牙城であるシカゴ学派に属するゲール・ジョンソンも中国では余剰労働力が存在すると認めた．

彼は中国経済に関する論文のなかで農業には余剰労働力が多く存在し，その生産性は都市の工業などに比べてかなり低いとしている（Johnson, 2002）．

　余剰労働力や不完全就業はほとんどすべての発展途上国に存在するし，そこには労働の無制限な供給もある．中国では特に農業に従事する労働力のかなりの部分が余剰労働力であり，農業の生産性は低く，都市と農村の関係が不平等で，政策も都市に傾斜していた．

　中国の計画経済期には農村に人民公社が作られ，農民は集団で農業に従事していた．労働時間に応じて農民に労働点数が与えられたが，労働の質は問われなかった．年末に集団はそのメンバーたちに食糧と賃金を分配したが，それはその1年間に各メンバーが獲得した労働点数に基づいていた．各人の労働点数と彼の実際の貢献との間の関連は薄かったため，労働者の働く意欲がかなり阻害された．労働点数を稼ぐために働いているふりはするが実際には手を抜く働き方が広まり，労働生産性はきわめて低かった．農業には他の生産要素（資本と土地）が投下され続けたが，農業改革が行われるまでは農業の労働生産性は低いままであり，余剰労働力が顕在化してくることはなかった．

　1980年代前半に集団農業が解体されて農業の戸別請負制が導入された．それまで人民公社の下にある生産隊が管理していた農地は，個々の農家に各家庭の人数と労働力の数に応じて分配された．農家は農業税を払い，国に対して穀物を売り渡すノルマを達成し，村などへの上納金を支払えば，剰余の生産物を自分の物とすることができるようになった．この仕組みは，農地の集団所有という制度の法的な枠組みを変えないまま，農家の生産意欲を大いにかきたてたので，農業生産は大きく成長した．経済学者の林毅夫による推計では，1978年から84年にかけての農業生産の成長のうち46.9％は戸別請負制が全国に普及した効果によるものであった（Lin, 1992）．農民の労働意欲が大いに高まった結果，農業に必要な労働時間はかなり短縮され，労働力の余剰が生じてきたのである．

　農業改革が農民のインセンティブに与える効果が明らかになった1980年代半ば，多くの学者と政策研究者の見方では，農業に必要な労働力がかなり減少したため，農村の余剰労働力の数は1億人から1億5000万人

ぐらいで，農村労働力全体の3〜4割に達すると見られていた（Taylor, 1993）．また，カーターらの推計では，郷鎮企業がかなり発展して農村の余剰労働力を吸収していた1990年の時点でもなお1億7200万人の余剰労働力が農村にあり，これは農村労働力の31.5%に相当した（Carter et al., 1996）．劉建進は2000年の時点で余剰労働力の数は1億7000万人で，同年の農村労働力の46.6%だったと推計している（劉, 2002）．長年にわたって農村から都市への大量の労働移動が続いてきたにもかかわらず，農村における余剰労働力の数も比率も減少していないのはいったいなぜなのだろうか．もちろん上記の研究が依拠するデータは異なるにしても．

3 余剰労働力の推定

余剰労働力の数の推計方法について経済学者の間でコンセンサスはない．余剰労働力の定義からいって，賃金水準が労働の限界生産性を上回っているかどうかという点が重要であることは言を俟たない．しかし，実際のところ，データが得られなかったり，一貫性がなかったりするために，そうした定義に基づいた推計ができないことが多い．私の目的は，それまでの賃金レベルでは労働力不足が生じ，ルイスの転換点が到来することによって経済発展の段階が変わる点がどこかを探るということであって，農業と農業以外の産業とで労働の限界生産性が等しくなる商業化点がどこかということではないので，余剰労働力が減少に向かっているかどうかを調べることの方が，賃金と限界生産性を正確に比べることよりも重要である．

推計方法に関する論争を避け，異なる時点の余剰労働力の数を比較できるような推計結果を得るために，ここでは前述のCarter et al. (1996)の計算法を採用した．こうすることで1990年と2005年の余剰労働力の数を比べることが可能になる．

この推計法では，農業に必要とされておらず，かといって農業以外の産業に就業してもいない労働力の数を求める．つまり，農村の労働力の総数から，出稼ぎしている労働力，自営業者，農村の非農業就業者，そしてその時点での労働生産性のもとで農業に必要とされる労働力を引いたものが

余剰労働力ということになる（Cai and Wang, 2008）．

　公式統計によれば 2005 年の時点で農村の就業者は 4 億 8500 万人であった．この数字には 16 歳以上で農業に従事している者，郷鎮企業の従業員，農村における農業以外の産業の経営者と従業員，そして都市に出稼ぎしている者が含まれる．中国農村の請負制のもとでは農村の住民には必ず土地の割り当てがあるため，農村で働き口がないということは考えられず，したがって，国際労働機関（ILO）が定義するような失業は農村ではほぼ存在しないと仮定してよいだろう．よって農村の就業者数がすなわち農村の労働力の数だとみなしてよいのである．

　2005 年に農村労働力のうち 2 億 3200 万人（47.9%）は，農村もしくは都市で農業以外の産業に従事していた．一方，農業に必要な労働力は 1 億 9000 万人（39.2%）だった．農村労働力数 4 億 8500 万人からこれらを差し引いた 6300 万人（12.9%）が余剰だったということになる．1990 年から 2005 年の間に農村の余剰労働力の数は大きく減少したのである(13)．

　公式統計における農業従事者数のデータに一貫性がないことが中国を研究する者たち，とりわけ公式統計を使って回帰分析を行う者たちを困らせてきた．公式統計によれば中国の総労働力数に占める農業就業者の割合は 1978 年は 70.5% だったのが，2012 年には 33.6% に減少しており，年 2.2% ずつ下がっている．

　1953 年から 78 年の期間には年に 0.6% ずつしか下がらなかったので，下落のペースは 78 年以降速まったように見えるものの，この数値は正確ではない．1978 年以降の 30 年間における農業からそれ以外の産業への労働力の移動は史上例を見ないもので，平和時の労働移動としては人類史上最も大規模だったとされている（Roberts et al., 2004）．ところが，中国の 1978〜2012 年の農業就業者比率の下落のペースは，日本や韓国で工業化・都市化が急速に進展した時代に比べて半分以下でしかない．日

---

(12)　調査が行われた日の前までの一週間，賃金をもらえる仕事を何もしておらず，かつ仕事をする意思があり，仕事に就ける状態にあることを失業と定義している．

(13)　［訳注］Carter et al.（1996）では 1990 年時点での余剰労働力の数を 1 億 7200 万人，農村労働力の 31.5% と推計していた．

本の場合，1953 年から 87 年の間に農業就業者比率は年 4.5% のペースで下落し，韓国の場合には 1963 年から 97 年の間に年 5.1% のペースで下落した．

　経済発展の時期に，生産と就業に占める農業の比率が縮小するというのは開発経済学の普遍的な法則である．計画経済の実施によって 20 年以上の遅れをとってしまったものの，改革開放期の経済発展と産業構造の変化によって農業の比率は大きく下がった．それに見合って農業の就業者も減ったはずである．しかし，公式統計ではこうした現実の劇的な変化が十分に捉えられていないので，それをもとにした観察や分析から得られる結論は意図せざる誤りに陥る．進んだ計量経済学の手法を使いながらも統計の扱いが適切でないために，農村には余剰労働力がまだ多く残り，農業の限界労働生産性はまだ低く，中国経済はまだルイスの転換点のはるか手前だと結論する研究が数多い[14]．

　中国経済の変化はとても速いので，旧来の統計制度ではその変化を捉えることが難しい，と世界銀行のエコノミストたちも認めている（Chen and Ravallion, 1999）．農業就業者の数がなぜ過大に見積もられるのかというと，その主要な原因は，既存の統計モデルでは農業労働力の数と彼らが農業に従事した時間とを正確に区別できないことにある．農村の人々が実際に農業に従事した時間に応じて農業就業者数を定義すれば，農業従事者の割合についてもっと正確なデータが得られるはずである．

　都陽・王美艶（2010）では，農家調査に基づいて，農村の労働力が月々の労働時間を農業やそれ以外の仕事にどのように振り分けているかによって農業就業者数を推計しなおした結果，公式統計の 2 億 8900 万人よりはるかに少ない 1 億 8700 万人と算出した．この研究の結論に従えば，2009 年の総就業者数に占める農業就業者の割合は公式統計に基づく 38.1% よりはるかに少ない 24.7% でしかなく，公式統計と 13.4 ポイントも異なっている[15]．

---

(14)　そうした研究の典型が南・馬（2009）である．
(15)　農業部が集めた調査データを用いて，Brandt and Zhu（2010）も農業就業者数を修正しており，2007 年の農業就業者の割合は 26.2% だったとしている．これは都・王（2010）の推計とかなり近い．

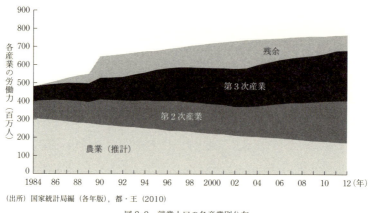

図 2-2 就業人口の各産業別分布

　以上のような検討に基づき，農業就業者数とそれが総就業者数に占める割合について推計したのが図 2-2 である．この方が実際に起きている構造変化や就業状況の変化を反映しているので，より正確な政策的含意を引き出すことができる．

　私は 2009 年に関する推計結果を 1984 年から 2012 年の期間に引き延ばした．まず 2009 年をベンチマークとして，2010 年から 2012 年については農業就業者数の推計値は公式統計の 64.7% であると仮定した．次に，1984 年から公式統計と推計値との差が発生し，それが一定の率で拡大してきたと仮定した．なぜなら 1984 年に農業の請負制が全国に広まり，それ以降，農業から農業以外への大規模な労働移動が始まったからである．

　そして公式の農業就業者数と，上記の方法による農業就業者数の推計値との間の差を「残余」として図 2-2 に示している．というのは，実際には農業から他の産業に移ったと見られるこれらの労働力が，第 2 次産業に従事しているのか第 3 次産業に従事しているのかその内訳を知ることができないからである．実際のところ，これら「残余」の労働力は一定の割合で第 2 次産業，第 3 次産業の就業者に加わることもあれば，時には農業生産に戻ることもある．後者のような状況は，1980 年代末から 1990 年代初めの引き締め政策によって郷鎮企業や都市の企業で働いていた多数の労働者が解雇されたときに起きたし，2008 年から 2009 年に

かけての世界金融危機のなかで，多数の沿海部の工場が閉鎖や生産の縮小を余儀なくされ，多数の出稼ぎ労働者が一時的に解雇されたときにも起きた．

この「残余」の労働者たちは，現在の農業の生産性を前提としたとき，もはや農業には必要とされていない．彼らに農業以外の就業を保証し，都市の社会に迎え入れることは，労働力の継続的な供給を保つために必要なことであり，そのことはひいては持続的な経済発展を図るうえでも重要である．

4 労働移動

大規模な労働移動が，生産性の低い農業から生産性の高い農業以外の産業へ，不完全就業の農村から雇用が拡大する都市へ向かって起きたことで，余剰労働力が減少した．多くの論者は，農業で請負制が採用されたことによって労働意欲が高まったことを評価するが，生産性の向上に伴って，農民たちの労働配分にも大きな変化が起きたことも重要である．すなわち農民は労働の時間，方法，内容をどう配分するか自分で決められるようになったのである．こうして農民の労働力が解放された．請負制の導入は，労働移動に関する改革の出発点であるとともに基礎でもある．

農業の生産性が高まると，耕種農業，林業，牧畜業，漁業だけでは雇用を吸収できなくなる．しかし，1980 年代前半には政府は農民が農村を離れることを奨励しなかった．農業就業者を他の産業に移転させる必要性は認識しつつも，政府はその方法として「離土不離郷（農業を離れるが農村を離れない）」，すなわち農民たちが郷鎮企業に就業することを奨励した．

請負制の全国への普及により，人民公社制度が廃止され，公社は郷に，そのもとの生産大隊は村となり，村は基層の自治組織となった．郷鎮企業とは一般には郷または村によって所有される集団所有制企業を指す．

1978 年に全国の社隊企業（のちの郷鎮企業）の従業員数は 2830 万人であったが，1985 年には 6980 万人に急増した．1987 年に中国の改革開放の総設計師である鄧小平が郷鎮企業の発展のことを「全く予想していなかった最大の収穫だ」と称賛した．しかし，6980 万人は当時の 3

億7000万人の農村労働力のうちの18.8%にすぎず，まだ3億人が農業に従事していた．

　職を求める大量の余剰労働力という問題に直面して，政府は「離土不離郷」という政策を少し緩め，農民たちが小さな町に移動して就業することを奨励した．小さな町はこの恩恵に浴したものの，そこで創出できる雇用機会は限られており，1億人前後にものぼる余剰労働力を吸収することは難しかった．加えて郷鎮企業の発展は，都市の改革，とりわけ国有企業の改革が進んでいなかったこととも関連していた．経済改革が始まってから所得水準が上がり，消費財に対する需要が伸びた．当時は製品と工業原料に関して計画と市場の二本立てのシステムが続いており，国有企業は計画経済体制のもとにあったので，需要の拡大への反応が鈍かった．郷鎮企業はその空隙をついたのである．

　しかし1980年代半ばに都市の改革が進展すると，郷鎮企業の発展にも陰りが見えてきた．そこで農民たちは小さな町よりも大都市，中都市，小都市に農業以外の職を求めて移動するようになった．地域を越えた労働移動を可能としたのは移動に対する制度的な障壁が徐々に緩められていったことであった．1980年代から政府は農村の住民の移動に対する規制を緩和していった．

　例えば1983年には農民が長距離輸送や農産品の販売に従事することが認められるようになり，これによって農民が地元農民向け以外の事業をすることが初めて認められた．1984年には農民は近隣の小さな町で働くことを奨励されるようになった．1988年には農民が食糧を自分で調達するという前提のもとで都市で就業したり事業を始めることが許されるようになった．当時，都市の住民に対しては食糧の配給制度が実施されており，農民が都市に出ても食糧が入手しづらく，そのことが農民の都市での就業を制限する理由となっていた．だが，ここでその限界が突破され，数年後の配給制度の廃止につながっていく．

　1990年代初めに中国の指導部は社会主義市場経済を改革の究極目標に定めた．その後，とりわけ2001年の世界貿易機関（WTO）加盟以後，沿海部における労働集約的産業の発展と，都市部でのさまざまな所有形態の企業の発展により，大きな労働需要が生じた．そのため，農村から都市

の産業へ，内陸から沿海部へ，大量の労働移動が生じ，世界的に「民工潮」として知られるようになった．

　こうして労働市場が発展し，一体化が進む趨勢に応えて，中央政府や地方政府もこれまで人々の移動を制限してきた政策，例えば戸籍制度などを徐々に改革しはじめている．例えば1992〜93年には都市部における食糧配給制度が廃止されたが，これは農村から都市，および都市間の労働移動に対する制度的障壁を一つ取り払うことになり，農村の労働力がますます都市に流れこむようになった．

　労働市場の発展のもう一つの側面は都市部の雇用制度と国有企業の雇用の改革である．1990年代半ばから国有企業は雇用に関する自主権を持つようになった．国有企業も競争圧力にさらされるなか，雇用もより流動的になり，終身雇用を意味する「鉄茶碗」が徐々に打ち砕かれていった．国有企業では1990年代後半に東アジア金融危機に伴う経済成長の減速と産業の構造変化のために大規模な解雇が行われたが，それに対処するために政府は積極的な雇用対策を行い，それによって解雇された労働者たちの再雇用が進むとともに，労働市場の発展も進んだ．2000年代初めに都市部の雇用情勢が回復したとき，労働移動に関する制度環境も大きく改善していたのである．

　こうした制度変化と政策調整の結果，農村からの労働移動が拡大した．農村からの労働移動に関しては一貫性のある公式統計がないので，研究者はしばしば部分的な調査に基づいて大胆な推計を行っている．2000年までの郷・鎮の境界を越えた労働移動の数を私は次のように推計している．1983年時点では労働移動は200万人でしかなかったが，89年には3000万人，93年には6200万人，2000年には7550万人になった（Cai, 2010a）．

　2000年以降は国家統計局が毎年労働移動に関する公式統計を提供するようになった．ここで労働移動とは郷・鎮の範囲から年間に6カ月以上離れている人を指す．2014年には労働移動の総数は1億6800万人にもなった．また2008年から国家統計局は地元で農業以外の職を持つ就業者の数も公表するようになった（表2-1）．

	出稼ぎ労働者		非農業就業者	
	人数（百万人）	伸び率（%）	人数（百万人）	伸び率（%）
2000	78.5	—	—	—
2001	84.0	7.0	—	—
2002	104.7	24.7	—	—
2003	113.9	8.8	—	—
2004	118.2	3.8	—	—
2005	125.8	6.4	—	—
2006	132.1	5.0	—	—
2007	137.0	3.7	—	—
2008	140.4	2.5	85.0	—
2009	145.3	3.5	84.5	−0.7
2010	153.0	5.3	88.9	5.2
2011	158.6	3.7	94.2	5.9
2012	163.4	3.0	99.3	5.4
2013	166.1	1.7	102.8	3.6
2014	168.2	1.3	105.7	2.8

（出所）国家統計局農村社会経済調査司編（各年版）

表 2-1　農村からの出稼ぎ労働者と農村内での非農業就業者

5　結　論

　中国経済の発展パターンには独特の特徴があるとはいえ，基本的にはアーサー・ルイスが提起した二重経済発展の特徴を備えている．中国が改革開放政策を始めた 1970 年代末からの時期には，急速な経済発展に伴って農村から都市へ大規模な労働移動が起きた．これは現代世界における最も重要な出来事の一つとみなされている．この現象は中国の WTO 加盟以降いっそう顕著になった．中国は，その豊富な労働力を利用して，世界貿易のなかで労働集約的な製造業に強い比較優位を獲得し，二重経済発展を進めることに成功した．中国経済の経験はルイス理論の正しさを証明し，かつそれを拡張する意味を持っている．ルイス理論はまた将来中国を待ち受ける課題を予測するうえでも役立つ．

　二重経済発展は多くの国が通過する発展の一段階である．余剰労働力が枯渇すれば，経済発展は新古典派的成長という新たな段階に入る．二重経済発展から新古典派的成長への移行を達成できるかどうか，そこには各国に共通する課題もあれば，中国に固有の課題もある．次章以降ではそうした課題について論じるが，その前に今日の中国が直面する労働移動に関す

る二つの問題を挙げておきたい.

　第一に，労働移動の総数はなお増え続けているものの，その増加率は下がる傾向がある．2002～2007年の労働移動の増加率は年率5.5%だったが，2007年～2012年には年率3.6%に減速し，2013年，2014年には1.7%，1.3%と，さらに減速した．ここには労働移動に影響を与えるプラスとマイナスの要因が働いている．すなわち，労働移動に対する制度環境の改善は農村からの労働力流出を促進するが，生産年齢人口の伸びが2011年まで次第に減速し，その後減少に転じたことは労働移動の規模を減らす要因となる．

　第二に，移動する労働者の圧倒的多数は都市戸籍を持っていない．戸籍制度があるために，農村からの出稼ぎ労働者は不安定な雇用しか得られないし，社会保障も受けられず，そのことが労働移動を妨げる制度的な障壁になっている．農業の就業者数が減少する一方，労働移動に対して制度的な障壁が立ちはだかっているので，企業はひたすら賃金を引き上げることによって農村からの労働力を引き付けようとし，転換点が早く到達してしまう恐れがある．

　労働移動が次第に先細りになるにつれ，出稼ぎ労働者不足がまず沿海部からやがて全国に広まった．それと同時に非熟練労働者の賃金が大幅に，かつ持続的に上昇し始めた．こうした現象は中国経済の発展にとって大きな転換点である．この転換点はルイスの二重経済発展モデルにおける移行期間，すなわちルイスの転換点を示すもののように見える．次章ではルイスの転換点が中国のこれからの社会経済発展にとってどのような意味を持つかを考察する．

第3章　ルイスの転換点

> 思想は常にあらわれた事実に先だっていて，史上のあらゆる事実は法則としてこの心の中に先在している．あらゆる法則は事情に応じてつぎつぎと支配権をにぎり，自然には限界があって一度に一つの法則だけが力を与えられる．（ラルフ・ワルド・エマソン［入江勇起男訳］「歴史」『エマソン選集2　精神について』日本教文社，1961年所収）

　中国の経済発展段階の転換は，ルイスの転換点[16]の到来によって示されたが，それが中国に本当に到来したのかどうかをめぐる議論はまだ収束していない．ただ，時が経つにつれ，世論も学界も次第にルイスの転換点が確かに到来したと認めるようになってきた．しかし，労働力不足や一般労働者の賃金上昇が激しいにもかかわらず，中国の発展段階が転換したことの意味について学者や政策研究者の意見は一致していない[17]．

　なかにはルイスの二重経済発展の理論そのものを否定し，中国に適用できないとする経済学者もいる．例えば，中国経済の移行を研究するのに別のアプローチ，すなわち新古典派的な経済発展論を用いるべきだと主張する人がいる．彼らは限界生産力ゼロの労働が存在するという仮説を否定し，中国経済には余剰労働力など存在しないとする（Ge and Yang, 2011）．こうした問題については前章ですでに論じた．中国の経済発展にはルイスの二重経済発展のモデルが適切だと考える者には，ルイスの転換点がいつ

---

(16)　ルイスの転換点に関する学術的な定義はRanis and Fei（1961）やLewis（1972）を参照.

(17)　中国におけるルイスの転換点をめぐる賛否両論を収録した特集が二つの学術雑誌に掲載され，この問題に関する代表的な論文が収録されている. China Economic Journal, Vol. 3, No. 4, 2010 および China Economic Review, Vol. 22, No. 4, 2011.

かを見きわめることが大事だという点に同意するであろう.

中国ではルイスの転換点は次のようなことと絡み合いながら到来した (Cai, 2010b). 第一に, 出生率の持続的な低下により人口転換が進み, 生産年齢人口 (15〜59歳の人口) のピークが2010年に到来し, その後減少しはじめ, 全国的な労働力不足が生じた. 第二に, 急速な経済発展により多数の雇用機会が作られ, 農村の余剰労働力と都市の失業者たちを吸収した. 経済発展と雇用の拡大は労働力に対する強い需要をもたらし続ける. 第三に, 労働供給を上回って労働需要が伸び続けた結果, 労働市場の状況は大きく変わった. 農業労働の限界生産性はもはやゼロではなくなり, 農業と農業以外の労働の限界生産性と賃金水準が収斂してきた. 要するに中国にはもはや無制限労働供給は存在しなくなったのである.

人口関連の問題は次章以降で扱うこととし, 本章ではルイスの転換点の到来とそれがもたらす課題に関連する新しい現象について述べる. すなわち, 労働の需給関係の逆転, 農業における資本による労働の代替, 都市の産業における出稼ぎ労働者に対する強い需要, あらゆる産業における賃金の上昇, そして産業間, 熟練・非熟練労働間での賃金水準の収斂である.

1 労働力不足

2004年に珠江デルタ地域で労働力不足が叫ばれ始めた. この地方には出稼ぎ労働者を数多く雇う労働集約的産業の輸出向け工場が集中していた. 工場主たちは非熟練労働力が集まらないという, かつてならば考えられなかった事態に困惑した. 農村には無限の余剰労働力が潜んでいるはずだというそれまでの認識に縛られ, 多くの人はこうした状況が長く続くはずはないと考えた. 何人かの学者は, こうした現象は一時的なものであり, 戸籍制度が労働力の流出を妨げていると考え, 農村の余剰労働力が減っているとは考えなかった. しかし, その後も労働力不足はなくならず, 長江デルタなど他の地域にも飛び火し, さらに余剰労働力を送り出してきた地域にまで広がった.

2004年以降, メディア, 投資会社のエコノミスト, そして地方政府の役人たちが労働力不足の動向に注目してきた. こうした労働市場の変化と

労働コストの上昇にはマクロ経済学者たちよりも，実務的な利害のある人々の方がより鋭い問題意識を持っていた．学界では依然として労働力不足が一時的か恒常的かといった単純な問題について意見が対立していた時期に，経営者や地方政府の役人たちの間では投資を誘致するよりも労働者を雇用する方が難しくなっているという認識が広がっていた．もともと役人たちは投資誘致の成果を挙げるよう，強いプレッシャーをかけられていたから，労働者を集める方がもっと大変だという彼らの言葉には実感がこもっている．

労働力不足の広がりによって，企業は過少生産に陥り，労賃の上昇は企業の経営を苦しめ，労働集約的産業は中国の沿海部から中西部へ，さらには近隣国へと移転した．中国経済を世界金融危機が襲った2008～2009年にさえ，労働力不足は一時的に緩和しただけで経済が回復するやすぐに再燃した．

2008年前半には，人民元の為替レートの持続的上昇，原材料価格の上昇，そして労賃の急騰が中国沿海部で輸出産業を苦しめていたにもかかわらず，8月までマクロ経済政策の焦点はインフレと経済過熱を抑えることであった．2008年1～9月に衣服，繊維，電子部品，プラスチック製品などを生産する広東省の中小企業1万5000社が工場を閉鎖した．その頃，広東省を含む中国の東部沿海地方はGDPの6割，輸出の91%，出稼ぎ労働者流入数の3分の1を占めていた．この地域の状況は国全体の経済情勢の厳しさを表していたのである．

2008年8月には世界金融危機の悪影響がはっきりと中国経済に及んできて，出稼ぎ労働者たちの雇用が大打撃を受けた．マクロ経済政策は成長の維持とインフレの抑制を指向するようになった．しかし，2008年後半から2009年前半にかけて金融危機の影響が中国全土に及び，失業が急拡大した．都市部の登録失業率は2008年に4.2%，2009年に4.3%と，2007年の4.0%からわずかに上がっただけだったが，それでも2003年以来最も高い水準であった．さらに，旧正月の時期に出稼ぎ労働者の大軍がふるさとの農村に戻っていった．当時国家統計局が行った調査によれば7000万人の出稼ぎ労働者が2009年の旧正月の間に帰郷し，うち17%に当たる1200万人は金融危機の影響，すなわち工場

の閉鎖，人員削減，職探しの困難，低所得などが帰郷の原因であった．

　しかし，2009年の旧正月からほどなく行われた公的な調査によれば，帰郷した出稼ぎ労働者のうち95%が再び都市に戻り，そのうち97%は新たな仕事を見つけることができたという．結局，都市部で働く出稼ぎ労働者の数は2008年の1億4000万人から2009年9月には1億5000万人へかえって増えた．これは6年来で最も大きな伸びである．2009年半ばには，労働市場に関する関心はむしろ出稼ぎ労働者の不足に移った．

　分析のなかに，戸籍という中国独特のものを入れ込むことにより，金融危機のもとでの労働市場の反応をより深く理解することができる．一般には，金融危機の影響で中国経済の成長が鈍化し，周期的な失業率上昇の局面が現れた，という安易な解釈に流れがちである．だが，中国では実際には出稼ぎ労働者だけが金融危機のマイナスの影響を被った．というのも，出稼ぎ労働者は出稼ぎ先の戸籍を持っておらず，書面の労働契約も結んでいないため解雇されやすいからである．戸籍制度はもはや農村の人々が都市に住んで働くことを妨げるものではなくなったが，彼らは依然として社会保障や都市部の就業支援などの対象とならないため，都市で仕事を失うや否や都市にとどまって新たな職を探すのも難しくなる．だから旧正月の到来とともに彼らは帰郷したのである．

　出稼ぎ労働者たちが労働市場で弱い立場に置かれるのは戸籍制度のせいであるが，金融危機の短期的なインパクトが去ったのちは，労働需給の長期的トレンドが再び優勢となる．2009年後半から中国経済が回復するにつれ，出稼ぎ労働者不足の状況が再び顕著となり，そしてその後もずっと続いている．労働力不足の基調は今後もしばらく続くだろうが，経済全体が景気の上昇と下降を繰り返すなかで，出稼ぎ労働者に対しては周期的な失業と労働力不足とが交互に現われるような展開となるだろう．

2　労働需要の変化

　労働市場の長期的なトレンドと短期的なショックとの間の関係についてさらに論じよう．出稼ぎ労働者は中国語では「農民工」と呼ばれ，農村の

余剰労働力が外に出てきたものである．つまり，彼らは農業には必要とされておらず，農村の他の産業にも必要とされていない人々なのである．加えて，労働市場の状況が変わってしまったので，出稼ぎ労働者は農村の仕事に戻ることもできない．以下ではそうした変化とその帰結について論じる．

　農村からの大規模かつ不可逆的な労働力の流出により，中国の農業の生産パターンは大きく変わった．農業における技術変化のパターンと方向について，速水とラタンは各生産要素の希少性を反映した相対価格に基づく誘発的技術革新の理論を生み出した（Hayami and Ruttan, 1980）．すなわち，可耕地が労働よりも希少であれば，土地を節約する方向に技術は変化していくだろうし，労働が土地よりも希少であれば労働節約的な技術が発展するだろう．したがって，無制限労働供給があるときは，農業に余剰労働力があるため，労働節約的な技術は発展しないだろうし，余剰労働力が枯渇すれば，労働節約的な技術が発展するだろう．中国の経験はこの理論の正しさを証明している．中国の農業ではかつては土地の生産性を高めるための生物学的な技術改良（品種改良や肥料の改善）が進んだが，最近では労働生産性を高めるための機械化が進んでいるからである．

　大規模かつ不可逆的な労働力の流出の結果，農村では労働力不足と労働コストの上昇が起き，これに対応して農業への労働投入は減少し，代わりに物的資本の投入量が大きく伸びた．例えば2003年から2009年の間に，農業への物的資本投入と労働投入の比率は稲作では64.4%，トウモロコシ生産では41.2%，小麦生産では72.9%も高まったが，これらは労働を物的資本に置き換えた結果起きたことである．

　労働力の流出によって農村で労働コストが上昇した結果，農業の機械化が進展し，農業技術が労働多用型から労働節約型に転換した．1970年代末から40年間の経済改革の期間に，農業機械の総馬力数は増加しており，特に最近は一貫して増加している．さらに印象的なのは，トラクターのサイズ別の構成とトラクターによって牽引される機械の変化である．農業機械のうちどれが労働節約を目的とし，どれが耕作の質の向上を目的とするのか，明確に区別することは難しいものの，一般には大型・中型のトラクターや耕うん装置（ロータリーなど）は労働節約的技術，小型のトラクタ

ーや耕うん装置は土地節約的技術とみなすことができる．よって，トラクターや関連機器のサイズ別構成比の変化から，労働力不足がもたらした農業技術の変化を見て取ることができる．

1978年から98年の期間には，労働力が余っていたので，大型・中型トラクターは年2％しか伸びなかったのに対して，小型トラクターは年11.3％の勢いで伸びていった．1998年から2010年の期間には，労働力が農業から農業以外にシフトしたため，労働節約的技術への需要が高まり，大型・中型トラクターの使用が年率13.0％の勢いで伸びたが，小型トラクターは年率4.6％で伸びただけであった．トラクターによって牽引される耕うん装置にも同様の傾向が見られ，大型・中型の耕うん装置は1978年から98年の間は年率0％の伸びだったが，1998年から2010年には年率14.5％で伸び，小型の耕うん装置は年率12.1％の伸びから年率6.2％の伸びに減速した．

出稼ぎ労働者のうち，若い世代の移住者の割合が次第に高まっているが，彼らが農業に戻ることは難しい．中国では1980年生まれ以降の出稼ぎ労働者は「新世代農民工」と呼ばれている．2012年には1億6300万人の出稼ぎ労働者のうち新世代が61.6％を占めた．2010年に中国社会科学院人口与労働経済研究所が上海，武漢，瀋陽，福州，西安で行った調査によれば，農村出身で都市に住む16〜30歳の人々のうち32.8％は16歳になる以前から都市部（市や鎮）に住んでいたし，38.4％は都市部（市や鎮）の小学校に通った（表3-1）．都市部で育ち，教育を受けたこうした戸籍上の「農民」はもはや農業に従事する能力も意志もないだろうから，農村に戻ることもない．

長年，研究者たちは開発経済学の理論や実証研究に基づいて，農業に余剰労働力があることを当然視してきた．農業以外の産業が打撃を受けたとき，出稼ぎ労働者たちは帰郷し，農業に戻ったので，農業は社会の安定装置として働いた．しかし，中国がルイスの転換点を過ぎたいま，農業はもはや余剰労働力の溜まり場ではなくなり，労働力の移動も行ったり来たりを繰り返さなくなるので，それに合わせて理論を更新し，政策も変更しなければならない．

マイケル・トダロは発展途上国のなかでの労働移動に関する研究で知ら

	年齢		
	16–30	31–40	41–50
新世代農民工が16歳以前に住んでいた場所			
都市	2.9	1.0	0.5
県城	17.4	12.6	11.9
鎮	12.5	11.3	12.9
農村	67.2	75.1	74.7
合計	100	100	100
新世代農民工が小学校に通った場所			
都市	4.2	1.2	0.5
県城	17.3	12.4	12.3
鎮	16.9	15.4	14.4
農村	61.6	71.0	72.8
合計	100	100	100

(出所) 中国社会科学院人口与労働経済研究所調査による

表 3-1　新世代農民工の居住地

れているが，彼の理論のなかで最も影響力があったのが「トダロのパラドックス」である（Todaro, 1969; Harris and Todaro, 1970）．彼によれば，農村の労働者たちを都市部への移動に駆り立てるのは農村と都市との期待賃金の差である．彼の定義によれば，期待賃金とは都市部の名目賃金に都市での就業確率（すなわち，[1−失業率]）に掛けたものである．政府が失業率引き下げに努力すると，都市部の期待賃金が上昇し，農村との差が拡大する．すると，農村からさらに多くの労働力が流入し，結局失業率を高めてしまう．これが「トダロのパラドックス」である．農村から流入した労働者たちの状況を改善しようとする努力はさらなる流入を呼び込み，その結果移住者たちはかえって職や住居を見つけにくくなってしまう．

　こうした「トダロのパラドックス」は，後に「トダロの教義」へと変質した．農村から都市に移動した人々は都市部に定住するのではなく，期待賃金の差の変化によって出たり入ったりするものだとみなされた．「トダロのパラドックス」があるので，期待賃金を引き下げれば，農村からの移動を抑制できる，と主張するのが「トダロの教義」である．[18]

　「トダロのパラドックス」の前提は，農村には失業が存在せず，農業は余剰労働力を入れたり出したりできるプールだということである．「トダロの教義」に従えば，農村から都市への労働移動を抑制する政策をとるこ

(18)　「トダロの教義」や「トダロのパラドックス」の政策含意については Todaro（1985）Chap. 9 に説明がある．

とで農村と都市の間で労働力を引き付ける力と押し出す力をバランスさせ，農業に余剰労働力を吸収させることで，移動に伴う社会的なリスクを軽減できるという．しかし，経済発展の観点からいえば，農業がいつでも余剰労働力を吸収できるという前提自体が誤っている．二重経済発展が続いて一国の雇用のなかで農業が占める割合が低下していくと，経済は遅かれ少なかれルイスの転換点に到達するので，そうなれば農業も余剰労働力を抱えていられなくなるからである．

　1990年代初めに実施された調査によれば，都市部の失業率が高まり，雇用の伸びが下がると，出稼ぎ労働者たちは農業に戻ることで収入の減少を補い，何とか苦境をやり過ごそうとした（Zhang et al., 2001）．しかし，都市部での労働需要の循環と都市政府の出稼ぎ労働者に対する政策傾向との関係を検討した別の研究によれば，出稼ぎ労働者たちは自発的に農村に戻るというよりも帰還を強制されていた．すなわち，都市部で雇用が落ち込んだときには，都市の政府は出稼ぎ労働者たちが市内に定住したり就業したりするのを制限する政策をとり，農村部からの移住者は帰郷を余儀なくされるのである（蔡・都・王，2001）．

　ルイスの転換点が到来する以前の，農業のなかにまだ余剰労働力があった時代には，農村と都市の間で労働力を引き付ける力と押し出す力をバランスさせるよう移動抑制政策をとれば，農業や農村における就業の拡大によって社会的リスクを下げる効果も期待できただろう．しかし，農業がもはや余剰労働力を収納するプールではなくなり，労働移動も行ったり来たりするのではなく行きっぱなしになったとき，「トダロの教義」の有効性を支える基盤はもはや存在しない．「トダロの教義」に基づき労働移動を抑制しようとする政策は時代遅れなのである．

　農村からの出稼ぎ労働者に対する都市部の需要はますます切迫している．中国の人口転換のなかで，都市部の人口の年齢構成は農村部よりも急速に変化し，都市部の産業の成長はますます農村からの出稼ぎ労働力に依存するようになった．農村から都市へ流入し，6カ月以上滞在する労働者の総数はまだ伸びているものの，その伸び率は低下してきている．それでも都市部の雇用数は出稼ぎ労働者が入ってくるおかげでなお伸び続けている．2012年には都市部の雇用数の3分の1以上が農村からの出稼ぎ労働者

だったし，建設業などでは大半がそうであった．これだけ大きな比重を占める出稼ぎ労働者たちを都市の産業が失うわけにはいかない．出稼ぎ労働者はいまや予備的な労働力ではなく，むしろ都市部労働市場の支柱なのである．

多くの研究者や観察者は，中国の雇用は経済成長に見合って伸びておらず，「雇用増なき成長」の状態にあると見ているが，彼らは不十分でかつ一貫性にも欠けた雇用統計によって混乱させられているのである．公式統計では重要な労働者の一群が統計から漏れており，雇用数が過小評価になっている．

第一に，農村から都市に出稼ぎにきた人々は都市の雇用統計に十分に反映されていない．都市部の雇用に関する公式統計は現在二つの情報源がある．一つはすべての経済単位に従業員数を報告させる制度である．出稼ぎ労働者の多くは臨時雇用だったり派遣社員だったりするため，企業は正式な社員とみなしておらず，その数を報告していない．小規模な私営企業や自営業で雇われている出稼ぎ労働者に関しては，統計システムでその実態をとらえることが難しい．公式統計のもう一つの情報源は，都市部で行われる家計のサンプル調査である．出稼ぎ労働者たちは都市部の戸籍を持たず，固定した住所に住んでいないため，こうした調査のサンプルには選ばれない．

一方，出稼ぎ労働者の動向を調べるための別の調査によれば，2012 年には 1 億 6300 万人の出稼ぎ労働者がおり，うち 95% が都市に住んでいた．しかし，この調査と都市部の雇用統計とは結びつけられておらず，一貫性にも欠けているため，多くの論者がこの数字を見逃している．

第二に，1990 年代以来，労働市場に新たに入ってきた人たちや，解雇されて再就職した人々もインフォーマルな雇用形態のもとにあるため，出稼ぎ労働者と同様に都市部の雇用統計から漏れてしまう．家計調査に基づくデータと，雇用統計とを比べることにより，どれぐらいの漏れがあるかを推計できる．二つの異なる統計を突き合わせてみることで得られる漏れの部分は，地域や産業に分けることができないため，集計データを用いた分析ではしばしば労働者のこのグループが見落とされている．2012 年時点で雇用統計から漏れた就業者が全体の 4 分の 1 を占めていた．

第三に，農村の地元で農業以外の産業に就業する人々の存在もしばしば無視されてきた．この部分の就業者の総数は最近増えてはいないが，それでも 2012 年には 1 億人もの規模があり，これほど大きな就業者のグループを見落とすべきではない．加えて，最近の出稼ぎ労働者に関する統計では，郷・鎮の範囲を越えた 6 カ月以上にわたる移動を対象とするものが多いので，郷・鎮を越えた 6 カ月未満の移動については公式統計から漏れているのである．

　さまざまな統計を組み合わせることで，15〜59 歳人口の年間増加数を供給側，都市部の労働者の年間増加数を需要側に置き，都市部の労働需給に関する完全なデータを作成することを試みた．農業の就業者数は減少し，農村での農業以外の就業者数も増える見込みがないので，出稼ぎを含む都市の就業者数の増加をもって中国経済における労働需要を反映するものとみなす．

　2009 年の都市の労働に関する公式調査のデータから，国家統計局の雇用統計における都市部就業者 3 億 3300 万人には 12.5% の出稼ぎ労働者が含まれていることが推計できる．一方，農村部からの出稼ぎ労働者に関する統計から，そのうち都市で働いている者が 1 億 4000 万人だったと推計される．それは都市部の雇用統計に含まれる出稼ぎ労働者数と重複する部分があるので，それを取り除くと，表 3-2 のように，都市部で働く都市戸籍の就業者は 2 億 9200 万人，都市部で働く出稼ぎ労働者は 1 億 4000 万人，ということになる．農村から都市への労働移動が顕著になったのは 21 世紀に入ってからなので，統計上の都市部の雇用統計に出稼ぎ労働者が含まれるようになったのは 2000 年以降だと考えられる．2009 年にはその割合は 12.5% になり，2014 年には 30.8% に高まった．都市部の雇用統計から，徐々に増えていく出稼ぎ労働者数を除くことで都市戸籍を持った都市部労働者数を割り出し，農村からの出稼ぎ労働者数から農村への出稼ぎ者を除くことで都市部への出稼ぎ者数を割り出す．それを，労働供給の代替指標である 15〜59 歳の人口と比べたのが表 3-2 である．

　表 3-2 からわかるように，都市部の雇用数（労働需要）は 2001 年から 2012 年までは生産年齢人口（労働供給）よりも速いペースで伸びてき

	都市戸籍の就業者		都市部の出稼ぎ労働者		生産年齢人口	
	人数 (百万人)	伸び率 (%)	人数 (百万人)	伸び率 (%)	人数 (百万人)	伸び率 (%)
2001	232	2.9	81	7.0	844	−0.1
2002	239	2.9	101	24.7	859	1.8
2003	246	2.7	109	8.8	872	1.6
2004	251	2.4	114	3.8	886	1.5
2005	257	2.1	121	6.4	900	1.6
2006	275	7.0	127	5.0	907	0.8
2007	283	2.8	131	3.7	912	0.6
2008	288	1.8	135	2.5	917	0.5
2009	292	1.4	140	3.5	920	0.3
2010	295	1.2	147	5.3	939	2.1
2011	295	−0.1	152	3.7	939	−0.1
2012	291	−1.2	157	3.0	936	−0.3
2013	284	−2.5	159	1.7	932	−0.4
2014	272	−4.2	161	1.3	928	−0.5

(出所) 雇用数のデータは，国家統計局編（各年版），国家統計局農村社会経済調査司編（各年版），国家統計局人口和就業統計司編（各年版）に基づく筆者の推計．生産年齢人口は中国発展研究基金会（2012）に基づく．

表 3-2　中国の都市部における労働の需要と供給

(19)
た．労働供給に対する労働需要の割合も 2012 年までは高まってきた．労働参加率，すなわち生産年齢人口に対する経済活動人口の割合を下げる要因として，高止まりする失業率，高等教育の拡大，女性の公式の定年年齢が 50〜55 歳と定められていることなどがある．しかし，労働需要の拡大が，労働参加率を引き下げるそうしたもろもろの要因の影響を跳ね返し，生産年齢人口のより大きな割合が都市で働くようになった．

3　賃金の上昇と収斂

日本の転換点の研究で知られる南亮進は，日本の経験に基づき，賃金の変化からルイスの転換点の到来を検証する方法を五つ挙げている（Minami, 2010）．すなわち，もし経済がルイスの転換点に到達したのであれば，①生存セクター（農業セクター）における賃金が労働の限界生産性に等し

---

(19)　〔訳注〕原文では「2001〜2014 年まで」と書かれているが，表 3-2 を計算すると，2013 年，2014 年は都市戸籍労働者と都市出稼ぎ労働者の合計の伸び率は生産年齢人口の伸び率よりも低い．次の労働供給に対する労働需要の割合についても 2012 年までは上昇，それ以降下降している．

くなる，②生存セクターにおける賃金が労働の限界生産性の変化に応じて決まるようになる，③生存セクターにおける賃金が一定（あるいは緩やかな上昇）の状態から急激な上昇のトレンドに乗る，④熟練労働と非熟練労働の間の賃金差が縮まる，⑤労働供給の弾力性が無限大からゼロと有限数の間になる，という五つの特徴が現れるという．

南亮進は，私がいうルイスの転換点ではなく，商業化点の到来を検証する方法としてこれらのポイントを挙げた．彼自身，①を直接計測することは難しいことは認めており，実証研究では他の方法をとるべきだとしている．私はルイスの転換点について南とは異なる定義を採用しているので，本章では南のいう③と④の方法，すなわち一般労働者の賃金の上昇と，熟練労働・非熟練労働の賃金の収斂に焦点を当てる．

無制限の労働供給で特徴づけられる二重経済においては，一般労働者の賃金は生存水準で一定となり，それは農業における労働の限界生産性よりも高い[20]．農業の余剰労働力が農業以外の産業に再配分されはじめたのは1980年代に農業で請負制が導入されてからで，その後都市での就業を妨げる制度的障壁が撤廃されたことによって再配分が大いに進んだ．40年にわたる経済改革の期間を通じて，農村の余剰労働力は農業から農村にある農業以外の産業へ，そして農村から都市へ，中西部から沿海地域へ大規模に移動した．

地域や産業をまたいだ労働移動に対する制限は次第に緩和されていったので，農村からの出稼ぎ者は都市部の就業者や住民のうち大きな割合を占めるようになり，農業における余剰労働力の問題もだいぶ緩和された．一方で，中国の人口転換により，生産年齢人口が増加から減少に転じた．労働の需要の伸びが供給の伸びを上回るようになった．

その結果，2004年から沿海部で労働力不足，とりわけ出稼ぎ労働者不足が起きて，それが全国に広がった．理論的に予測できるように，出稼ぎ労働者の賃金がそれから急上昇しはじめた．労働の需給関係の変化は，中国経済に本質的な変化をもたらしている．農業における労働の限界生産性

---

(20) 賃金が一定，というのは理論上の抽象的な表現である．実際には「生存水準」は時代によって変わるから生存水準で決まる賃金も変わるはずである．ただし，労働の限界生産性とは無関係である．

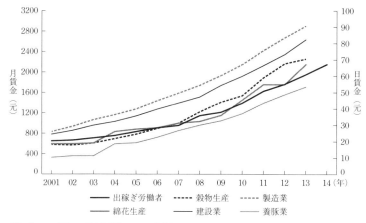

(注) すべての賃金は1998年価格によって実質化した
(出所) 穀物生産，綿花生産，養豚業（50頭以上）の日賃金は国家発展改革委員会価格司編（各年版），製造業と建設業の月賃金は国家統計局・人力資源和社会保障部編（各年版），出稼ぎ労働者の月賃金は国家統計局農村社会経済調査司編（各年版）

図3-1 いくつかのセクターにおける賃金動向

が上昇し，その賃金ももはや生存水準によってではなく労働市場の状況によって決まるようになった．ルイスのいう二重経済発展における無制限の労働供給はもはや中国経済の特徴とはいえなくなった．

　非熟練労働者の賃金の動向を探るため，ここでは賃金に関する三つのデータを検討する．都市部の賃金全体を集計したデータを用いる代わりに，非熟練労働や半熟練労働の雇用が多い産業の賃金，出稼ぎ労働者の賃金，そして農業労働者の賃金を図3-1に示した．こうした統計を選んだ理由は二つある．第一に，都市の労働者，とりわけ国有部門の労働者の賃金は多かれ少なかれ保護されているからである．都市部労働者の賃金統計ではそうした公的部門の賃金が大きく反映されているので，非熟練労働者の賃金の動きを見るには都市部の賃金統計は適切ではない．第二に，通常の賃金統計には非正規労働者や出稼ぎ労働者の賃金は反映されていないので，非熟練労働者の賃金動向を知るには出稼ぎ労働者の賃金を見るのがよい．以下ではそれぞれの情報源について説明し，変化のトレンドを見ていこう．

　第一に，出稼ぎ労働者の賃金に関しては国家統計局の出稼ぎ調査を参照した．出稼ぎ労働者の賃金が追えるのは2001年以降のみだが，さまざまな情報源から見て，出稼ぎ労働者の賃金は2004年以前は長年にわたって停滞していたが，2004年から急に上昇し始めたことがわかる．

2004 年から 2014 年の間，出稼ぎ労働者の実質賃金は年率 11% で上昇していった．賃金の上昇は 2008 年から 2009 年にかけての金融危機の期間にも止まらなかった．というのも，政府が大規模な景気刺激策を打ったことで，中国経済は急速に危機から回復したからである．図 3-1 に示したのは国家統計局のデータであるが，他の調査には出稼ぎ労働者の賃金がもっと急速に伸びたことを示すものもある．例えば，中国人民銀行が実施した調査によれば，出稼ぎ労働者の賃金は 2009 年に実質で 17.8%上昇し（中国人民銀行調査統計司，2010），2011 年には実質 21.2% も上昇したという．

第二に，農業以外の産業での賃金動向を見てみよう．これは企業からの報告制度に基づいて上がってきた賃金データを集計したもので，フォーマル・セクターでの被雇用者の賃金レベルを示すものである．図 3-1 では製造業と建設業を示しているが，これらでは比較的多数の非熟練，半熟練の労働者が雇われている．2004 年から 2011 年までの賃金の上昇率は製造業が年 11.2%，建設業が年 11.0% だった．つまり，都市部の一般労働者の賃金も出稼ぎ労働者たちと同じようなペースで上昇したのである．

最後に，農業セクターでの雇用労働者の賃金を見てみよう．農業以外の産業での非熟練労働力に対する需要の急増と，農村部での余剰労働力の減少をもたらしたのと同じ要因が，2004 年以降，農業でも賃金の急上昇をもたらしている．請負制の導入以来，中国の農業は農家による自営が中心で，農業における労働者の雇用は最近広まったばかりである．ただ，国家発展改革委員会が農業における労働者の賃金データを長い間集めてきたので，農民の農業収入のなかから労働収入を分けることができる．それによれば 2004 年から 2011 年の間に，穀物生産での労働の 1 日当たり賃金は年率 15.5%，綿花生産では年率 11.3%，養豚場（豚 50 頭以上）では年率 12.8% で伸びてきた．

一般労働者の賃金はルイスの転換点の前と後とでは決まり方が異なる．無制限労働供給がある典型的な二重経済体制のもとでは，農村から都市へ向かう出稼ぎ労働者の賃金は労働の限界生産性によって決まるわけではない．しかし，ルイスの転換点を通過したのちには，労働需給の状況が熟練労働者，非熟練労働者に異なった影響を与えるようになる．すなわち，熟

練労働者は転換点の前後を通じて相対的に稀少なのに対し，非熟練労働者は稀少性が増大する．非熟練労働者の賃金は生存水準から次第に労働の限界生産性によって決まるようになる．こうして両者の賃金水準は収斂していくことになる．

中国ほど人口の多い国では労働はいつまでも無制限に供給されるはずだと思い込んでいる人たちは，中国で実際に起きている労働力不足という現象に直面しても，労働力不足だと認めることができず，不足しているのは熟練労働力だと主張する．しかし，労働市場で実際に起きていることは非熟練労働者の不足以外の何物でもない．そのことは，人的資本の違いをコントロールしたうえで，熟練労働と非熟練労働との賃金のトレンドを見れば両者が収斂しているという事実によって確かめることができる．

以下では，出稼ぎ労働者の賃金のトレンドによって賃金の収斂を確認する．なぜなら，出稼ぎ労働者たちの間でも人的資本には大きな差があり，出稼ぎ労働者と都市戸籍を持つ労働者との間の賃金にも差があるからである．

出稼ぎ労働者は全体としては非熟練労働者であるが，そのなかでも人的資本のレベルはさまざまである．2012 年時点で 1 億 6300 万人いた出稼ぎ労働者のうち，1.0% は非識字者，10.5% は小学校卒程度，62% は中学卒程度，12.8% は高校卒程度，5.9% は中等専門学校卒，短大卒およびそれ以上は 7.8% であった（国家統計局住戸調査弁公室，2013）．つまり出稼ぎ労働者の 4 分の 3 は中卒以下の非熟練労働者だったのである．

こうした非熟練労働者の賃金が急速に上昇していかない限り，出稼ぎ労働者の賃金が都市部の労働者の賃金に収斂していくことはない．図 3-2 は前述の中国社会科学院人口与労働経済研究所が行った出稼ぎ労働者に対する調査に基づき，彼らを学歴別に分類してそれぞれの賃金の変化を見たものである．横軸は基準年（2001 年と 2005 年）の賃金レベル，縦軸は基準年から 2010 年までの賃金の上昇率を示している．この調査が行われた 2001 年，2005 年，2010 年のすべてにおいて，最も高学歴の労働者の賃金が最も高いものの，図 3-2 の左右の図のいずれも低学歴の労働者の方が賃金の上昇率が高かったことを示している．そのため，この調

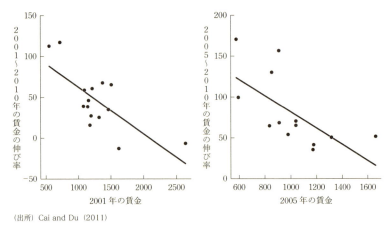

(出所) Cai and Du (2011)

図 3-2 非熟練労働者の急速な賃金の伸び

査に基づいて所得のジニ係数を計算すると，2001年の0.396から2005年には0.334，2010年には0.319へ下がっている．

都市戸籍の労働者に比べて出稼ぎ労働者は学歴水準が低く，労働経験も浅い．この調査によれば，出稼ぎ労働者の平均的な教育年数は都市戸籍労働者より1.56年短く，就業年数も5.6年短い．したがって，出稼ぎ労働者の賃金が都市戸籍の労働者の賃金よりも急速に上昇しているとすれば，熟練労働と非熟練労働の間の賃金差が縮まっていることが推測できる．

さらに，多くの論者が指摘するように，都市の労働市場における出稼ぎ労働者の賃金は大学卒業生の賃金よりも急速に伸びている．これも熟練労働と非熟練労働の賃金水準の収斂を意味しており，ルイスの転換点の到来という仮説と整合的である．もっとも，この現象は複雑であり，のちの章でさらに議論を深めたい．

4 結 論

中国がルイスの転換点を通過したかどうかをめぐる論争が続いている．私自身も最初はぼんやりと転換点が近づいていると感じただけであった (Cai, 2008)．しかし，証拠が積み重なるにつれ，私だけでなく，次第に多数の経済学者，企業家，政府の役人が中国経済にルイスの転換点が到来したことを認めるようになった．これに反対する意見も依然として存在す

る．余剰労働力が存在する証拠を示したり，出稼ぎ労働者の賃金上昇を否定する議論もあるし，中国にはルイスの理論が当てはまらないという議論までさまざまである．ルイスの転換点の到来を否定する者は，中国の経済的現実を直接に観察したり自ら経験することがないのか，中国の統計を深く理解していないのだろう．それに加え，ガルブレイスがいう「固定観念」が中国経済の新しい現実に対する人々の認識を妨げている．しかし，新たな現実を認識することは経済政策を作るうえでの基礎である．

　経済発展と経済学の歴史が繰り返し示してきたように，健全で真剣な論争が，経済の転換点の問題をめぐる過去および現在の分厚い研究を推進する力となってきた．本章は，経済学者や一般読者に対して，ルイスやその後継者たちの下した定義に照らせば，労働力不足や賃金の急上昇はすなわちルイスの転換点の到来を意味していることを説得するために書かれたのである．

　いつ転換点が到来したのか特定の年を挙げよ，といわれれば私は 2004 年を挙げたい．当時の労働市場にかかわるすでに挙げた事実に加え，政治経済学の論理もそうした仮説を支持している．ある公共政策を続けることの政治的コストがそれを変える政治的コストより大きい場合，必然的に政策転換が起こる．そうした政治経済学の論理に基づき，私は蔡（2003）のなかで，都市と農村の所得格差が経済改革が始まった当初のレベルにまで拡大したとき，制度変化が起きる，と予測した．2004 年には，都市部の家計所得が農村部の 2.4 倍となり，1979 年と同水準にまで拡大した．2004 年が転換点だと考える理由は以下の 3 点である．

　第一に，出稼ぎ労働者不足が 2004 年に沿海部で現れ，急速に全国に広がっていった．また，2004 年は一般労働者の賃金が停滞から上昇へと転じた年でもある．これはルイスの転換点を示す一つのメルクマールである．

　第二に，転換点は単に労働市場だけの現象ではなく，経済発展のパターンにも関連しており，実際，経済の中でさまざまな変化が見られた．2004 年はさまざまな社会経済指標の重要な変化の年となった．例えば，労働力不足と賃金の上昇に伴い，資本労働比率が急速に上昇した．農業における技術進歩が労働に影響を与え，地域間や人々のグループ間の所得格

差も縮まってきた.

　最後に,所得分配と再分配,社会保障制度,最低賃金政策,労働法の施行などにおいて次第に一般労働者や低所得層を重視する方向に政策が変わってきた.中央政府と地方政府が社会経済のトレンドに対応しようとした結果,2004年には政策に大きな変化が起きた.

　ルイスの転換点を考えるにあたって,一部の経済学者たちは転換点という代わりに「ルイスの転換期間」と呼ぶことを提唱している.そうすることで中国の地域的な多様性や長期的な経済発展の特徴をよりよくつかむことができるというのである.以下の各章ではそうした「転換期間」を描くが,中国の経済発展とその諸段階を理解するうえで本質的な違いがあるわけではない.

第4章　人口ボーナス

生産者を多く，消費者を少なくさせよ．生産者を勤勉にし，支出を倹
約させよ．そうすれば十分な富が生まれるであろう．（生之者衆，食之
者寡；為之者疾，用之者舒；則財恒足矣　（『礼記』・大学）

　中国における二重経済発展は，高い出生率と低い死亡率，そしてその結
果生じる高い人口増加率によって特徴づけられる人口転換の一つの段階と
深く関係していた．したがって，人口転換が次の段階，すなわち低い出生
率，低い死亡率，そして低い人口増加率によって特徴づけられる段階へ進
んだとき，中国は二重経済から脱していくことになった．中国の経済発展
がいかなる段階にあるかをめぐって論争が起きる理由の一つは，中国が人
口転換のどの局面にあるかについて共通認識が形成されていないことであ
り，もう一つは人口要因が経済成長に与える影響についても認識が一致し
ていないことである．

　中国の人口変化や人口動態に関しては，系統的な公式データやアップデ
ートされた情報が存在しない．人口センサスが何度も実施され，人口変化
に関する情報は得られるものの，中国の人口動態に影響を及ぼすいくつか
の重要な数値，例えば合計特殊出生率（TFR）についてさえ，いろいろな
見解があるのが現状である[21]．そのため，人口変化の規模と年齢構成に関す

---

(21)　2000年に実施された第5回人口センサスでは，中国の合計特殊出生率
　　　は1.32で，政策的に許容されていた水準である1.51を下回った．しかし，
　　　多くの論者はこの結果の信憑性を疑った（于，2002）．それ以来，中国の真
　　　の合計特殊出生率をめぐって学者と政策研究者の間で論争が生じた．一般に，
　　　計画出産を担当する役所は出生率が高いと考える傾向があり，学者たちは出生

る権威のある予測が定期的に発表されるような状況にはない．

したがって一般市民も学者も人口動態の趨勢に関する最新の情報を持っていない．いまだに中国の人口が2040年頃まで増加し続けて16億人になると信じている人さえいる（例えばLau, 2010を見よ）．中国の生産年齢人口（15〜59歳）の伸びがかなり前から鈍化しており，2010年にピークを迎えたことに気づいていない学者も多い．これが意味することは，無制限労働供給の基盤が揺らいでいるということであるが，学者たちは人口ボーナスの減少やルイスの転換点の到来という現実を受け入れようとしない．

中国の人口転換の現状と趨勢に関してゆがみのない認識を持つことは，学者や政策研究者が労働市場の状況を把握し，経済成長の持続性に関わる政策を決定するうえでの基礎となる．

本章では，中国の人口転換と二重経済発展とが出発点を共有しており，同じような時期に発生していて，段階変化のプロセスも多分に類似していることを論じる．また，人口ボーナスを獲得できる機会は二重経済発展の一段階として訪れることを指摘する．人口ボーナスの消失に関する理論的・実証的な考察は，同時にルイスの転換点の到来を説明することにもなるだろう．本章では，一国の人口転換と二重経済発展の間の論理的な関係を他国の経験に基づいて検証し，中国の人口転換過程が経済成長に与える影響をさまざまな統計を用いて描写する．

1 経済成長の人口的要因

人口転換に関する理論は，アーサー・ルイスが二重経済発展に関する論文を発表する以前からかなり成熟していた[22]．それによれば，工業化の進展

率が低いと考えてきた．真の出生率をめぐってさまざまな意見があるが，推計結果のほとんどは1.4から1.8の範囲に収まり，人口の置き換え水準である2.1よりは明らかに低かった．

[22]　トンプソンが最初に人口転換の三つの段階を指摘し，他の学者がさらに二つの段階を追加したが，出生率の低下に関する理論的な説明をしなかったために，いずれも人口転換論の父とはみなされなかった（Thompson, 1929）．人口転換論の元祖はNotestein（1945）だとされている．Caldwell（1976）

と対応して，人口転換は三つの段階を経て進行する．第一の段階は，出生率と死亡率がともに高く，人口の自然増加率が低い時期である．第二の段階は出生率が高く，死亡率が低いため，人口の自然増加率が高い時期である．第三の段階は出生率，死亡率がともに低いため人口の自然増加率が低い段階である．

　ルイスが人口に関するこうした理論を把握していたのかどうかは不明であるものの，彼の二重経済発展に関する記述のなかには人口転換の理論にかかわる前提が置かれている．例えば，二重経済論のキー概念である無制限労働供給を定義する際，彼は次のようにいう．「無制限労働供給が存在するのは，人口が資本と自然資源に対して著しく多い国においてであり，そこでは経済の大きな部分で，労働の限界生産性がとても小さいか，ゼロか，場合によってはマイナスですらある」(Lewis, 1954)．この文が含意することは，無制限労働供給によって特徴づけられる二重経済は人口転換の第二段階に現われるということである．つまり，死亡率が下落する一方，出生率が高い状態が続くと，人口の自然増加率が高くなるが，二重経済発展はそういうときに起こりやすいのである．農業が最も重要な生産部門であるため，人口と余剰労働力が溜まっていくのは農業においてである．

　人口転換と二重経済発展との関係を論理的かつ実証的に理解するための鍵は，いかに人口ボーナスが生まれ，そして獲得されているかを探ることである．人口と経済に関する初期の研究では，経済成長率と人口増加率の関係に着目して人口と経済の関係が議論されていた．一方で，人口転換論においては人口規模，出生率，死亡率に焦点が当てられ，経済成長との関係は議論されてこなかった．さらに言えば，主流派の経済成長理論では，人口成長率は内生的成長論のなかに組み込まれているが，二重経済における人口転換の特徴は無視されてきた．

　経済発展と人口構成との関係，とりわけ人口の年齢構成と労働供給との関係は長らく無視されてきたが，先進国および新興工業国が成功裏に人口転換のプロセスを完了させたことで，人口学者は人口の高齢化とそれがもたらす影響とを認識するようになった．経済学者たちは出生率の低下によ

がこの分野の簡単な研究史をまとめている．

って生じる生産年齢人口の割合の変化，およびその裏側で起きる従属人口比率の変化と，それが経済成長の源泉に対して与える影響に関心を持つようになった（Williamson, 1997）[23]．

　一国における人口成長方式と年齢構成の変化との関係は次のように整理できる．第一に，最初に死亡率が低下し，その後しばらくして出生率が低下するが，両者の中間の時期には，人口の自然増加率は急速に高まり，これは年少人口の全人口に対する比率の高まりを伴う．第二に，その後しばらくの期間を経ると，出生率が低下する間，ベビーブームのときに生まれた世代が成長するので，生産年齢人口の比率が高まる．第三に，出生率が経済社会発展の結果として持続的に低下していくので，人口の自然増加率も低下し，こうした動態的な構造変化の帰結として人口の高齢化が生じる．要するに，人口の自然増加率はまず上昇し，転換点を経て下落するが，そのあと一世代の間隔を経て，生産年齢人口の成長率もまず上昇し，やがて下落するという逆U字のパターンで変化する．

　一国の総人口のなかで生産年齢人口の割合が高いとき，労働供給は充足し，貯蓄率も高くなるので，経済成長にとって好ましい状況となる．この状態を「人口ボーナス」と呼ぶ．人口転換が次の段階へ移行すると，高齢化が進展し，人口の年齢構成は次第に経済成長に貢献しなくなり，人口ボーナスは徐々に消失する．人口転換の各段階は合計特殊出生率の変化によって特徴づけられるため，人口転換と経済成長の関係を図4-1のように描くことができる．合計特殊出生率が高い段階では経済成長率が低い「成長の定常状態」となるが，出生率が低下していくと，生産年齢人口の割合が高まり，人口ボーナスによって経済成長率が高まる．出生率がさらに低下し，高齢化が進むと，経済成長率は再び低下し，再び「成長の定常状態」に達する．したがって，出生率が急速に低下し，人口の年齢構成において生産年齢人口の比率が高まる段階は，経済成長に有利な「機会の窓」だということができる．

　もちろん，経済成長に影響を与える要因は多数あり，人口要因のみで決まるのではないことには注意しておく必要がある．低所得国における経済

---

(23) 「従属人口比率」（dependency ratio）とは，年少人口と老年人口の和を生産年齢人口で割った値のことである．注26参照．

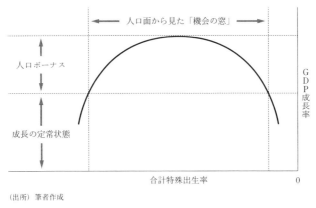

(出所)筆者作成

図 4-1 出生率と経済成長の関係

成長の定常状態,いわゆる「貧困の罠」に陥った状態や,技術革新のフロンティアで悪戦苦闘している高所得国の定常状態は,人口要因だけのせいでそうなったというわけではない.例えば,新古典派成長理論の枠組に基づいて行われた世界各国の経済成長に関する実証研究では 100 を超える説明変数が経済成長の決定要因として統計的に有意であることが発見されているが,いずれの変数もそれのみでは十分ではなく,また他の要因を排除するものでもない (Sala-i-Martin, 1996).本章では分析を単純化するために,出生率の変化→経済成長の変化,という因果関係だけに注目し,経済成長の変化→人口転換への影響,という逆の因果関係については論じないことにしよう.出生率と経済成長との関係については,まず人口ボーナス論から推論を行い,それを実証研究で確認する.

世界銀行が提供する世界開発指標のパネルデータを用いることで,私たちは 1960 年から近年までの GDP 成長率と合計特殊出生率の間の関係を示すことができる.データが得られる国々では GDP 年成長率は最低マイナス 51% から最高はプラス 106% まで広範囲に分布している.外れ値まで説明するのは大変なので,ここでは極端な値は除外し,一般的な GDP 成長率だと考えられる 0% から 10% の間のデータだけを残して分析することとする.経済成長率と出生率は単純な線形関係とはならず,二

---

(24) Du (2005) による計量分析では,人口政策,1 人当たり GDP,人的資本が中国の出生率を低下させた決定的要因であることが示され,それぞれの要因の効果について実証的に検討されている.

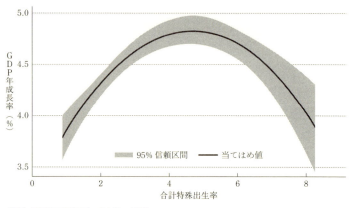

(出所) 世界開発指標のデータを用いて計算

図 4-2　合計特殊出生率と GDP 成長率の関係

次方程式の形状になる．つまり合計特殊出生率が低下するにしたがって，経済成長率はまず高まり，その後に低下する．図 4-2 は合計特殊出生率と GDP 成長率との関係を示しており，合計特殊出生率の 95% 信頼区間が示されている．

図 4-2 の通り，経済成長率は合計特殊出生率に対して逆 U 字のパターンを描く．人口転換の初期段階に位置する国々は合計特殊出生率が高く，経済成長率は概して低い．合計特殊出生率の低下に伴って成長が加速するものの，ある一定水準を超えて合計特殊出生率が低下して人口転換が後半に差しかかると，経済成長は減速する．こうした逆 U 字の実証結果は，すでに言及した理論の予測と完全に一致する．こうした関係の統計的な有意性を検討するために，GDP 成長率を合計特殊出生率とその二乗に対して回帰させてみよう（表 4-1）．回帰分析の結果，合計特殊出生率の係数は正，その二乗の項の係数は負となり，統計的な優位性も高く，逆 U 字関係が示された．

　経済理論と実証分析に基づくより精緻な説明をするためにはさらなる作業が必要となるものの，人口転換とルイスの転換点を中国の経験に即して検討するフレームワークとしては上記のような出生率と経済成長率との間の逆 U 字の関係を確認しておけば十分である．次節では，中国の経済発展過程における人口ボーナスの形成と消失とを分析し，ルイスの転換点に到達したかどうか判断する．

	係数	標準偏差	t 値	有意確率
TFR	0.6852	0.1133	6.05	0.000
TFR 二乗	−0.0736	0.0137	−5.38	0.000
定数	3.2359	0.1909	16.95	0.000
観察数	3380			

(出所) 筆者の分析による

表 4-1　回帰分析の結果：合計特殊出生率と成長（TFR）の関係

2　中国の人口転換

　1957 年に北京大学の馬寅初教授はのちに『新人口論』（馬，2002）として出版される内容を講演し，中央政府が人口抑制政策を実施するよう提言した．彼は 1953 年に実施された第 1 回人口センサスの結果に基づき，中国の人口が急速に増加しつつあることを指摘した．中華人民共和国が成立して以来，社会経済の発展によって出生率が高まり，死亡率が低下していることを彼は正しく認識していた．だが，馬教授の知識は不完全であったため，彼は人口転換の法則を踏まえて出生率と人口成長の将来のトレンドを予測することができなかった．

　実のところ，中国の人口変化は人口転換の法則に従っており，その法則の正しさを証明してきた．1949 年の中華人民共和国成立以後，最初の 20 年間は経済が復興し，人々の生活水準が改善したため，中国は人口転換の第二段階に入った．1950 年代末から 1960 年代初頭の異常な期間を除けば，死亡率は大きく低下し，その一方で出生率は一貫して高い水準にとどまったので，人口の自然増加率が高い状況が続いた．合計特殊出生率は 1970 年代初頭まで 6 前後を維持し，それ以降ようやく低下し始めた（図 4-3）．

　合計特殊出生率の急速な低下は，一人っ子政策が公式に実施される以前から始まっていた．合計特殊出生率は 1970 年の 5.8 から，1980 年には 2.3 にまで低下したが，当時，政府は国民に対して晩婚，少子，そして出産の間隔をあけるといった，自発的な出生の抑制を求めていたにすぎない．中国政府が「一人っ子政策」と称される強制的な人口抑制政策を実施したのは 1980 年代であるが，その時期には出生率はあまり変化して

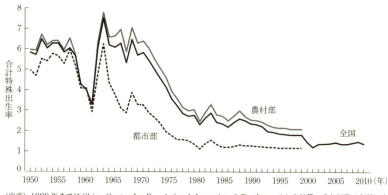

(出所) 1998年までは China Center for Population Information のデータベースから計算.それ以降は各種の人口調査と人口センサスによる.

図 4-3 合計特殊出生率の低下（全国，都市部，農村部）

いない．それ以後の20年余り，合計特殊出生率は劇的に低下しつづけて1.4または1.6となり，人口置換水準である2.1を大きく下回るようになった．

　中国の人口政策を単純に「一人っ子政策」だと理解するのは正確ではない．社会経済の発展水準と文化の多様性に従って，中国の人口政策は農村部と都市部の間で区別されており，また多数派を占める漢民族と少数民族の間でも異なり，さらに地域によっても異なっていた．「一人っ子政策」が適用されていたのは中国の人口の36％に対してのみであり，人口の52％は1.5人までの出生を許され，人口の10％は2人までの出生を許され，人口の2％は3人の子供を持つことまで許されていた．つまり，政策が規定する出生の許容範囲は平均すると1.4をわずかに上回る水準であった（中国発展研究基金会，2012）．

　人口論と歴史的な経験によれば，合計特殊出生率が2.1を下回るようになると低出生率の段階に入る．中国政府は合計特殊出生率を1.8以下とすることを目標として設定しているが（国家人口発展戦略研究課題組，2007），多くの研究者は中国の出生率は実際には1998年以後1.8を大きく下回って1.5まで落ちていると信じている．国連の『世界出生パターン 2009年版』では，2006年の中国の合計特殊出生率を1.4としており，低出生率グループの国に分類している．国際比較からわかることは，中国は経済の発展段階にそぐわないほど人口転換が進んでいて出生率

が低いということである．中国の合計特殊出生率1.4は，世界平均の2.6のみならず，発展途上国（最も発展が遅れた国々を除く）の2.5，2005～2010年の先進国の平均1.6をも下回っている（United Nations, 2010）．

　中国の学者や政策研究者たちは，中国人の家族が何人の子供が欲しいのか探ってきた．つまり，中国における劇的な出生率の低下が人口抑制政策によって生じたのか，それとも社会経済発展の結果なのかを探ることで，人口政策が有効なのか，それを調整すべきかを検討している．

　三つの研究がこの論点に光を当てている．第一に，1997年，2001年，2006年に江蘇省で実施された出生の意向に関する調査によると，1家庭が希望する子供の数の平均はそれぞれの年で1.74，1.70，1.73であった（鄭，2011）．この数字は人口政策が目標としてきた合計特殊出生率や実際の出生率より顕著に高いとはいえないが，人口置換水準を大きく下回っている．第二に，ドゥーの研究によれば（Du, 2005），中国の合計特殊出生率の急激な低下に対しては人口抑制政策，1人当たりGDPの上昇，そして人的資本の蓄積がそれぞれ貢献しているが，人口抑制政策の限界効果は低下する傾向にある一方，1人当たりGDPの上昇と人的資本蓄積の影響は時を経るごとに強まっている．第三に，韓国，シンガポール，タイ，台湾などの他のアジア諸国も1950年代には中国並みの高い出生率から1990年代には置換水準以下の低い出生率に急激に低下しているが，これらでは中国のような強制的な人口抑制政策は採られてこなかった．社会経済の発展が中国や北東アジアほどではなく，人口転換が遅れているインドですら，出生率は同様に低下している（林，2006）．

　これらの事実は，経済成長と社会発展が人口転換の主たる推進力であるという学界のコンセンサスを裏付けている．中国は1978年以来の経済改革のもとでの刮目すべき経済成長と社会的変化，さらに独特な家族計画政策の実施によって，高出生率から低出生率への人口転換を多くの先進国よりもずっと短い期間に完了させた．例えば，イギリスとフランスが合計特殊出生率を5から置換水準にまで低下させるには約75年を要したが，中国は30年足らずで同様の低下を実現した（中国発展研究基金会編，2012）．

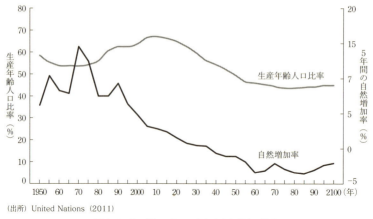

図 4-4　人口増加のトレンドと生産年齢人口比率

　人口転換を特徴づける二つの逆 U 字曲線がある．第一は，一国の出生率の低下に伴い，人口の自然増加率がまず上昇し，頂点に達したのちは低下するという逆 U 字曲線である．第二は，第一の曲線から 20 年を経て，総人口に占める生産年齢人口の比率がまず上昇し，これも頂点に達し，そして減少を始めるという逆 U 字曲線である．図 4-4 に示したように，中国の人口の自然増加率は 1960 年半ばから低下を始めており，15～59 歳の生産年齢人口比率は増加を続けて 2010 年に頂点に達し，その後低下を始めた．人口増加率が低下し，生産年齢人口比率が上昇し続けている期間，中国は人口要因が経済成長を助ける「機会の窓」を享受した．

3　中国経済の成長会計

　1980 年代初頭に中国が改革開放政策を始動して以来，中国の経済発展はずっと人口ボーナスを享受してきた．これは経済理論から予測されたことだし，また統計的な証拠からも証明されている[25]．人口転換が経済成長に重要な貢献をすることは，次のような面から明らかである．
　第一に，従属人口比率[26]が低下していくことは，一国が高い貯蓄率を維持

---

[25] 既存研究で検討されているように，人口ボーナスは労働供給，貯蓄，人的資本を含む複数のメカニズムによって生じている．Bloom, Canning, and Sevilla (2002) 参照．

するのに有利であり，高度成長にとって決定的な重要性を持つ資本形成を後押しする．計画経済期においては，資本形成率，すなわち固定資本形成（および在庫投資）がGDPに占める比率は異常に高く，例えば1978年には38.2％であった．それが経済改革の時期に入ってもさらに上昇し，1995年から2012年の間に，この比率は40.3％から47.8％になった[27]．重要なことは，この期間に十分な労働供給があったため，資本の投資に対する収益があまり低下しなかったことである．中国の経済成長をその要因別に分解すると，GDP成長率に対して物的資本が継続的に貢献していたことが明らかになるであろう．

　第二に，生産年齢人口が持続的に増加したため，中国が経済のグローバル化に参画するなかでも十分な労働供給が続き，中国は安価で豊富な労働力という優位性をずっと維持することができた．さらに，中国と同様の年齢構成を持つ他の発展途上国と比較してみると，中国の労働者はよりよい教育を受けており，労働生産性の向上を支えた[28]．製造業企業を対象とするある調査によれば，平均教育年数が1年延びるごとに労働生産性は17％上昇する．中国は労働力の量も多いし，質も高いため，労働コストの面で優位にあった（Qu, Cai, and Du, 2010）．中国の経済成長率は労働力の増加と人的資本の蓄積によってポジティブな影響を受けていたと整理できる．

　第三に，中国の農村部は人口転換の面で都市部よりも遅れていたため，計画経済期に農村部に余剰労働力が蓄積され，それが改革開放期に入ると農村から流出し，これによって資源配分が改善し，全要素生産性（TFP）を上昇させた[29]．私と王徳文の推計（蔡・王，1999）の推計によれば，1978

---

(26)　[訳注] 本章では従属人口比率を，年少人口と老齢人口の合計と生産年齢人口の比率と定義している．すなわち，[(0〜14歳人口＋65歳以上人口)／(15〜64歳人口)]．

(27)　これらの値はGDPと固定資産の名目額に基づいている．GDPデフレーターは固定資産の価格指数よりも大きいため，もしGDPと固定資本形成をそれぞれの価格指数で実質化した場合，本比率はさらに高い増加を示すこととなる．

(28)　例えば中国の生産年齢人口の平均就学年数はインドよりも33％長い．Niu and Wang（2010）を見よ．

(29)　[訳注] 「成長会計」というのは，GDP成長率を，労働の増加の成長に対

年から1998年までの期間に，生産性が低い農業部門から生産性が高い非農業分野への労働移動が起きたことによる資源配分の改善効果で，この期間のGDP成長率の21%が説明できる．TFPのうちなお説明できない残差は3%にとどまるが，この部分は技術的効率性の改善と技術進歩による効果と解釈できる．

人口転換に関連するその他の要因も経済成長に対する人口ボーナスの貢献を示している．従属人口比率の低下による経済成長への貢献は，人口ボーナスの最も純粋な表れであろう．これまで指摘してきた労働力の増加，教育水準の向上，資本形成，そして資源配分効率の改善はすべて人口ボーナスの現れだが，従属人口比率の低下も人口ボーナスの一側面である．

経済学の既存研究では，多くの研究が従属人口比率を経済成長に対する人口要因の代理変数として扱っている．例えば，ウィリアムソンの先駆的な論文（Williamson, 1997）では，1970年から1995年までの東アジア経済の成長に対する人口要因の貢献を従属人口比率を用いて計測し，成長率の4分の1から3分の1の貢献をしたことを発見した．彼はまたヨーロッパと北米の17カ国のデータに基づき，1870年から1913年の期間に，新世界がヨーロッパの成長率を上回った部分のほぼすべてが従属人口比率の低さによって説明できると述べている．

私と趙文の研究（Cai and Zhao, 2012）では生産関数アプローチに基づき，改革開放以来の中国の経済成長率を分析し，さまざまな要因の貢献を明らかにしようとした．説明変数には固定資本形成（資本），総労働者数の増加（労働），労働者の教育年齢（人的資本），従属人口比率（人口ボーナス），そしてTFPを含んでいる．その結果，1983年から2009年の間の平均GDP成長率に対して，資本は71%，労働は7.5%，教育は4.5%，従属人口比率は7.4%，そしてTFPは9.6%の貢献をした．

各要因のGDP成長率に対する寄与率は図4-5の通りである．ここでは短期的な変動を排除して持続的なパターンを示すために，1983年の推

する寄与率，資本の増加の成長に対する寄与率とに分解する作業である．GDP成長率のうち，労働増加の寄与と資本増加の寄与に分解した後の残差を「全要素生産性（Total Factor Productivity）の上昇」と呼ぶ．これは技術進歩や資源配分の改善による生産性の上昇を反映しているとみなされている．

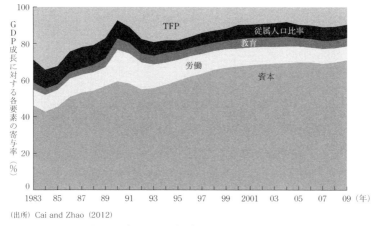

(出所) Cai and Zhao (2012)

図4-5 中国のGDP成長率に対する各要素の寄与率

計に関しては1年分のデータを使って成長への寄与率を計算したが，1984年については2年分，2009年については27年分のデータを用いて推計を行った．図4-5で示されたトレンドを要約すると，次の点を指摘できる．第一に資本の寄与率が年を追うごとに高まっている．だが，このような成長には持続性がない．第二に，人口の年齢構成の変化に伴い，労働と従属人口比率の寄与度は逓減する傾向にある．第三に，人的資本の貢献度は比較的安定していて小さい．第四に，TFPの寄与率は期待されるほど大きくはないが，最も持続性のある経済成長の源泉である．

4 人口ボーナスの消失

急速な人口転換は生産年齢人口が拡大し従属人口比率が低下する時期には未曾有の経済成長に貢献してきた．しかし2010年以降，そのトレンドが逆転した．15～59歳の生産年齢人口は減少を始め，従属人口比率は上昇したが，これは人口ボーナスが消失したことを意味する．

一部の学者は，生産年齢人口の総数や従属人口比率の水準を見て，人口ボーナスは今後しばらくはなくならないと主張した．国連の2015年の予測では，2025年に生産年齢人口（15～59歳）は8億9000万人余りとなり，2005年の9億人から微減するのみで，従属人口比率も1995年の36.8%から2025年は37.0%に微増するのみだとしている（United Nations, 2015）．しかしながら，こうした議論は実証的な証拠と政策的含意の両方の観点から見て疑問が残る．人口ボーナスは経済成長論の文脈のなかで理解すべきもので，純粋な人口論からのみ論じるべきではない．第3節で示したように，人口ボーナスは十分な労働供給や低い従属人口比率に体現されるのみならず，物的資本の投資に対する収益の増加，人的資本の成長，農業部門と非農業部門との間の生産要素の再配分によっても体現される．これらすべての要因の変化も考慮に入れると，経済成長の潜在力が確実に下がっていくと見られる．

　まず，労働力の増加と従属人口比率がGDP成長に与える影響を考えると，変化の大きさよりも，その変化の方向の方がより重要である．例えば，計量経済学の推計では，GDP成長率に対するこれらの変数の効果を検討する際，ある変数の1％の変化が成長率に与える影響を検討する．このため，生産年齢人口が増加から減少へと転じ，従属人口比率が減少から増加へと転じると，人口ボーナスの成長に対する影響は正から負に変わる．

　第二に，生産年齢人口の増加率が低くなり，やがて減少しはじめると，中国は資本の投資に対する収穫の逓減という現象に直面する．二重経済論の父であるアーサー・ルイスは次のように述べている．

　「二重経済の発展過程にとって鍵となるのは，資本家の剰余の使い道である．それが新たな資本の形成に投資され続ければ，資本主義部門は拡大し，生存部門からより多くの人が資本主義部門に雇用される．剰余が十分に大きく，そして資本が順調に形成され続ければ，このプロセスは余剰労働力がなくなるまで続く」（Lewis, 1954）．

　新古典派経済学の発想からすれば，資本家が投資をし続けると，資本の収穫逓減が起きるはずだということになるが，二重経済においては余剰労働力が供給され続けるので収穫逓減が起きないのである．新古典派理論では労働供給に制限があると仮定されているので，資本の投入が一定のレベルを超えると，収穫の逓減が始まり，投資を続けるだけでは成長を持続できない．この場合，経済成長を持続させる唯一の方策は全要素生産性を持続的に高めていくことである．二重経済のもとで無制限労働供給がある場合，余剰労働力が枯渇するまで，物的資本と労働力の投入を拡大し続けて成長することが可能になる．

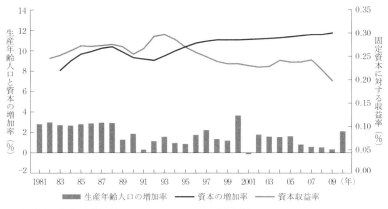

(出所) 資本の増加率と資本収益率は Cai and Zhao (2012), 生産年齢人口は Cai and Lu (2013)
図 4-6 生産年齢人口, 資本, 資本収益の推移

　中国経済はルイスの転換点を通過し，生産年齢人口が増加から減少に転じる転換点も越えたので，資本の収穫も逓減する方向に向かうことは不可避である．このことは多くの計量的分析によって確認されている．[30] 図 4-6 に示されるように，15〜59 歳の生産年齢人口が 2010 年にピークを迎える以前から，資本の投資効率は低下している．このような人口トレンドに対応するため，投資はより資本集約的な技術に向かい，そしてより資本集約的な産業構造の形成を加速させ，資本労働比率を高めるようになり，資本の限界収益率は逓減した．

　農業部門の余剰労働力が徐々に枯渇に向かうとともに，労働が経済部門の間を移動することによる経済効率向上の余地も狭まるので，全要素生産性の伸びもその分鈍化する．加えて，中国と先進国との間の技術格差が縮まることもまた成長を鈍化させる (Kuijs, 2009)．全要素生産性の成長のGDP 成長率に対する寄与率は 1978 年から 1994 年の 30.9% から，2005〜2009 年の 28.4% に減少し，さらに 2010 年から 2015 年には 27.4% に低下した．これに対して資本労働比率の寄与率は 29.9%→57.9%→64.3% と高まっている．しかし，資本の収穫逓減を考えると，こうした成長方式では中国の経済成長を維持することが難しい．

　これまで経済成長を牽引してきた諸要因が変化し，とりわけ 2010 年

---

(30) 高度成長期における資本収益率の高さと 1990 年代以降の逓減傾向については Bai, Hsieh and Qian (2006) と Cai and Zhao (2012) を参照．

に人口ボーナスが消失したので，それ以降の中国の経済成長は鈍化すると予測される．経済と人口の趨勢に関する計測に基づき，各時期の中国の潜在成長率を推計することができる．例えば，クイースの研究では中国の潜在成長率は1978年から1994年の期間は9.9%，1995年から2009年の期間は9.6%，2010年から2015年には8.4%であり，2016年から2020年の期間は7.0%へと低下するという（Kuijs, 2009）．

マクロ経済の景気循環に関しては，経済学者はこれまでのトレンドと将来の短期的ショックの予測に基づいてGDP成長率を予測する．こうしたタイプの予測は発展途上国の長期的な成長を展望するうえでは役に立たない．なぜならばこのような手法では経済成長の潜在力を規定する経済発展段階の相違を考慮することができないためである．潜在成長率を推計する際には，労働と資本の相対的な希少性の変化や生産性上昇のトレンドを視野に入れるべきである．中国の場合，こうした推計の基盤となるのが，人口動態に対する正確な把握である．

生産年齢人口の減少は労働供給に対してマイナスの影響を及ぼすとともに，資源の再配分による効率向上を鈍化させ，投資や全要素生産性の伸びも鈍化させる．私と陸暘の研究（Cai and Lu, 2013）ではこうしたことを考慮した結果，中国の潜在成長率が1995年から2010年の10.3%から2011年から2015年には7.6%に，さらに2016年から2020年には6.2%へと低下することを示した（図4-7）．これは人口ボーナスの消失をはっきりと示している．

5 結 論

ごく短期間のうちに中国は二つの転換点を越えた．一つは2004年のルイスの転換点であり，もう一つは2010年の人口ボーナスの転換点である．このことは，これまでの経済成長の主要な源泉が失われたことを示している．それには次のような含意がある．

---

(31) ［訳注］潜在成長率とは，資本，労働，全要素生産性といった生産要素をフルに活用したときに達成されうるGDPの成長率をいう．潜在成長率を上回る経済成長をしようとすると経済が過熱する．

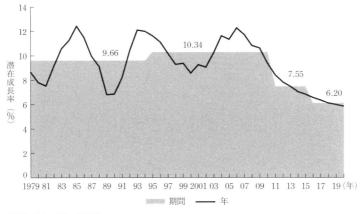

(出所) Cai and Lu (2013)

図 4-7　潜在成長率の推計結果

　第一に，人口ボーナスの消失は不可避的に経済成長の鈍化をもたらす．これは経済の発展段階の転換による自然ななりゆきである．第二に，もしも古い成長のエンジンが停止してから一定期間のうちに新たな経済成長のエンジンが始動しなければ，経済の減速は長期化し，経済発展は鈍化する．第三に，経済の鈍化に対処する政策が失敗すると，長期の停滞がもたらされるが，中国の場合，これは「中所得国の罠」という運命に敗退することを意味する．

　中所得国の罠に陥ってしまった国々の経験や高所得国の罠にはまった日本の経験によれば，成長の鈍化に対処するために不適切な政策が実施されると，短期的な成長鈍化が長期的な停滞へと転化する可能性が大いにある．中国では企業や投資家たちが，要素賦存の変化に対応するために，生産要素市場のシグナルに反応して，生産と技術の構造を調整しているが，他方では，政府が新たな比較優位を模索するために投資活動への介入を強化して資本労働比率を意図的に高めようとしている．こうした政府介入の強化は，経済学者たちが指摘する，古い経済発展モデルへの回帰と深く関連している．

　范世濤と呉敬璉の研究によれば，1990 年代半ば以降，中国が国有部門の戦略的なリストラに着手したとき，資源配分に対する行政の支配と，生産要素市場に対する介入とが強化され，いわゆる「戦略的産業」に対する

支配が強まった（Fan and Wu, 2010）．二つの転換点を通過したことによる経済の減速に直面して，政府は再びマクロ経済政策，産業政策，そしてさらには地域戦略によって景気を刺激しようとしているが，これらはすべて価格をゆがめ，資本労働比率を著しく高める．

　経済理論の最も重要な機能は，まだ生じていない出来事を予測することである．二つの転換点が同時に到来したときにどう対処すべきかについて，既存の経済学の道具箱のなかにおあつらえ向きの理論は見当たらない．しかし，中国経済の減速に対処する適切な政策を採用するためには，人口ボーナスの消失が不可避であることを理解し，現実的な検討によって発生している事実を概念化することが必要である．このことによって経済の減速が生じた際に，短期的で周期的なマクロ経済ショックと長期的な構造変化とを区別することができる．根本的な対処法は，新たな成長エンジンを見出すこと以外になく，生産要素の投入拡大によって主導される成長方式から生産性の向上に主導される成長方式への転換が求められる．以下の章ではこうした点を検討する．

第5章　未富先老

自らの老親に孝行するように他の老人にも尽くせ（老吾老以及人之老）
（『孟子』・梁恵王上）

　人口ピラミッドを用いて人口の年齢構成を描写する際，かつての教科書
では先進国と発展途上国の図を対比することが多かった．発展途上国の年
齢構成は一般に若年層の人口が多く，高齢になるにしたがって人口が少な
くなるピラミッド型であったのに対して，先進国では若年層から高年齢層
まであまり数が変わらない釣り鐘型や，むしろ若年層が少ない樽型であっ
た．樽型の年齢構成は低出生率と高齢化によって生じる．中国の各時期の
人口ピラミッドを，例えば1982年と2010年について示すことで，人
口転換の段階を示すことができる．

　中国における人口の高齢化は単なる経済社会の発展の結果ではない．所
得の上昇よりもさらに急速に高齢化が進んでいるのである．所得の増加に
比べて人口転換が先行しているので，中国は豊かになる前に老いることに
なる．本章では中国の人口転換のこのユニークな特徴を検討し，それが中
国の持続的な経済成長に対して提起している課題を議論する．

1　早熟な人口高齢化

　人口の高齢化は経済社会の発展の必然的な結果である．高出生率から低
出生率への転換は，人口増加率をまず下落させ，次いで生産年齢人口の割

合が加速的に高まり，次いで減速し，最終的には総人口が絶対数でピークを迎える前に生産年齢人口の割合が下がる．第二に，平均寿命は，経済社会の発展による幼児死亡率と人口全体の死亡率の低下によってのみならず，高齢者の長寿化によってより長くなる．したがって全人口に占める高齢者の比率が必然的に高まることとなる．近年の中国はこの二つの人口転換のいずれも経験しており，着実に高齢社会へと向かっている．

これまで世界中の中国ウォッチャーたちが中国の膨大な人口とその増加を危惧していた．ただ，注意深い人々は，出生率の低下が人口の増加を劇的に鈍化させたことに気づいていた．2010年に行われた第6回人口センサスから中国の人口に関するいくつかの重要な事実がわかった．第一に，総人口は13.4億人で，合計特殊出生率がこのまま変わらなければ，中国の人口はピークでも14億人を大きくは超えないだろう．第二に，出生時の平均寿命は74.8歳で，これは人間開発の面で中国が先進国と比肩しうる水準に達したことを示している．第三に，15～59歳の生産年齢人口は頂点に達し，今後は減少に向かう．

結果として中国の人口は今後急速に高齢化する．2010年に60歳以上の人口の割合は13.3%で，65歳以上の人口は8.9%であった．高齢化社会とは，一般的な定義では60歳以上人口が10%を，65歳以上人口が7%を超える状態とされ，中国もすでに高齢化社会である．図5-1は人口構成の劇的な転換を鮮明に示しており，かつての典型的なピラミッド型から2010年には樽型へと変化した．

国連の人口構造予測（United Nations, 2011）によれば，中国の人口の高齢化は深刻さを増しつつある．このデータによれば，中国の65歳以上の人口は9.4%で，2020年には13.6%に増加し，2030年には18.7%となり，そして2040年には26.8%，さらに2050年には30.8%となる．このときには中国は世界の人口の14.4%を占める一方で，高齢者人口では全世界の22.5%を占めることになる．中国では出生

---

(32)　[訳注] 原文では，65歳以上の人口が7%を超える社会を高齢社会（aged society）と呼んでいるが，ここでは日本での用法に基づき高齢化社会（ageing society），7～14%を高齢社会，14%以上を超高齢社会と呼ぶことにする．

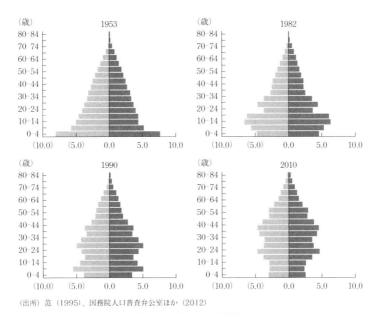

図 5-1　中国の人口の年齢構成

率が急速に低下したため，年少人口（14歳以下）の比率が2010年以降低下しており，高齢者の割合が高まるスピードも1970年に他の低所得国の平均を上回った．図5-2から，高齢者の割合が高まるスピード（グラフの線の傾き）が2010年以降は先進国よりも速くなったことがわかる．この勢いで増えていくと，2050年を過ぎたあたりで先進国に追いつく可能性が高い．

　いかなる基準から見ても中国は発展途上国のなかに位置づけられる．世界銀行は1人当たりGDPに基づいて，国々を低所得，低位中所得国，高位中所得国，そして高所得国に分類している．この基準では，中国は現在高位中所得国のグループに属している．65歳以上の人口の比率は2010年には先進国では19.4%，中国を除く低開発諸国では5.8%，そして中国は9.4%であった．中国は他の発展途上国よりも高齢者の比率が高く，「未富先老」という独特な人口転換のプロセスをたどろうとしている．

　一般に，人口の高齢化は1人当たりGDPと相関関係がある．人口高齢化への対応の成否は国によって異なるが，概して高所得国は先端的な技

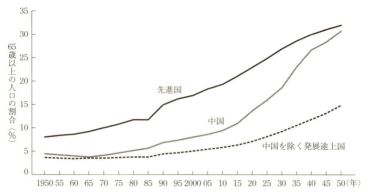

(注) ここで「先進国」とはヨーロッパ，北米，オーストラリア，ニュージーランド，日本を指し，「発展途上国」とはアフリカ，日本を除くアジア，ラテンアメリカ，カリブ海諸国，オーストラリアとニュージーランド以外のオセアニアを指す．
(出典) United Nations (2011)

図 5-2　高齢化に関する国際比較

術イノベーションをリードし，成熟した社会保障システムによって，人口高齢化の危機を回避することに成功している．したがって，中国も経済成長を続けて高所得国になることによって急速な人口高齢化に対処するべきだ，ということが他国の経験からいえる．換言すれば，人口転換は不可逆的であり，仮に人口政策が緩和しても高齢化に対する有効な歯止めにはなりえない以上，「豊かになる」ことと「老いる」ことの間の時間差を，1人当たり所得の向上によってなるべく短くするしかない．

　図 5-2 を用いてこのようなメカニズムを理解することができる．中国は 2010 年時点では発展途上国であるものの，他の途上国よりは高齢化している．もし中国が 2020 年から 2030 年の間になんらかの指標で先進国となることができれば（1 人当たり GDP がほどほどの成長を続ければこれはありうることである），高所得国のなかではまだ高齢化がさほど進んでいない，ということになる．つまり，中国は「老いる」ことを変えることはできないが，より速やかに「豊かになる」ことはできる．高所得国になればより余裕をもって高齢化の問題に対処できることになろう．

2　第二の人口ボーナスはあるか？

　中国の人口転換は独特なので，中国の経済成長の前途にはさまざまな課

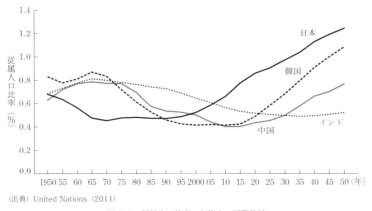

(出典) United Nations (2011)

図 5-3 従属人口比率の転換点の国際比較

題がある．すなわち，人口ボーナスが急激に失なわれ，いわゆる第二の人口ボーナスの獲得も難しく，高齢者を支えるための資源も足りない．以下では人口高齢化と人口ボーナスの消失の関係を見るために，従属人口比率 [(0〜14 歳人口＋65 歳以上人口)／(15〜64 歳人口)] の変化に注目する．なぜならばこの指標は労働供給と貯蓄率の両方を反映するからである (図 5-3)．

　中国は過去 30 年間の高度成長期に人口ボーナスを享受していたものの，アジアの先進国や途上国と比べて，人口構造において格別に恵まれていたわけではない．

　まず中国と日本との比較から始めよう．日本の従属人口比率は 1970 年頃に最低となり，その後 20 年以上にわたって低水準にとどまり，1990 年代初頭以降に急速に高まっている．日本の人口ボーナスの転換点，つまり従属人口比率の上昇が始まった 1990 年代初頭時点で日本の 1 人当たり GDP は今日の中国よりもはるかに上であった．ただ，日本は人口ボーナスが消失したことによって経済が停滞した典型的な国であり，中国がいま同じような段階に入ろうとしているなかで日本から多くの教訓を汲み取るべきである．

　次に韓国と比較してみよう．韓国において従属人口比率が低下しはじめたのは中国よりも早く，また長くその傾向が続いた．韓国は中国より発展した国であるが，高所得国になった後にも人口ボーナスを享受し，中国と

同じく 2010 年頃に至ってようやく従属人口比率の上昇が始まった.

次に, 1 人当たり GDP が中国より低いインドと比較してみよう. 中国と韓国と同様に, インドの従属人口比率の低下は 1965 年頃に始まったものの, その低下の速度は遅く, インドが従属人口比率の転換点を超えるのは 2035 年頃となる. つまりインドは中国が 2010 年に人口ボーナスを喪失してからなお 25 年にわたって人口ボーナスを享受するのである. 中国が労働集約的産業における比較優位を失っていく一方, インドは人口構成において優位性を持つようになり, 中国の潜在的な競争相手となる.

通常の人口ボーナスは, 生産年齢人口の伸びが鈍り, 従属人口比率が底を打つと終了し, それとともに無制限労働供給や貯蓄率が高い時期も終わることになるが, リーとメイソンは個人や世帯が老後に備えて貯蓄に励むことによって第二の人口ボーナスがありうると指摘する (Lee and Mason, 2006). しかし, いくら貯蓄への熱意が高まったとしても, それが通常の人口ボーナスに匹敵するほどのインパクトを経済発展に対して持つことはないだろう. なぜなら, 人口ボーナスは資本形成を促進するだけでなく, 労働供給, 人的資本の形成, そして資源配分の効率化にも影響するからである.

高齢化がなぜ起きるかについては, 人口転換によってまず年少人口が減り, 続く段階では生産年齢人口が減少し, そのために高齢者の割合が高まるという経過がよく知られている. 他方で, 人々の寿命が長くなることの効果は無視されがちである. 仮に年少人口, 生産年齢人口, 高齢人口の構成が変わらなくても, 高齢者がより長く生きるようになれば, 高齢人口の全人口に対する比率は高まることになる.

経済社会発展のおかげで, 中国人の平均寿命は 1982 年の 67.8 歳から 2010 年には 74 歳へと延びた. 健康寿命が延びれば, 高齢者は他のいかなる年齢層にも劣らない貴重な人的資源であり人的資本である. したがって, 第二の人口ボーナスは労働供給と人的資本を考慮にいれたときに初めて重要性を帯びることになる.

人口ボーナスを生かせるかどうかは他の条件次第であり, とりわけ制度の整備が重要である. これまで数多くの研究で示されてきたように, 発展途上国にとって先進国へのキャッチアップを果たすうえでのカギとなるの

は単純にいえば先進国よりも速い成長速度を実現することであり，これによって発展レベルの収斂が生じる．ただ，収斂が起きるのは一定の条件のもとであり，発展途上国のさまざまな潜在的な特徴が，さまざまな物的・制度的な条件のもとで実際の成長の源泉へと転化し，急速な経済成長が実現するときである（Sala-i-Martin, 1996）．

中国の従属人口比率は1960年代から低下を始めたが，1970年代末に改革開放政策が始まったことによって，初めて人口ボーナスを活用できる条件ができた．第二の人口ボーナスを活用するためには，さらなる条件を満たす必要がある．すなわち，教育制度，雇用制度，戸籍制度，社会保障制度，そしてその他の社会政策構造の改革が必要である．

人口ボーナスは，単に経済学者が人口要因の経済成長に対する貢献を取り出すために作った概念というだけではなく，それが触媒となって，他の変数が経済成長に寄与することを助けるものである．経済成長に対する貢献を要因別に分解していく成長会計分析において，従属人口比率の低下の寄与は人口ボーナスの現れの一部にすぎず，他の要因，例えば資本の形成，労働投入の増大，人的資本の蓄積，そして全要素生産性（TFP）の向上といった要因の寄与のなかにも人口ボーナスが多かれ少なれ影響を及ぼしているのである．

したがって，通常の人口ボーナスも第二の人口ボーナスも，いずれもさまざまな成長要因の効果を最大化するように活用されるべきものである．通常の人口ボーナスの場合，二重経済発展モデルのように労働力などの生産要素をどんどん生産につぎ込むタイプの成長が可能になるが，第二の人口ボーナスの場合は，TFPの上昇に依拠した，新古典派的な成長モデルを推進しなければならない．

通常の人口ボーナスは世界経済のいろいろな発展段階で，各国に現われた．それが早く訪れた国では早い時期に消失し，遅く訪れた国では長い間持続した．世界のなかで早い時期に発展した国々では，人口ボーナスの効果はさほど顕著ではなかったが，これは人口転換がゆっくりとそしてなめらかに進展したためであった．

中国にも高齢化時代が到来したが，他の国々に比べて人口オーナスの問題が特に深刻だというわけではない．中国は確かに人口ボーナスの経済成

長に対するメリットを享受してきたが，それが消失した後，第二の人口ボーナスが発揮されるまでの間の真空状態が生じるのを避ければいいだけのことである．もしも中国が通常の人口ボーナスを長引かせつつ第二の人口ボーナスが発揮される条件づくりを行う道を歩き続けることができれば，人口高齢化による負の影響を回避し，持続的な成長を維持できるであろう．

3　貯蓄への誘因と年金制度

　一般的なライフサイクルでは，一人の人間はまず年少従属人口として生まれ，その後，一定の年齢に達したら就業を通じて活動的な生産年齢人口となり，そして労働市場から退出するのに伴って高齢従属人口となる．

　一般に人々が就業する年齢は20歳から60歳の間で，実際には生産年齢人口となったのちも4年から5年程度はさらに教育を受けるために就業しないこともある．その人が労働から所得を得ているかどうかにかかわらず，消費は生涯の間続く．

　中国の都市部のライフサイクルを示した図5-4から，個人の労働所得と消費に関して次のようなことがいえる．第一に，消費額は生涯にわたってほぼ一定額で続いていく．第二に，労働からの所得は人が約20歳になって初めて生じ，その後急速に高まって，25歳から40歳にかけて最も高い水準となる．第三に，労働所得は45歳を過ぎると下がっていき，60歳になるとほぼなくなる．

　ライフサイクルのなかで，消費は生涯にわたって続くのに対して，所得は時期によって上がったり下がったりゼロだったりするので，ライフサイクル全体のなかで所得と消費が釣り合うように個人も家族も社会全体としても準備をしなければならない．中国の高度経済成長の時期には従属人口比率が低下し，貯蓄率および投資率（資本形成のGDPに対する比率）が持続的に高まった．貯蓄率を高める要素としては，国民と企業と政府の間での所得分配のゆがみ，社会保障の欠如，人々の貯蓄性向の高さなどがあげられるが，従属人口比率の低下も高い貯蓄率をもたらした要因の一つであ

---

(33)　［訳注］「人口オーナス」（population debt）とは従属人口比率が高まっていくことで経済成長がマイナスの影響を受けることを指す．

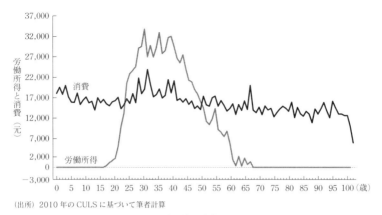

(出所) 2010年のCULSに基づいて筆者計算

図5-4 個人の労働所得と消費のライフサイクル

る．

　生産年齢人口の絶対数が減少し始めたとき，高齢化社会が直面する最も重大な課題の一つは高い貯蓄率が維持できなくなるということである．これまで中国の貯蓄率は高すぎるという批判が多く聞かれたが，それらはもうすぐ時代遅れになり，むしろ高齢化のなかでいかに資本形成を続けられるかということが問題になる．

　予測されるように，高齢化社会のもとでは，人々の生産，消費，貯蓄は老後への備えを念頭に置きながら行われるので，貯蓄を増やす新たな動機をもたらす．しかし，そうした動機を実際に高貯蓄率につなげられるのかどうかは制度配置によって決まる．高齢者が家族の支えによって生活するスタイルや賦課方式の公的年金は，どちらも世代間の資源の移転に頼って高齢者を支えるモデルなので，老後のために貯蓄するモチベーションを作るには不十分である．むしろ，完全な積立方式の公的年金システムの方が人々を貯蓄に向かわせるだろうし，年金基金に積み立てられた資金が資本市場に投入されれば，この資金は資本へと転化するのである．しかし，そうした制度的条件を整えるには，成熟した市場経済国で行われてきたような長期にわたる制度構築が必要なので，中国の年金基金が新たな資金源となるまでにはなお多くの課題がある．

　現状では，中国の高齢者福祉はかなりの程度家族の支援に頼っている．特に都市部の無業者，インフォーマル部門への就業者，出稼ぎ労働者や農

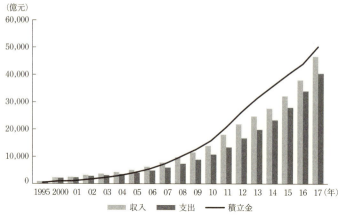

(出所) 国家統計局編 (2018)

図5-5　年金基金の収入，支出，積立金

村の住民の間では，年金制度への加入率が低く，公的な高齢者福祉を受けられないため，中国の高齢者のうちかなりの割合は他の家族構成員からの資金的な支援に頼る必要がある．2009年に実施された全国的な調査によれば，高齢者の34.4％（高齢男性の22.2％，高齢女性の46.4％）は他の家族構成員の経済的支援のもとで生活をしていた（国家統計局人口和就業統計司，2010）．

　中国の年金システムは，基本的に賦課方式であり，現役の人々から集められた年金基金が退職者に対して即時に支払われ，積み立てが行われていない．表向きは都市住民に対して二つの年金システムが実施されており，賦課方式と全社会のプール基金とは別に，個人口座を設ける積立方式が併存している．しかしながら基金の不足のために，この二つの口座は長らく混用されており，人々の個人口座への拠出金が積み立てられず，全社会のプール基金の不足を埋めるために使われてきた．このため，個人口座への積立額は2001年までほとんどゼロで，同年ようやく東北部の遼寧省で個人口座への資金注入を行う試験的な改革が実施された．

　この試験的改革の結果，2001年以降，まずは遼寧省，さらにその後いくつかの省において，年金収支における収入が支出を上回るようになり，年金基金の積立額が増加し始めた（図5-5）．ただ，この改革を実施した省は限られており，また積立比率が低いために，年金基金の積立額はその

金額，総支出に対する割合のいずれにおいてもまだ少なすぎ，部分的積立方式，と言えるほどの規模にはなっていない．

鄭（2012, p. 2）の推計によれば，個人口座の実際の積立額は 2011 年時点で 2703 億元にすぎず，帳簿上の積立額 2 兆 859 億元よりはるかに少なく，本来なら積み立てられていたであろう金額と比べると 2 兆 2156 億元も足りない．図 5-5 によれば 2011 年時点の積立金の残高は 1 兆 9497 億元となっており，個人口座の積立金額よりもずっと大きいが，これを著しい積み立て不足の状態にある個人口座に移転することは難しい．なぜなら，年金制度はまだ全国的な仕組みとなっておらず，積立額は少数の省に集中しているためである．

例えば，2012 年の時点では，年金基金の収支残高の 55.9% が七つの省に集中していた．とりわけ広東省には中国全体の収支残高の 16.2% が集中していた．というのも，広東省は非常に多くの出稼ぎ労働者を受け入れていて，彼らも年金保険料を毎月の給料から支払っているが，出稼ぎ労働者はまだ若いし，他の省に移住していくので，出稼ぎ労働者たちに年金基金から年金を支払う必要はほとんどないからである．

結局，中国の年金制度は本質的には賦課方式なので，貯蓄を促す効果が弱く，そのため資本形成の資金源となることも難しい．しかもこのままでは将来高齢者に対して十分な年金支払いができない危機に陥る可能性が高い．一般に賦課方式は生産年齢人口の割合が高いことを前提にして成り立つものであり，言い換えれば従属人口比率が低くなければ成り立たないのである．そうした条件が失われたとき，次のいずれかの調整を行う必要がある．もし従属人口比率の上昇と同じような速度で労働生産性を高めることができない場合，年金保険料の支払い比率を高めるか，年金の支払い水準を下げるか，または年金の支払い開始年齢を引き上げることで危機を先送りするしかない（Turner, 2006）．しかし，未富先老の中国にとって，これらはいずれも大きな痛みを伴う困難な課題である．

中国では資本市場がいまだに十分発展しておらず，間接金融が優勢である．[34] このことは中国の金融資産の構成をアメリカと比較することによって

---

(34)　[訳注] 企業は資金の最終的な借り手であり，個人は最終的な貸し手であるが，個人が銀行に預けた資金を銀行が企業に貸し出すことを間接金融，個人

明らかとなる．2008 年に GDP に対する銀行預金の比率は，中国では
166%，アメリカでは 65% であった．一方で，株式市場に上場されてい
る企業の時価総額の対 GDP 比率は中国では 66%，アメリカでは 135%
であった．また社債の発行残高の対 GDP 比率は中国では 50%，アメリ
カでは 216% である．年金基金と生命保険会社は中国では株式市場にお
いて時価総額の 3% に相当する株を保有するにすぎないが，アメリカで
は 30% を保有している（Howe et al., 2009）．2013～2014 年の国際
競争力比較においては，中国の金融発展のレベルは 148 カ国・地域のう
ち第 54 位であった（Schwab, 2014）．年金基金に積み立てられた資金
を運用するうえで中国の資本市場が何も貢献できていないことが，年金の
個人口座の充実を目指す改革がさしたる進展を見せない主たる原因の一つ
である．

4 退職年齢と労働供給

高齢化は総人口のなかで高齢者の比率が上昇することと平均寿命が上昇
することによって起きる．健康度と人的資本の蓄積（教育，訓練，オンザ
ジョブトレーニング）を考えると，平均寿命の上昇に応じて就業年限も延
長されるべきである．そうなれば，実際の退職年齢が高まり，労働する人
口の割合も高まることになる．

国連による中国の人口の年齢構成に関する予測によれば（United Na-
tions, 2011），退職年齢を高めることによって，およそ 10 年のうちに生
産年齢人口にある人々によって支えられる退職者の数を大きく削減するこ
とができる．例えば，退職年齢を 55 歳から 60 歳ないし 65 歳に高めた
場合，2030 年には 20 歳以上の生産年齢人口 100 人に対する退職者の
割合は，55 歳定年の場合は 74.5 人，60 歳定年の場合は 49.1 人，65
歳定年の場合は 30.4 人となる．定年退職の年齢を高め，年金支給開始年
齢も高めれば，年金基金の収支が改善されるし，労働する人口の割合も高
まることになる．

が株式や社債の購入を通じて企業に対して資金を提供することを直接金融と呼
ぶ．

もっとも，法定退職年齢と実際の退職年齢が異なることには注意しておきたい．仮に法定退職年齢が固定されていても，実際の退職年齢は労働市場の状況によって大きく変動しうる．中国都市部の実際の平均退職年齢は現在53歳で，法定退職年齢が男性60歳，女性50歳または55歳となっているのと比べると大きく異なる．だから，仮に法定退職年齢が引き上げられたが，実際には50歳代以上の人々に対する求人がないとすれば，年金支給開始年齢に達しないにもかかわらず就業もできないということになり，この年齢層が困窮してしまう．

多くの先進国では法定退職年齢を引き上げることによって労働力不足と年金の収支ギャップを埋めようとしている．2010年のOECD諸国の退職年齢は男性が62.9歳，女性が61.8歳であった（OECD, 2011）．しかし中国と先進国とでは二つの重要条件が異なるため，中国ですぐに法定退職年齢を引き上げるようなことはすべきではない．

第一に，異なる所得階層の間では退職後の平均余命も異なる．寿命には人々の健康状態が反映されるが，健康は経済的，社会的な発展水準，所得水準，医療サービス，そして教育水準にも影響される．したがって，退職年齢を一律に定めてしまうと，退職後に生きる年数が所得階層によって異なり，年金を受け取る期間もまちまちとなる．

例えばアメリカは全体として所得水準も高く，医療サービスも充実しているが，65歳時点での平均余命は1997年時点で女性は19.2年，全体では17.7年であったが，低所得階層の男性の場合11.3年でしかなかった（Weller, 2000）．階層による平均寿命の差は，中国ではもっと大きいと見られる．2010年の時点で上海市の平均寿命は80.3歳であったが，最も貧しい地域の一つである青海省では68.1歳だった．一部の年齢層に関しては平均余命のデータが得られないものの，中国の所得格差はアメリカより大きく，社会保障のカバー範囲もアメリカより狭いことを考えると，階層間での平均寿命の差はかなり大きいはずである．

第二に，中国の人的資本は年齢階層の間で大きく偏在している．退職年齢を引き上げて労働参加率を高めようとするときは，年齢が高い人々の教育水準が若年層に比べてさほど見劣りしないということが想定されている．年齢が高い人々は長い職業経験があるので，労働市場において若年層と競

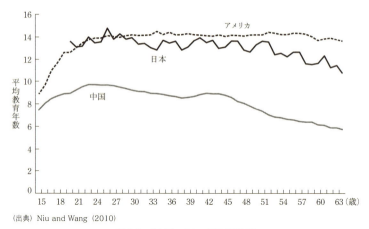

(出典) Niu and Wang (2010)

図 5-6　各年齢の人々の平均教育年数

争しても負けない．こうした想定は先進国では多かれ少なかれ現実的であるかもしれないが，中国では現実的ではない．アメリカでは 20 歳の人口の平均的な教育年数は 12.6 年であるのに対して 60 歳の人々では 13.7 年である．ところが中国では高齢になればなるほど平均的な教育水準は低くなる．24 歳の人の平均教育年数は 10 年であるのに対して，60 歳では 6 年でしかない（図 5-6）．

　いかなる公共政策も，その設計段階から公平な発想を持って立案しなければ実行可能ではない．いま中国で退職年齢に近づきつつある労働者たちは，移行期の世代であり，国がかつて計画経済だった時代の弊害を背負っている．そのため彼らは労働市場において，人的資本の面で競争的に不利なポジションに置かれているのである．もしこのまま法定退職年齢が延長されたら，高齢の労働者は失業するか，または就業意欲を失うことで労働市場から脱落するだろう．一方で，法定退職年齢に達するまでは年金を受け取ることができないし，低所得層はもともと平均寿命も短いので，彼らは退職年齢が現行のままの場合よりもかなり損をすることになるだろう．

　近年では，労働需給がよりタイトになってきたので，就業圧力は低下してきているが，教育水準と所得が低い高年齢の労働者たちが労働市場で不利な状況にあることには変わりがない．2010 年人口センサスによれば，中国の都市戸籍の人々の労働参加率は，30〜35 歳では 86% にも達するが，50〜55 歳では 57%，60〜65 歳では 13.8% でしかない（蔡，

2013). したがって, 中国では法定退職年齢を引き上げるための条件がま
だ整っていないと結論できる.

5 結 論

　一般に人口ボーナスとは, 総人口に占める生産年齢人口の割合が高く,
そのことが労働供給, 貯蓄率, 投資収益, そして TFP など, さまざまな
面から経済成長の「機会の窓」を開くことを意味する. 中国ではすでに従
属人口比率が減少から増加へと転換する点を越えており, 人口ボーナスが
減退しはじめている. しかし, 学者と政策研究者の間ではこうした警告を
受け入れようとしない人が多い. なぜなら過去 35 年にわたって中国が奇
跡的な経済成長を遂げてきたので, 彼らは成長の潜在力が枯渇した可能性
を認めたくないのである. だが, こうした希望的観測に溺れていると, 将
来の中国の経済成長にとっての新たな機会を見逃すことになる.

　私は人口ボーナスの消失に警鐘を鳴らしてきたが, 中国経済の将来につ
いて悲観しているわけではない. ただ, いま進行している経済発展の段階
変化を見つめることによってのみ, 経済成長を持続させる道を見つけるこ
とができると信じている. ルイスの転換点が過ぎた後の次の発展段階では,
経済成長の持続にとって TFP の向上が決定的な意味を持つ新古典派的成
長の段階に入らなければならない. 欧米先進諸国では GDP 成長が持続し
ているが, これは TFP の成長が持続したからであり, 中所得国の罠には
まってしまった国々では TFP が伸びないので経済は低迷している.

　中国は高所得国になる以前に高齢化が始まってしまうという試練に直面
しているが, 先進国との間に技術とイノベーションの面で大きな差がある
というのは大きなチャンスであり, 後発の優位性を生かしてハイペースで
先進国へのキャッチアップを続けることができるだろう. 適切な政策改革
が実施されれば, 第二の人口ボーナスなど潜在的な成長機会を生かすこと
が可能になる.

　高齢化社会では, 高齢者福祉の制度をどのように設計するかによって,
貯蓄が促進できるか, 貯蓄を資本形成に転化できるどうかが左右される
(Lee and Mason, 2006). 中国では高齢者福祉は, 多層的でかつ複数の

柱を持つべきであり，カバー率の拡大と貯蓄の促進とを両立させるべきである．高齢者福祉システムは少なくとも二つの内容を含むべきだ．第一は，成人全員に対して基礎的な資金支援を行うユニバーサルな社会年金制度，第二に，貯蓄を促進し，年金基金の財政的な持続性が保証されるような，部分的積立方式の年金システムである．

　私と孟昕がシミュレーションを行ったところ（蔡・孟，2004），年金制度が現状の賦課方式から完全に個人口座に依拠する積立方式に移行した場合，多くの高齢者が国の年金基金に依存しなくなり，その結果，社会が高齢者を支えるための資金負担が大きく削減される．

　しかし，いま退職年齢にさしかかりつつある人々を犠牲にして，労働力の総量を増やしたり，年金支出のための社会的な負担を削減するといったことは行うべきではない．法定退職年齢を高めるよりも，より実効性が高いのは若年層の人的資本を高めることである．産業の高度化が進んでも彼らが適応できるようにし，退職年齢に達するまでなるべく長く働けるようにすることである．

　人口ボーナスは単に労働供給を豊富にするという面から経済の高度成長を支えただけでなく，労働者の教育や技能が高まる効果をも通じて成長を底上げしてきた．人口の年齢構成の変化によって国民に対して教育をより広くより深く行う条件が作り出され，人的資本の蓄積を通じた第二の人口ボーナスをもたらすかもしれない．

　人口転換によって初等教育年齢人口（すなわち5〜14歳の人口）の割合が下がっていく．この年齢層の人口の変化は，一定の時間差を経て生産年齢人口の変化につながり，生産年齢人口がまず増加し，やがて安定し，その後減少する．初等教育年齢人口と生産年齢人口の大きさを比較すると，前者の後者に対する割合は下がっていくであろう．経済的な観点からいえば，現状では教育資源が限られているとしても，今後人口構成の変化によってこの制約は緩和されるであろう．したがって，国，社会，家族は教育により多くの資源を投入することが可能になる．第9章では人的資本の蓄積についてより深く検討する．

第6章　中所得国の罠に陥るリスク

前進しなければ後退する，喜ぶのでなければ悲しむ，欲しいものを手に入れるのでなければ失う，これが世の常である（不進則退，不喜則憂，不得則亡，此世人之常）（鄧析［紀元前545–501年］）

　世界銀行は，東アジアが世界で最もダイナミックに変化を続ける地域であるとみなし，東アジアの経済開発の経験や教訓を総括し，直面する課題を明らかにするために，4年ごとに調査を行っている．2007年に発表されたこの調査の報告書『東アジアの再興：経済発展のアイディア』では，「中所得国の罠」という概念を初めて提起した．このレポートは，中所得国の経済成長率が先進国や発展途上国に及ばなかったことを示している（Gill and Kharas, 2007）．

　この報告書の登場以来，「中所得国の罠」という概念が経済学者たちの間で次第に使われるようになってきた．それはラテンアメリカやアジア諸国が陥った苦境を説明したり，中国経済の見通しを行う際に用いられるようになった．特に，中国国務院発展研究センターと世界銀行が共同して，中国が中所得国の罠をいかに克服するかをめぐる研究を行ったことで，それが中国にも当てはまりうる問題だということになって，ますます多くの注目を集めることになった（World Bank and Development Research Center of the State Council, People's Republic of China, 2013）．

　その一方で，多くの研究者たちが中所得国の罠という概念を使うこと自体に対し，異議を唱えている．「中所得国の罠」に対する体系的な反論はまだないものの，メディアなどに出てくる反対論を次のように整理できる．

第一に，「罠」という経済学の用語に慣れていない他分野の研究者たちの中には，罠という言葉が「誰かが中国を罠にはめようとしている」という「陰謀論」を指していると思っている人さえいる．もしそのように罠という用語を解釈したら，経済学的な意味での「罠」を理解することはできない．第二に，新古典派の経済理論に影響を受けた経済学者たちは，貧困の罠や貧困の悪循環の場合とは異なり，いわゆる「中所得国の罠」の表れとされる一連の現象を説明できる経済理論はまだ存在しないと考えている．また，一部の学派の人々は，本章で描かれている現実を異なった形で解釈しており，中所得国の罠の理論は実証的証拠が欠けていると考えている．さらに，中国経済について表面的な知識しか持ち合わせていない研究者は，この問題は中国とは関係がないと思っている．

　ある概念または定理を前面に持ってきて検討するということは，理論的枠組に基づく分析を可能にしたり，十分に実証的な根拠と妥当性がある場合には，より徹底した議論や研究を進めるのに有益である．本章は「中所得国の罠」という概念を用いることは有益だとの立場であり，その基盤に立った研究を展開してゆく必要があると考える．本章では，関連する経済学の理論——特に経済成長論——を概観しながら，中所得国の罠は既存の経済成長分析の枠組みに取り込まれるべきであり，さらに，それ自体で特別な分析枠組みを形成することもできると主張する．また，中所得国の罠に関するいくつかの実証研究と，統計的な証拠を紹介し，その特徴を明らかにする．中国経済の現段階の特徴を明らかにすることによって，中国の経済成長の持続可能性に対する中所得国の罠という概念の含意を論じる．

1　中所得国の罠の理論的基礎

　経済学における「罠」という言葉は，通常の静的な均衡とは異なり，短期的な外からの力によっても容易に変化させることができないような経済

---

(35)　[訳注]「貧困の罠」とは，貧しい人々が，貧しいがゆえに十分な教育が受けられず，教育を受けたり事業を営むための資金も借りられないので，低収入の仕事にしかつけず，そのため貧しさから抜け出すことができない状態を指す．一国のレベルでも同じような貧困の悪循環がありうる．

の状態（超安定均衡）を描写するために使われる．「罠」にはまった経済は，たとえ国民1人当たりの所得の改善につながるような出来事が起きたとしても，他の抑制的な要因が働き，その効果を相殺してしまうため，1人当たり所得が初期時点のレベルに引き戻されてしまい，その改善を持続させることが難しい．

　人口増加と経済発展の関係についてのマルサスの悲観的な見方は「マルサスの罠」，あるいは「マルサスの均衡」という言葉で表されている．マルサスの罠とは生産の伸びを上回る人口増加が生じることによって経済発展が阻害される状況を指す．ライベンスタインは，この説を戦後の経済開発論の中で別の形で展開し，また，R. R. ネルソンはマルサスのモデルとハロッド・ドーマー型成長モデルを組み合わせた開発理論を示しながら，発展途上国における「低水準均衡の罠」という概念を提示した[36]．こうした貧困の罠に関する議論以外に，近代科学がなぜ西洋のみで発達し，インドや中国では発達しなかったのか（なぜ西欧が突然成長を加速することができたのか，そして，同時代の中国はなぜ成長のボトルネックを突破できなかったのか）という「ニーダムの謎」（Elvin, 1973）を解決するために「高水準均衡の罠」という仮説も提起されている[37]．このように，「均衡の罠」という概念は，開発経済学において長い歴史を持っている．

　「均衡の罠」を認識にすることで，そこから抜け出すための政策提言も導き出されてくる．すなわち，「低水準均衡の罠」の仮説に基づいて，開発経済学では，低水準均衡に陥らないために，「最小臨界努力」をしたり，「ビッグプッシュ」を行うことで，所得をある一定水準以上に引き上げる必要があると主張する[38]．またセオドア・シュルツは発展途上国の伝統的農業は一種の均衡状態にあり，貧しい小農は必ずしも非効率的ではなく，現

---

(36)　Hayami and Godo（2005）を参照のこと．

(37)　［訳注］エルヴィンによれば，中国は人口が多いため，農業技術の発展に全力を尽くし，農耕技術はヨーロッパをはるかに上回る水準に到達していた．しかし，農業技術の改善がもたらした収益はすべて人口増加によって吸収され，人口増加がさらなる技術進歩をもたらすという現象が繰り返された結果，中国の農業は技術的に到達できる最高レベルの水準で巨大な人口を養うことができるようになった．そして，この最高レベルの水準が超えられない「罠」になったと説明する（加藤　2016）．

(38)　［訳注］これらに関する議論の詳細は，中兼（2012）の第6章に詳しい．

有の資源を最適に配分しているのだと考えている．彼は，こうした低水準の均衡から抜け出すためには，新しい生産要素を導入して伝統的農業を改革する政策を提案している（Schultz, 1964）．

しかし，こうした開発経済学における均衡状態の理論は，主流派の経済成長理論には取り入れられなかった．主流派の経済学者たちは長い間，新古典派的な成長分析と，低水準均衡に関する仮説とを分離してきた．そうしたなかで，ハンセンとプレスコットはマルサスの均衡モデルとソローの新古典派成長モデルとを融合して，統合された理論的枠組みを使って分析[39]しようとした（Hansen and Prescott, 2002）．林文夫とプレスコットもマルサス・モデルからソロー・モデルへの移行段階があり，その段階では労働移動に対する障害を取り除くことが重要だと強調する（Hayashi and Prescott, 2008）．

早い時期に工業化した先進国においては，経済成長は国内経済のなかで均質的に進行したが，あとからキャッチアップした国の経済は，そのキャッチアップ過程では二重構造を呈している（本書第2章を参照）．アーサー・ルイスによって定義された二重経済は，マルサス的な「貧困の罠」に陥った状態から，ソロー的な新古典派成長モデルへの移行の途上にあるが，そうした状況は発展途上国の多くで観察される．この段階では，経済成長が人口の増加をもたらし，人口増が所得水準を最低レベルまで引きずり下ろしてしまうというマルサス的な貧困の悪循環からはすでに脱している．経済のなかには近代セクターが生まれており，それが農村の余剰労働力を吸収し続け，ついには無制限の労働供給がなくなるルイスの転換点に至り，それ以降はソロー的な新古典派成長の時代に入る．

経済学者の青木昌彦は，東アジアの経済発展をマルサス的な貧困の罠の段階（M段階），政府主導開発の段階（G段階），構造転換を通じて発展するクズネッツ段階（K段階），人的資本がベースとなる発展段階（H段階），そして人口転換以降の段階（PD段階）の5段階に分けた（Aoki, 2012）．青木のいうクズネッツ段階は私のいうルイスの二重経済発展の段階である．青木は産業構造の転換に着目するのに対して，私は労働力の再配分に焦点

---

(39)　［訳注］ソロー・モデルとは，経済成長を資本の形成，労働の増加，全要素生産性（TFP）の向上によって説明するモデルである．

を当てている.

一つの段階からもう一つの段階へ移行するときは飛躍または裂け目を越える必要がある.貧困の罠を克服することは重要なステップであるが,中所得段階から高所得段階への移行,すなわちK段階からH段階,究極的にはPD段階への移行も同じぐらいにスリリングなジャンプである.もし,このジャンプが非常に困難で,経済が長期にわたってこの段階を打破できず,数多くの国がそうした困難に直面していることが統計的にも明らかになり,理論的かつ政策的な含意があるのであれば,中所得国の罠という概念を使うことは論理的に妥当であるといえる.

必ずしも「中所得国の罠」という議論のなかで出てきたものではないものの,研究者たちが見つけたいくつかの事実は,「中所得国の罠」論の最初のフレームワークを形成するのに役立ちうる.

経済成長の収斂仮説によれば,経済成長は投資率,人的資本の蓄積,政府の機能,インフラの状態や政策環境など,多数の決定要因に依存する(Barro and Sala-i-Martin, 1995).1人当たり所得が低い初期段階では,それらの要因が改善すれば経済は成長する.しかし,その限界効果は次第に逓減せざるをえない.つまり,簡単に収穫できる成果が収穫されてしまったあとでは,こうした要因の改善による効果は次第に弱まり,TFPの上昇に基づく内生的成長モデルにうまく移行できなければ成長は鈍化してしまう.

中所得国の罠という現象とグローバル化の関係に関する研究もある.例えば,エックハウトとジョヴァノビッチは各国経済をグローバル化の前後で比較し,グローバル化したのちの各国の長期経済成長率を1人当たり所得のレベルに基づいて順に並べるとU字型,つまり低所得国は高く,中所得国は低く,高所得国は高いことを発見した.彼らの解釈によれば,高所得国の労働者は優れた技術や技能を有するので,経済のグローバル化の進展とともに高技能労働の機会が増加するし,低所得国には高い技能を持つ労働者は多くないものの,非熟練労働の機会が増加する.しかし,中所得国は高技能労働にも非熟練労働にも優位性を持っていないため,グローバル化の後には成長率が相対的に低くなる(Eeckhout and Jovanovic, 2007).また,ギャレットは高所得国は技術進歩を加速してますます豊か

になり，低所得国は製造業の急速な成長を達成するが，中所得国はいずれ
の方向にも向かうことができない，と説明する（Garrett, 2004）．

　これらの議論は「中所得国の罠」に対する理論的な説明を与えている．
すなわち，高所得国は資本集約的産業および技術集約的産業に比較優位を
持つので，グローバル化のなかで技術革新力を生かすことで利益を享受す
ることができる．低所得国は豊かな労働力と低い労働コストを生かして労
働集約型産業に比較優位を持つことでグローバル化の恩恵を受けている．
しかしながら，中所得国はどちらにも比較優位を持っておらず，グローバ
ル化からそれほど恩恵を受けることができない．中所得国が直面するそう
したジレンマを表現するために，やや大ざっぱではあるが，私は「比較優
位の空白」という言葉を用いたい．

　加えて，そのような仮説を高所得国の段階に入った経済にも当てはめる
ことができる．経済学者たちは，全要素生産性（TFP）を伸ばすことは先
進国にとって困難な課題であると考えている．たとえば，コーエンは
1970年代からアメリカの技術進歩は停滞しており，経済成長が伸び悩ん
できたと考えている（Cowen, 2011）．林文夫とプレスコットは，日本経
済が停滞したのは，生産性の上昇率が低いからだとしている（Hayashi
and Prescott, 2002）．また，国際分業の変化によって先進国の労働者が
被った損失に関する研究もある（Samuelson, 2004を参照）．

　結局，いかなる経済発展段階の国にとっても，経済のグローバル化がも
たらしうる損失を生産性の高い伸びによって克服することは難しく，とり
わけ中所得国からの移行過程にある国は途方もない課題に直面するだろう．
2007年に世界銀行の報告書が指摘したように，中所得段階から高所得段
階に移行するときにはそれまでとは全く異なる戦略や政策を採用しなけれ
ばならないが（Gill and Kharas, 2007），それは難しい選択や飛躍を
次々と行うことを意味する．

2　外国の経験と実証的証拠

　世界銀行は各国の所得レベルを市場為替レートを算出するのと同じ「ア
トラス・メソッド」というものによって分類しているが，それによれば，

2010 年時点で 1 人当たり国民総所得（GNI）が 1005 米ドル以下の国を低所得国, 1 人当たり GNI が 1006 米ドルから 3975 米ドルにある国を下位中所得国, 3976 米ドルから 1 万 2275 米ドルの国を上位中所得国, 1 万 2276 米ドル以上の国を高所得国としている（World Bank, 2012）. もちろん, これらの分類基準は変動する. ある国が中所得国の仲間入りをしたものの, その後長期にわたってなかなかここから卒業して高所得国になれない場合, その国は「中所得国の罠」にはまっているといえる.

　欧米諸国や石油輸出で豊かになった国は別とすると, 中所得の段階を無事に卒業できた国・地域は日本, 韓国, シンガポール, 台湾, 香港, マカオなどほんの一握りしかない. かつてはヨーロッパ諸国と同じぐらい発展していたラテンアメリカ諸国には長い間中所得段階にとどまっている国があるし, アジアにもそういう国がある. 1 人当たり所得がいったんは高所得国のレベルになったが, 結局中所得国に退行したラテンアメリカの国もある.

　技術進歩や制度的革新, そして資源動員能力が強化されたおかげで, 世界の生産フロンティアは広がり続けている. そのため, 中所得国の罠という現象を検証するうえでは, 各国の所得水準を 1 人当たり所得の絶対値ではなく相対値を用いるのがより適切である. ウィンタイ・ウーは各国の 1 人当たり所得を経済史家のアンガス・マディソンが算出した購買力平価によって換算し, それがアメリカの 1 人当たり GDP の何パーセントに当たるかを計算した。彼はその値をキャッチアップ指数（CUI）と呼んだ（Woo, 2012）. この方法を使って中所得国の罠を検証してみよう.

　この研究では, CUI が 55% 以上の国を高所得国, CUI が 20〜55% の国を中所得国, そして CUI が 20% 以下の国を低所得国と定義している. 世界の 132 カ国のうち, 1960 年時点で中所得国は 32 カ国だったが, 2008 年には中所得国は 24 カ国だった. 1960 年時点で中所得国だった 32 カ国のうち約半数が 2008 年時点でも中所得国だった. また, 例えば中所得国から低所得国へ, というように下のグループに下がってし

---

　(40)　［訳注］「国民総所得」は国民総生産（GNP）に近い概念で, 国内総生産（GDP）に海外からの所得の純受取を加えたものである.

まう確率の方が，上のグループに上がる確率より高い．また，低所得国グループから中所得国グループに上がった国の数は，高所得国グループから中所得国グループに下がった国の数の2倍であった．

　ダイナミックな見地から，中所得国の罠が発生することを示した研究もある．そうした研究では，中所得段階にある国がいつまでも成長の勢いを維持できないことを統計から明らかにしている．一般に，経済成長が減速するポイントを明らかにすることで，中所得国の罠の存在を確認することができる．経済史家のアンガス・マディソンが作ったデータを利用したある研究によれば，これまでの100年の間に，40カ国が1人当たりGDPが7000米ドルに到達したが，そのうち31カ国はその後の成長率が2.8％ポイントも下落したという（Ho et al., 2009）．

　ノーベル賞受賞者のマイケル・スペンスによれば，アジア，ラテンアメリカ，アフリカの13カ国が1950年代からの20年余りにおいて平均で年率7％以上の経済成長を達成したが，日本，韓国，香港，台湾，シンガポール以外は中所得段階に入って以降，この勢いを持続できなかった（Spence, 2011）．

　中所得国の罠は実在しないと証明しようとする研究も存在する．投資銀行のエコノミストであるジョナサン・アンダーソンは1人当たり所得が8000米ドルから1万米ドルの「中所得国」10カ国と，1000米ドルから3000米ドルの「低所得国」10カ国を選択し，それらの国々の長期的な経済パフォーマンスを比較した（Anderson, 2011）．彼の研究は次のように要約できる．第一に，「中所得国」は20世紀の最後の10年で停滞していたものの，今世紀最初の10年はうまく成長できた．第二に，「低所得国」は「中所得国」と比較してあまりよく成長できなかった．第三に，2グループの平均成長率はほぼ同じであった．こうした結果から，アンダーソンは中所得国の罠は存在しないと結論づけた．しかし，彼の分析は中所得国の罠を否定するには不十分である．

　第一に，彼が各国を分類した方法は世界銀行による分類とは異なっている．例えば，彼の「中所得国」グループには，旧社会主義国とラテンアメリカと中東産油国と南アフリカを含んでいる．つまり，これらは中所得国の中で最も豊かな国である．一方，彼のいう「低所得国」は現に中所得国

の罠にはまっているか，またははまる可能性のある中所得国がほとんどである．

　第二に，中所得国の罠は歴史的な概念であり，今日の経済的現実とは必ずしも一致するとはいえない．1990 年代末に経済的困難にあった中所得国は中所得国の罠に陥った典型例である．そのなかには，2001 年から 2010 年の間に経済状況が好転した国もあるが，それでも中所得国の罠を乗り越えるのに必要な転換を実現できたわけではない．エネルギーや原材料に対する世界的な需要拡大により，こうした分野に比較優位を持っているラテンアメリカ諸国では工業の衰退が起きた．アルゼンチンの新聞『クラリン』の記事によれば，1990 年代と 2000 年代を比べると，ラテンアメリカの一次産品輸出の成長率は 2.6% から 11.4% に増加する一方で，技術水準が中程度の工業製品の輸出成長率は 16.3% から 4.7% へと下落し，技術水準が高い工業製品の輸出成長率は 35% から 3.8% へと下落し，その結果，各国ではかなりの貿易赤字に陥った．[41]

　これらの国々は中国の力強い経済成長に伴う一次産品需要の急増の恩恵を受けたが，資源の輸出と鉱業や農業に大きく依存する国々がそのまま高所得国になるまで成長を持続できるとは思えない．一時的に高所得国になったが結局中所得国以下のグループに舞い戻った例はかなり多い．例えば，アルゼンチンは世界銀行のデータによれば 1997 年の 1 人当たり GNI は 8140 米ドルであった．しかし，その後はずっとこのレベルを下回り続け，2004 年には 1997 年の 44% まで下がってしまった．もっともその後は再び経済成長が加速し，2010 年には 1997 年と同水準まで戻った．

　第三に，各国の経済水準が無条件に収斂していくという「収斂仮説」は中所得国の罠の議論とは相容れない．「収斂仮説」からいえば，下位中所得国の経済成長率は上位中所得国のそれを大きく上回るはずだ，ということになるが，実際にはそうなっていない．そのことから見ても，中所得国の罠はやはり存在するのである．貧困をなくしたいと思っている国が低所得均衡の罠を克服しなければならないのと同様に，経済的に豊かになりたいと望んでいる国は中所得均衡の罠を打破しなければならない．課題があ

---

(41)　中国『参考消息』の紹介記事「中国の成長がラテンアメリカの工業の衰退を招く」（2011 年 8 月 9 日）から再引用.

	1960-1984 年		1984-2000 年	
	CUI の変化	ジニ係数	CUI の変化	ジニ係数
アルゼンチン	−12.17	43.8 (1981)	−1.64	45.8 (2009)
ブラジル	2.46	58.6 (1983)	−2.45	54.5 (2008)
チリ	−12.79	55.5 (1984)	17.39	52.3 (2009)
コロンビア	−1.03	50.8 (1988)	−0.71	58.5 (2006)
メキシコ	2.77	48.5 (1984)	−5.03	51.7 (2008)
ベネズエラ	−42.29	51.2 (1984)	−8.87	43.5 (2006)
フィリピン	−2.22	45.5 (1985)	−1.43	44.0 (2006)

(注) カッコ内はジニ係数を計測した年を示す.
(出所) Woo (2012). データの元出所は World Development Indicators

表 6-1 キャッチアップ指数 (CUI) とジニ係数

ることに気づかせてくれるという意味で, 中所得国の罠という概念は有用なのである.

中国の学者や政策研究者たちは中所得国の罠が一部の国に固有の現象だと考えがちである. 例えば, 中所得国の罠とはすなわちラテンアメリカ諸国が陥った罠だという見方がある. だが, こうした議論は中所得国の罠という結果だけに着目していて, それをもたらした原因のことをあまり考えていない. 以下では, 中所得国の罠の原因と結果の両方を検討する.

中所得国の罠に陥った国々でしばしば見られるのが所得分配の不平等である. ラテンアメリカ諸国では長期にわたって深刻な所得の不平等が続いているが, これらは中所得国の罠に陥った典型例でもある. 表 6-1 に示されているのがウィンタイ・ウーによって中所得国の罠に陥っているとされた国々であるが, そのキャッチアップ指数 (CUI) は下降傾向にあり, ジニ係数によって示された所得不平等度は非常に大きい (Woo, 2012).

そのような不平等な所得分配は人間開発のレベルを大きく下げてしまう. 例えば, 2010 年において, ラテンアメリカの人間開発指数は平均で[42]0.704 であったが, 所得不平等指数を考慮した場合は 0.527 となり, ラテンアメリカにおける所得不平等は人間開発指数を 25% も引き下げてしまっていることがわかる (UNDP, 2011).

(42) [訳注]「人間開発指数 (HDI)」とは国連開発計画 (UNDP) が各国の保健, 教育, 所得における達成度を評価するために算出している指数で, 平均寿命, 平均教育年数, 購買力平価で評価した 1 人当たり国民総支出をもとに計算する.

中所得国の罠に陥った国の経験に基づき，一国がこうした罠に陥る過程を４段階に分けることができる．第一に，経済の急成長が続くとやがてこれまでの比較優位が失われ，成長の勢いが必然的に鈍化する．第二に，政府が経済力低下の原因を把握し損ね，間違った政策を実施することで経済の長期停滞を招来してしまう．第三に，適切なインセンティブの欠如により際限のないレントシーキング[43]が誘発され，不公正で不平等な所得分配と資源配分が形成され，既得権益集団の力を強めてしまう．第四に，現在の所得・資源配分のパターンを維持するために既得権益集団は既存の制度を強固にするためにあらゆる努力を惜しまず，公共の利益になるような改革に抵抗する．

　以上は，四つの連続したステップ，あるいは同時に存在する四つの現象と見ることができる．そのため，一つの段階と次の段階のつながりを断ち切るか，四つの段階の問題をすべて同時に解決するために，なんらかの措置を導入しなければならない．次節では，この四点を念頭に置きながら中所得国の罠が中国に対して有する含意を検討する．

3　中国の経済成長に対する含意

　2010年に中国は世界第二の経済大国となり，１人当たりGDPが4382米ドルに達し，世界銀行の分類でいう上位中所得国となった．購買力平価で換算した中国のGDPは2014年にアメリカのそれを上回り，世界最大になった（Giles, 2014）が，それでも１人当たりGDPで見るとまだ上位中所得国であるにすぎない．中国の技術レベルは世界のイノベーションの最前線とはまだ遠く隔たっており，中所得国という地位にふさわしいレベルであるにすぎない．

　『世界競争力報告2013-2014年』によれば中国の競争力は世界第29位だった．ただ，これにはマクロ経済の安定性や国内市場の大きさといっ

---

(43)　[訳注]「レントシーキング」とは，なんらかの権限の独占による利益を獲得しようと活動することを指す．「レント」の本来の意味は地代であるが，レントをもたらすものには土地だけでなくさまざまな特権もある．人々が社会的に有用な物やサービスの供給に向けて努力することをやめ，特権の獲得ばかりに奔走することをレントシーキングという．

た，科学技術とは関係のない指標が貢献している．各国の競争力を算出する元となる他の指標を見ると，中国は高等教育・訓練では世界第70位，金融市場の発展では第54位，技術の成熟度では第85位にすぎなかった (Schwab, 2014).

　中国では研究開発支出が急速に増大しているので，科学論文の数や特許登録件数では世界のどこの国よりも急速に成長している．こうした指標で見ると中国は世界でトップクラスだが，科学技術の質や応用可能性では先進国に大きく遅れをとっている．例えば，中国の学者によって執筆された学術論文の数とその被引用数とを比べてみると，中国がまだ科学技術の最前線には達していないことがうかがえる (Hatakenaka, 2010; Dutta and Lanvin, 2013).

　上位中所得国である中国は成長率が減退する局面に入ったと考えられる．すなわち，1人当たりGDPでいえば，中国はアーネスト・ホールが示した成長率減退への曲がり角 (Ho et al., 2009) とアイケングリーンらが示した曲がり角 (Eichengreen et al., 2011) の中間にある．中国には潜在的な問題がたくさんあり，経済の高度成長の持続は困難であるとして，彼らは中国の成長が鈍化する確率は70%だとする．実際，彼らが予想した通り2012年から成長が減速し，それは今後も続くと予想される．

　既存の経済成長モデルに当てはめてみると，中国は特別な経済発展段階にあるといえる．第1節で言及したハンセンとプレスコットのモデル (Hansen and Prescott, 2002) でいうと中国はマルサス的な均衡状態からソロー的な新古典派成長段階の中間にあるが，ルイスの二重経済発展の末期に当たり，農村の余剰労働力が減少して労働力不足と一般労働者の賃金の上昇が常態となっている．中国経済はルイスの転換点を過ぎ，ソローの新古典派的成長段階へと移行しつつある．

　2004年から出稼ぎ労働者の不足が中国で大きな話題となった．一般労働者，とりわけ出稼ぎ労働者の賃金が2004年から今日まで上昇を続けており，これは賃金水準がほとんど停滞していたそれまでの数十年間と対照的であった．2004年から2013年までの出稼ぎ労働者の賃金の実質成長率は年11.8%であったが，1人当たりGDPの成長率は年9.4%であり，それも次第に低下する傾向がある．このことから，一般労働者の賃

金が労働生産性の成長率を上回っていることが推測できる.

賃金の上昇によって中国は労働集約的な製造業における比較優位と国際競争力を徐々に弱めている. フランスの新聞『フィガロ』によれば, 中国では賃金上昇への圧力が高い一方で, 労働生産性の上昇が鈍いので, アメリカに対する生産コストの差が5%以下になったという[44]. 中国の労働集約的製造業は比較優位を失いつつあるため, 経済学における「雁行形態論」のように中国の沿海部から内陸部へ, あるいは労働コストが安い他国へ移動している.

人口ボーナスが消失した国では, 経済成長率が恒常的に減速することになるだろう. なぜなら, 経済成長が減速すると, 賃金の伸び率が生産性の伸び率を上回るようになるからである. そのため, その国の比較優位が急速に失われる. そうした悪循環に陥らないようにするためには, 最初に経済の減速をもたらす要因が何なのか, どこに新たな成長の要素が見つかるのかを十分に認識しておく必要がある.

経済成長が減速する前ですら, 国際基準で見たとき, 中国の所得格差はかなり広がっていた. 中国はジニ係数が非常に大きいというだけでなく, 農村と都市の所得格差が世界で最も大きいと考えられている. 中国では国民の階層によって資源が不平等に配分され, 公共サービスへのアクセスも不平等であり, 労働市場も分断されているため, 所得分配が不平等になっている. 既得権益集団はこうした不平等な配分を変えようとする改革には頑強に抵抗する. こうした抵抗は所得格差の縮小を妨げるだけでなく, 人口ボーナスが失われたのちの経済成長の持続にとって重要なポイントである資源配分効率の改善をも妨げる.

中国は労働集約的産業における比較優位を失ったものの, 技術集約・資本集約的産業においてはまだ比較優位を有してはおらず, 「比較優位の真空」に陥っている可能性がある. 中国はグローバリゼーションから多くの利益を得ており, 世界へのさらなる開放を進めない限り, さらなる経済成長は見込めない.

中所得国が直面するほとんどの問題に中国は直面しているので, 中所得

---

(44) 中国『参考消息』の紹介記事「アメリカと中国の生産コスト差が無視できるほど小さくなった」(2014年4月27日) より再引用.

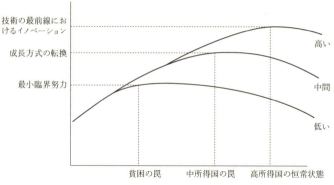

図 6-1　経済成長の転換点と罠を打開する戦略

国の罠に対する警鐘をならし，それにかかわる現象をしっかりと研究することが中国の政策策定にとって有用である．

4　結　論

中所得国の罠は，経済学の分析枠組で説明することができるし，これまでの各国の経済発展の実績から検証することもでき，中国の経済成長の持続可能性を考えるときにもこれを念頭に置くべきである．これは中国経済に関心のある研究者や政策当局者にとって有用な概念である．中所得国の罠の理論とその政策提言を開発経済学の枠組みに位置づけるために，長期的な経済発展過程を図 6-1 のように描いてみた．この図は一国が貧困の罠と中所得国の罠を打破し，高所得国へと移行するための課題を示している．

一国の経済発展の初期段階においては，貧困の悪循環に直面する．1 人当たり生産量の伸びは人口の増加によって相殺されてしまうからである．その結果，生活水準は最低水準にとどまり，貯蓄をする余裕がない．仮に技術進歩があったとしても，貧困の罠から抜け出るための最小臨界努力に至るには，産業革命のときに起きたような広範な新技術の応用と市場の拡大に匹敵する技術と制度の飛躍的進歩が起き，新技術が利益を生むようにならないといけない（Hansen and Prescott, 2002）．

ただ，科学技術の最前線で自立的な革新を続けてきた欧米諸国とは異なり，後発国のほとんどは，必ずしも自前で技術革新をする必要はない．む

しろ，新技術の採用を妨げるような制度をなくせば，必要な技術は模倣，借用，購入，外国企業の直接投資を通じて入手することができる（Romer，2010b）．

　二重経済発展の枠組みが当てはまるような発展途上国では，無制限の労働供給が得られるだけでなく，それに人口ボーナスが加われば，貯蓄率が高い状況が続き，資本の収穫逓減も食い止められるので，資本形成が急速に進展することになる⁽⁴⁵⁾．農村から都市への労働移動と産業構造の変化は，資源の再配分と TFP の上昇をもたらす．

　以上のように，グローバル化と二重経済発展は急速な経済成長をもたらす．しかし，ルイスの転換点が到来し，人口ボーナスが消失すると，経済成長は停滞し，中所得国の罠に陥る恐れが出てくる．

　ルイスの転換点の到来と人口ボーナスの消失による経済発展の袋小路を打ち破り，中所得国の罠に陥らないようにするためには，経済発展のパターンを，生産要素の投入拡大と農業から工業・サービス業への資源の再配分に依存したものから，TFP と労働生産性の上昇に依拠したものに転換する必要がある．そのような転換ができれば，経済成長はイノベーションに依拠するようになり，長期にわたる成長が続くであろう．中国はこれから中所得国の罠を乗り越えていくために多くの理論モデル，国際的経験，および政策提案を参考にすべきである．

　次章以下では，TFP 向上の必要性と，教育・訓練を通じた人的資本の蓄積を速めることの重要性について議論する．国際的な経験によれば，中所得国から高所得国への移行を成功させるためには，多くの制度的な変化が欠かせない．カラスは制度改革の課題として，資本市場の発展，イノベーションと高等教育の加速化，都市管理の改善，住みやすい都市の建設，法の支配の実現，地方分権や反腐敗などを挙げる（Kharas，2010）．このような改革の実現には 10 年程度の歳月を要する可能性があるが，次章以下で述べるように，経済改革の方向を変えることによって中国経済の成長に対して即効性のある効果が期待できる．

---

(45)　［訳注］この点は本書第 4 章を参照されたい．

第7章　経済成長の新たなエンジン

塞がなければ流れない，止めなければ行かない（不塞不流，不止不行．古いものを打破しないと新しい文化を確立できない，という譬え）（韓愈［西暦768-824年］『原道』）

　生産年齢人口の減少と従属人口比率の上昇により，中国経済がそれまで30年間にわたって享受してきた人口ボーナスが2010年をもって失われた（本書第4章参照）．人口ボーナスが失われると，生産要素の供給が減少したり，労働供給が絶対的に減少したり，資本の収穫が逓減したり，農村から都市への出稼ぎが少なくなることによって全要素生産性（TFP）の伸びが鈍化する．

　新古典派成長理論が予測するように，中国経済がこれまで頼ってきた人口ボーナスという経済成長のエンジンが失速すると，今後の成長はTFPの上昇という新たなエンジンに頼ることになる．TFPは技術革新と資源配分の改善によって高めることができる．政府が経済活動に深く関与している国では，従来の比較優位が失われ，経済成長が減速したときには，政府が新たな政策を作ってそれに対処しようとするであろう．一つの典型的な対策は，資本への投資を進めることで資本労働比率（労働者1人当たり資本ストック）を高め，労働生産性を向上させようとすることである．そのような政策が失敗したとき，政府の努力は資本の収穫逓減という報復を招いてしまう．

　この章では，経済成長のあらゆる側面を検討する代わりに，人口ボーナスが消失したのちの中国が直面する資本の収穫逓減という問題にどう対処

するかを議論する．中国経済が現在直面している課題と，これまでの他国の経験によれば，経済成長パターンが二重経済発展段階から新古典派成長段階へと移行するときには二つの課題がある．すなわち，これまでの比較優位を可能な限り維持することと，長期的な経済成長の新たな原動力を見つけることである．そのためには，第一に，国内的な雁行形態型発展，すなわち労働集約的製造業を沿海地域から内陸地域に移転すること，第二に，創造的破壊が起こるような政策環境を作ることで，生産性が平均以下の企業が縮小し，好業績の企業が拡大し，技術進歩が活発になるようにしなければならない．

1 資本の収穫逓減の法則

主流派の経済成長理論は単純すぎて新古典派的成長以外の成長パターンを捉えることができない．人類史の大半はマルサス的な経済の低迷状況にあったが，主流派の理論はそれを捉えられない．また，新古典派成長モデルでは土地が生産要素から捨象され，人口ボーナスのことも無視しているため (Hansen and Prescott, 2002)，それでは過去数十年にわたる中国の奇跡的な成長を解釈することはできないし，中国が当面および近い将来に直面する課題の要点を把握することもできない．新古典派経済学者が中国経済の直面する問題を論じようとすると，彼らが東アジアの奇跡について議論したときと同様の誤謬に陥ることになる．

世界銀行は 1993 年の報告書のなかで，東アジア諸国，とりわけアジア NIES（香港，シンガポール，韓国，台湾）の目覚ましい成長のパターンを説明するために，「東アジアの奇跡」というフレーズを用いた．世界銀行が東アジアの経済成長を高く評価した結果，東アジアの経済成長は持続可能か否か，そもそもそれは奇跡と呼ぶにふさわしいものなのかという議論が巻き起こった．ローレンス・ラウやアルウィン・ヤングといった経済学者たちの東アジア経済に関する研究成果に基づいて，ポール・クルーグマンは東アジアの経済成長は結局 1950 年代にソビエト連邦が急成長したときと同じ過ちを繰り返しているにすぎないと断じた．すなわち，東アジアとソビエト連邦の経済成長はいずれも TFP の成長によってではなく，

主に労働と資本の投入によってもたらされたものにすぎず，したがって，東アジアの成長もいずれソ連のように行き詰まると論じたのである (Krugman, 1994).

しかし，東アジアに関する実証研究が必ずしもクルーグマンの主張に沿うものばかりというわけではない．アジア NIES や他のアジア諸国の TFP についてはさまざまな計測結果があり，全く相反する結果さえある．ヤングの推計によれば 1970 年から 1985 年のシンガポールの TFP の年間平均成長率は 0.1% でしかなかったが，マルティの推計では 1970 年から 1990 年の平均は 1.45% でヤングの推計の 15 倍にもなっている (Young, 1994; Marti, 1996). こんなに結果が異なると，それぞれから引き出される政策提言も全く異なるし，TFP の推計法や経済状況の評価さえも怪しいと思われてしまう (Felipe, 1997).

アジア NIES の 4 カ国・地域はいずれもヤングとクルーグマンが予測していたような経済破綻に陥ることなく，高所得国の仲間入りをし，「中所得国の罠」をうまく回避することができた．クルーグマンらが東アジア経済の将来に関して予測を誤ったのは，彼らが新古典派成長モデルの枠組みで考えていたために，労働力が不足する段階に至れば，資本の収穫が逓減すると考えたからである．彼らはアジア地域の経済成長を支えた人口ボーナスの役割に気づかなかった.

東アジアの経済成長に対する人口ボーナスの貢献についての研究は「東アジアの奇跡」に関する論争の後に登場した．それらは新古典派の理論と実証研究の不足を補い，アジアの経済成長に関してより説得力のある説明を行った (たとえば, Bloom and Williamson, 1997; Williamson, 1997). 計量経済学の手法が進歩し，利用できる経済データも増えたことで，東アジア経済の成長がよりよく理解できるようになった (Bhagwati, 1996). すなわち，東アジア経済には生産要素の投入拡大と TFP の上昇の両方が貢献していることがわかった．経済発展の初期段階では，先進国からの外国直接投資と設備の輸入により，東アジア諸国は「後発の優位性」を生かして TFP を上昇させた．経済成長の後期段階に入ると独自のイノベーションの貢献が次第に高まり，最終的には経済成長の主要な動因となる.

クルーグマンの警告は一つの国が二重経済発展の段階から新古典的成長

の段階へと移行するときにだけ有効である．日本とアジア NIES は，ルイスの転換点を通過し，労働集約的産業での比較優位を失ったのち，経済成長の方式を変えることに成功している．現在の中国は転換点を越えつつあるため，経済成長の方式を TFP 主導のものに変えなければ，いずれ資本の収穫逓減によって成長が行き詰まるだろう[46]．

　経済成長を持続可能にするものは何かと考えるのは経済学者にとって面白いことである．土地，労働，資本は初期の経済理論ではそれぞれ重視されていたが，労働生産性の向上こそが尽きることのない経済成長の源であり，国富の源泉であるとされている．一国がマルサスの罠を脱し，ルイスの転換点も通過して，ソロー的な新古典派成長モデルに向かうとき，経済成長の持続性はひとえに労働生産性の向上にかかっている．

　労働生産性を引き上げる一つの方法は，資本労働比率を引き上げることである．労働の増加に比べて物的資本をより急速に増やせば，資本労働比率が高まり，労働生産性が上昇するはずである．実際，人件費が増大していけば，企業は雇用を増やす代わりに機械を導入することになるから，資本労働比率が高まるはずである．しかし，資本労働比率を引き上げても技能や技術に変化がなければ，たとえ機械や設備に投資しても，生産効率は上がらない．つまり，資本労働比率の引き上げは，資本の収穫逓減によって制約されているのである．労働生産性を引き上げるには資本をむやみに増やすだけではだめであり，必ず TFP も上げていかなければならないことがわかる．

　中国では 21 世紀初めの 10 年間に，資本の収穫逓減に伴い，労働生産性の上昇に対する資本労働比率と TFP の寄与率が変化した．クイースの研究によれば，1978 年から 1994 年の期間，労働生産性の上昇に対する TFP の寄与率は 45.9%，資本労働比率の上昇の寄与率は 45.3% であったが，2005 年から 2009 年の期間には，TFP の寄与率は 31.8% に下がり，資本労働比率の寄与率は 64.7% に上昇した[47]．このような傾向

---

(46)　クルーグマンはルイスの転換点に到達した後，中国の経済成長は「万里の長城」にぶつかって止まるだろうと警告した（Krugman, 2013）.

(47)　［訳注］クイースが行った計測について簡単に説明しておく．一国の経済をコブ・ダグラス型生産関数 $Y=AL^{a}K^{1-a}$ であらわすことにする．Y は生産額，A は全要素生産性，L は労働，K は資本，a は労働の生産弾力性で，0 か

が続けば，2010 年から 2015 年の期間には TFP の寄与率は 28.0% に下がり，資本労働比率の寄与率は 65.9% に上がるとクイースは予測した (Kujis, 2009)．

日本は資本の収穫逓減という局面を迎えたときに，TFP の上昇によってそれを補うことに失敗した．1990 年代初めに，日本は従属人口比率が急激に上昇して人口ボーナスが消滅したが，日本は多くの投資を行って資本労働比率を高めたものの，TFP の上昇は鈍かった．労働生産性の上昇に対する資本労働比率の寄与率は 1985 年から 1991 年の期間の 51% から 1991 年から 2000 年の期間には 94% に上昇したが，TFP の寄与率は同じ期間に 37% から −15% にまで下がったのである（Asian Productivity Organization, 2008）．

経済理論および実際の経験から，資本労働比率の上昇の労働生産性上昇に対する貢献は資本の収穫逓減の法則による制約を受けることが明らかになった．それに対して，TFP の成長は，生産要素の投入を増やしていくと必ず起こる収穫逓減とは無縁であるため，尽きることのない成長の源泉なのである．

統計的にいえば，TFP は経済成長に対する労働や資本などの生産要素の寄与を取り除いた後の残差であるが，TFP の上昇は主に二つの理由で生じる．第一に，生産要素を企業間や産業間，地域間で移動させ，再配分することによって生まれる生産効率の向上である．第二に，技術進歩やその他の形態のイノベーションである．TFP を高めるためには，この二つの側面での改善を図ることが得策であるが，第一の側面，すなわち生産要素の再配分こそが TFP 上昇の根本的な要因である．なぜなら生産要素の移動によってイノベーションの成功が報われ，イノベーションの失敗が罰せられるからである．

生産要素の再配分による効率向上は，産業構造の転換と産業の高度化によって実現される．生産性の低い産業から高い産業へ労働者が移動すると

ら 1 の間の値をとる．この式の両辺を L で割ると，$\frac{Y}{L} = A\left(\frac{K}{L}\right)^{1-\alpha}$ となる．つまり，労働生産性 $\left(\frac{Y}{L}\right)$ の上昇は，全要素生産性（A）の上昇と資本労働比率 $\left(\frac{K}{L}\right)$ の $(1-\alpha)$ 乗の上昇とを掛けたものなので，この二つの寄与に分解することができる．

いうよく知られたパターンに加え，同じ産業のなかでも生産性が高い企業がより多くの生産要素を勝ち取ることにより，その企業自身がTFP向上に貢献するだけでなく，産業全体のTFPを押し上げる．

中国が二重経済発展をしていた時期においては，TFP上昇の主な要因は農村から都市への労働力の移動であった．しかし，中所得国となり，人口の高齢化を迎えた今日の中国においては，労働力の再配分という従来からのTFP上昇の手段に加えて，イノベーションの加速も重要な要素となっている．

2 国内における雁行形態型発展

中国では，改革開放以後に起きた農村から都市への大規模な労働移動は，とりわけ2001年にWTO加盟が実現したのちには，GDP成長に大きな影響を与えた．ルイスの転換点の到来によって労働移動が減速してくると，TFPの成長も減速する傾向がある．中国が経済成長を持続させるためには二つの課題を克服しなければならない．第一に，これまでの労働や資本などの生産要素の投入に依存してきた成長から，TFP主導型の成長に転換すること，第二に，これまで生産要素の再配分に頼ってきたTFPの上昇を，技術イノベーションに依拠するものに転換すること．もっとも，だからといって生産要素の再配分による効率向上の余地がなくなるわけではない．

中国が労働力不足と賃金上昇に直面するなかで労働集約的産業における比較優位が失われていくのはいたし方のない事実であり，その結果，労働集約的製品の製造拠点が中国から人件費がもっと安い他の発展途上国に移転するという，いわゆる「雁行形態」的な展開が起こりそうである．雁行形態論が描写するような，賃金が高くなった国からより安い国への産業移転は，各国の比較優位の変化によって生じるものである．1人当たり所得が上昇すると各国の資源賦存の状況が変化する．先進国の産業が高度化し，労働集約的産業から資本集約的産業へ移行すると，後進国は先進国で競争力を失った産業を引き取り，この産業における外国からの直接投資も入ってくる．[48]

しかし，中国は経済規模が巨大であるし，長年にわたって二重経済発展を続けているので，転換点がいっぺんに訪れるのではなく，一部地域では早く，他の地域では遅く到来すると考えられる．また中国経済の特徴により，雁行形態的な産業移転の様相も変わるであろう．すなわち，比較優位の変化によって生じる産業移転はこれまでの雁行形態論が想定している国から国への移動ではなく，むしろ国内の一地域から他地域への移動となるだろう．

1970年代と1980年代に日本やアジアNIESでは国から国への産業移転が起きたが，それは経済規模が小さいので国内各地域における資源賦存と産業構造が割と均質的だからである．それに対して，中国は国内各地域の資源賦存と産業構造とが大きく異なる．長い間，中国国内の地域間での資本と労働などの生産要素の移動は制度的障壁によって制限されていた．そのため，各生産要素の希少性の度合や，経済発展の条件が地域間で大きく異なり，国内での発展水準の収斂を妨げてきたのである．

その結果，中国のある地域が高い発展水準に達しても，他の地域は低水準で低迷しているかもしれない．以下では，中国の東部，中部，西部における人口転換と賃金水準を比較し，国際的な雁行形態型発展とは異なる国内の雁行形態型発展を明らかにする．

人口転換は社会経済発展によってもたらされるため，国内での社会経済発展のレベルに大きな格差がある中国では，地域によって人口転換の様相も異なっている．このことが地域特性の多様性をもたらし，国内での雁行形態型発展を可能とする．2010年の人口センサスによると，出生率と死亡率の差である人口の自然増加率は国全体の平均は0.505%だったが，東部は0.468%，中部では0.473%，西部では0.678%であった．

しかし，多くの労働者が中部と西部から東部へ移動するため，各地域の年齢構成は人口転換の様相の違いを反映していない．2013年に6カ月以上地元を離れた出稼ぎ労働者は1億6600万人に達し，主に農村から都市へ，中西部から東部へ大量に流出した．中部を出た6420万人の出稼ぎ労働者のうち89.9%が東部へ移動し，西部を出た2840万人の出

---

(48) 雁行形態論の略史やその拡張や応用については，Kojima（2000）が詳しい．

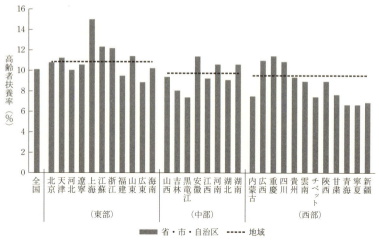

(出所) 2000年人口センサスの公式サイト
図7-1　地域別の高齢者扶養率

稼ぎ労働者のうち82.7%は東部へ移動した.

　出稼ぎする年齢層は若いので，若年層が中西部から東部に移動すると，東部では生産年齢人口が増え，中西部では生産年齢人口が減り，各地域の高齢化のレベルを均一にする．そうした影響を取り除くために，地元を離れて1年以上他地域で働いた人のみが集計されている2000年の人口センサスを用いることにした．図7-1を見ると，2000年時点での高齢者扶養率（15～64歳の人口に対する65歳以上の人口の割合）は，国全体の平均は10.15%，東部は10.9%，中部は9.76%，そして西部で9.53%であった．

　中国の出稼ぎ労働者の状況について2点指摘しておきたい．第一に，現行の戸籍制度のもとでは出稼ぎ労働者が出稼ぎ先に永住することはできないので，公共サービスへのアクセスは地元民とは平等ではない．第二に，中国共産党の指導部は戸籍制度の改革を提唱しているが，中西部から東部に出稼ぎに来た労働者たちが出稼ぎ先の都市の戸籍を獲得できる可能性はほぼないので，彼らは最終的には地元へ戻ることになる.(49)

---

(49) 広州，深圳，成都などでの試験的な戸籍制度改革では，市政府が同じ省からの出稼ぎ労働者の一部にのみ地元の都市戸籍を与えているが，他省からの人たちは除外されている.

結局，出稼ぎ労働者は一定の年齢に到達すると帰郷しなければならない．孟昕の分析によれば，出稼ぎ労働者の出稼ぎ先での労働期間は平均で9年間であるが，彼らの所得は最初に都市に移ってから24年間は上昇し効果が続く．このことが意味するのは，出稼ぎによって高まった生産性の効果が使い尽くされるずっと以前に彼らが都市部を去るということである（Meng, 2013）．ただ他方では，出稼ぎから戻ってきた人々は，沿海部から内陸部へ移動してきた産業に就職する用意ができているということでもある．

　中国全体で労働力が不足し，労働力の移動が増加した結果，東部，中部，西部の間で賃金水準が収斂している．2012年時点では，西部の平均賃金は東部の97.4%，中部の平均賃金は東部の98.7%であった．平均賃金には大差がないように見えるが，それでも中西部には労働コストにおける優位がある．

　なぜなら，第一に，内陸部の労働コストを低くする要因があるからである．中西部の人々は，はるばる沿海部まで出稼ぎせずとも地元で仕事を見つけられるのであれば，沿海部まで移動することに伴うコストもいらないし，生活費も沿海部よりも安いであろう．中西部の若い人々は単に仕事を見つけるためだけでなく，世界を知りたいと思って沿海部の大都市に向かう傾向があった．そうした若年層が減少すれば，出稼ぎ労働者の年齢構成もより高くなり，その結果，東部の賃金水準は中西部よりも急速に上昇していくと予測される．

　第二に，同じ賃金水準でも，中西部の方が東部よりも受容されやすく，東部では賃金上昇への圧力がかかる．賃金をめぐる労働争議は東部で頻発しているため（Cai and Wang, 2012a），近い将来，東部では賃金が急騰するはずである．

　労働などの生産要素のコスト以外に，産業集積の効果が企業の生産と取引のコストに影響を与えるので，企業の立地にも影響を与える．1998年から2008年までの大手製造企業の大規模な調査によれば，2004年までは労働集約的産業の企業立地は産業集積効果によって決まる部分が大きかったので，労働集約的産業は東部に集中していたが，その後は生産要素のコストや他の経営コストなどを総合的に考慮して立地が決まることが多

くなったので，中西部の優位が際立ってきた（Qu, Cai, and Zhang, 2012）．

　中国の地域間では，現在および将来の生産コストの違いがあるため，産業移転は中国から他の国へ向かうよりも，中国の沿海部から内陸部へ向かっている．中国の労働集約的産業の生産額における東部のシェアは2004年がピークで88.9% だったが，2008年には84.7% まで下がったし，同産業の総資産のうち，東部の割合は2006年がピークで83.3% だったが，2008年には81.6% に低下した．データの制約からこれ以外の期間の状況を見ることは難しいが，こうした沿海から内陸への産業移転がまだしばらく続き，その後に中国から生産コストが低い発展途上国への移転が始まるだろうと予測される．

3　創造的破壊のメカニズム

　ノーベル経済学賞を受賞したロバート・ソローの重要な貢献は，さまざまな生産要素のなかで，TFP だけが持続的な成長を可能にすることを明らかにしたことであるが[50]，その後の経済学は経済発展の経験を分析することによって彼の見解を支持し，補足してきた．生産関数のなかで TFP の成長は，生産高の成長から投入要素の増加を差し引いた残差として表される．これまでの発展途上国と先進国の経済成長の経験から，次の三つのタイプの TFP 成長が中国にとって重要である．

　第一に，二重経済発展における TFP の上昇のほとんどは，生産性の低い農業から生産性の高い他の産業への労働移動という生産要素の再配分による効率向上効果によるものである．この効果を無視しているために，新古典派モデルに基づく東アジアや中国の成長に関する予測が当たらないのである．中国のこれまでの急速な経済成長はこうした労働力の再配分に大きく依存してきたが，余剰労働力の枯渇とともにこの効果による TFP 上昇も鈍ることになる．

　第二に，いかなる時期や地域においても科学技術の革新はつねに TFP

---

　(50)　詳細については Solow（1956）を参照のこと．

上昇をもたらしうるが，とりわけ新古典派成長段階（第6章参照）におい
ては科学技術が重要である．発展途上国である間は先進国との技術格差が
あることでかえって「後発性の利益」を享受できるが，先進国になると経
済成長の速度は自主的な技術革新をどれだけできるかにかかってくる．現
在の中国のように新古典派成長段階への移行を始めようとしているときに
は自主的な技術革新の重要性が高まってくる．

　第三に，途上国でも先進国でも，同じ産業内の企業間で資源を再配分す
ることで効率を高められる．企業の間では生産性の格差があるので，生産
性が低い企業から生産性が高い企業へ生産要素が移動し，それによって実
力のある企業の生存，拡大，発展が促進され，実力のない企業が長期的に
は淘汰されることで，一国の生産性も高まっていく．

　アメリカのような成熟した市場経済国では，このような企業の参入，拡
大，縮小，淘汰を通じた創造的破壊のメカニズムによる配分効率の向上が，
一国の生産性上昇の3分の1から半分をもたらしているという研究もあ
る（Foster et al., 2008）．シエとクレノウの研究によれば，中国でもア
メリカ並みに企業間で資本と労働者の再配分を行って企業間の限界生産性
を等しくすれば，中国の製造業のTFPは30〜50% 高まるという（Hsieh
and Klenow, 2009）．

　一般に，二重経済発展のもとでTFPを高めるような資源の再配分を行
うことは「パレート改善」，すなわち，社会のなかで誰にも損害を与える
ことなく，一部の人々にメリットをもたらすことができる行為である．と
いうのも，二重経済のもとで，農業から製造業など農業以外の産業に労働
力が移転することは，農業の生産を減らさずに製造業などの生産を増やす
ことができるからである．

　第一に，農業からの余剰労働力の流出は，農業の労働生産性と農村世帯
の所得の両方を引き上げ，結果的に農村と都市の所得格差を縮める．
1978年から2012年の期間，農業の労働生産性，すなわち農業従事者
1人当たりの農業付加価値は実質で年6.1% の勢いで伸び，農村世帯の
平均所得は年7.5% の割合で上昇した．

　第二に，都市に出稼ぎ労働者が流入すれば，都市部の人たちの仕事を削
減することなく，産業からの労働需要を満たすことができる．労働経済学

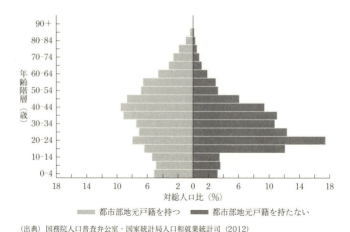

(出典) 国務院人口普査弁公室・国家統計局人口和就業統計司 (2012)
図 7-2　中国都市部における地元戸籍の労働者と出稼ぎ労働者の補完関係

では移民労働者が自国の労働者と競合関係にあるのか，補完関係にあるのか，という問題が広く議論されてきたが，中国の労働市場の研究から見てもこれまでの研究と同様の結論に至る．すなわち，中国国内での出稼ぎ労働者は都市戸籍を持たない新参者であるため，ある程度の差別を受けており，そのため，出稼ぎ労働者は一般には地元の労働者とは競合関係にはなく，むしろ地元の労働者がやらない仕事に就く．

　さらに，出稼ぎ労働者の人口学的な特徴も，都市部の労働者との関係を競合関係ではなく補完関係にする要因である．図 7-2 に見るように，農村から都市に出稼ぎに来た労働者たち（すなわち都市部の地元戸籍を持たない労働者）の方が，都市部の地元戸籍を持つ労働者たちよりもかなり若い．なぜなら，農村部の方が都市部よりも人口転換が遅れているし，農村部のなかでも年齢が若いなどの有利な人口学的特性を持った人たちの方が出稼ぎに行きやすいからである．出稼ぎ労働者と都市部の地元労働者の年齢構成が異なるため，労働市場においても補完性があるのである．

　一方，二重経済発展のもとで農村と都市との間での労働力の再配分が終わり，さらに TFP を向上させようとすれば創造的破壊が必要となるが，これはパレート改善というわけにはいかない．シュンペーターが述べているように，創造的破壊のプロセスこそ資本主義の本質である（Schumpeter 2003, p83）．新古典派成長段階ではどの国でもすべての企業が一様に生産性を向上させるのではなく，生産性が高い企業が拡大し，生産性が低

い企業が縮小することによって達成されている．生産性の高い企業が経済のなかで支配的な地位を獲得することで国全体の生産性が上がるのである．

日本は中所得国から高所得国への転換に成功したが，人口ボーナスが無くなり，先進国との技術的な格差が縮まったのちの TFP 向上には失敗した．林文夫とプレスコットの研究によれば生産性の低い企業や斜陽産業に補助金が与えられたことで多数のゾンビ企業を作ってしまい，TFP の上昇が鈍いものにとどまった．これぞまさに日本の「失われた 20 年」をもたらした主要な要因だという（Hayashi and Prescott, 2002）．

生産性の高い企業が拡大し，生産性の低い企業が縮小・淘汰されることは創造的破壊をもたらす．中国はまだ産業間，地域間の資源の再配分によって TFP を引き上げる余地はあるものの，今後の経済成長はよりいっそう企業間での競争と科学技術の革新に依存するようになるだろう．しかし，それらは創造的破壊を必然的に伴う．ただ，旧来の成長の源泉を開拓するにせよ新たな成長の源泉を模索するにせよ，いずれにしても TFP 向上の前に立ちはだかる制度的障壁を取り除き，経済の減速に対して誤った政策を採らないことが前提となる．

4 政策的なゆがみの回避

中国が低所得国から中所得国へ歩みを進めた過去 30 年間，中央政府と地方政府は経済成長に積極的に関与してきた．中国経済が急成長の波に乗り始めた頃は，先進国との間に大きな技術格差が存在し，成長を促す機会がたくさんあったため，中央と地方の政府が投資主導の経済成長を促進することは可能だったし，必要でもあったのである．

しかし，中国が上位中所得国から高所得国へ歩もうとしている今，成長のために必要なのは大勢の企業によるイノベーションを通じた生産性向上であり，旧来の政府主導の経済成長モデルは捨てなければならない．新しい経済成長の段階で政府がなすべきことは，競争的環境を整備し，新技術の導入を妨げる制度的障害を撤廃することである．

なぜある国は経済が成長し，ある国は後退するのか，なぜ持続的に成長する国と異常な減速に見舞われる国があるのか，なぜある国は高所得国に

なることができ，ある国は中所得国の罠にはまってしまうのか，これらの現象はTFPの変化によって説明できる．成長方式の移行段階にある国にとって，TFPの向上を続けて経済成長を持続することは容易ではなく，ほとんど不可能である場合もある．従来の慣行を変えられなかったり，政府が政策選択を誤ることも多い．これこそが，多くの国が中所得国から高所得国への移行でつまずいてしまう理由である．

　中国は次の二つの理由から移行につまずきそうである．第一に，過去の成功体験があだになる恐れがある．2009年からの数年間，中央政府と地方政府によって行われた数多くの投資は急速な成長をもたらす一方，きわめて非効率かつ過度であった．しかし，政府はその「成功体験」を繰り返してしまう恐れがある．第二に，中央政府と地方政府は拡張的な財政政策，緩和的な金融政策，投資主導型の産業政策・地域政策によって経済成長を促進する力があることを証明したので，今後経済成長が鈍化するなかで再び同じことを繰り返そうとして，経済の著しいゆがみをもたらす恐れがある．

　例えば，中西部の工業化のことを考えてみよう．これは沿海部で賃金が上昇した結果，沿海部から内陸部に産業が移転することによって起きうる．市場経済の作用によって生じるそうした工業化は経済にゆがみをもたらす心配はない．しかし，中国では「西部大開発」，「東北部旧工業地帯振興政策」，「中部崛起戦略」とさまざまな地域政策が実施され，その都度，政府主導で大規模な投資が行われてきたが，こうした政策はゆがみを引き起こす傾向がある．

　これらの地域政策を実施するために，政府はさまざまなルートを通じて中西部に投資や移転支出を行い，インフラの建設，生産能力の構築，社会保障プログラムへの補助，その他の財政支援政策を提供したが，これによって財政資金が地域間でかなり再配分された．その結果，固定資本投資に占める中西部の割合は2000年の41.2%から2010年には51.4%まで上がった．特に中西部の国有企業が強化されている．国有企業による固定資本投資のうち中西部が占める割合は2000年には47.0%だったのが2010年には60.9%にまで上昇した．

　政府の公式発表も中西部や東北部において国有企業が強化されたことを

裏付けている．2006年1月に開かれた投資環境改善と東北部振興にかかわる国際会議の場で，東北部振興を管轄する高官は，国家の投資が東北部の戦略産業に集中したことで，国家の支配と影響力がかなり強まった，と述べた（呼・孫, 2006）．

　地域間の経済的格差をなくすための政府の努力は不可欠であるし，後進地域の発展を促進するために積極的な産業政策を採用するべきである．しかし，その地域の比較優位からかけ離れた産業発展を追求するような地域戦略をとるべきではない．1人当たり所得の差異に示される地域の発展レベルの差は，各地域の資源賦存の差を反映している．相対的に富裕な先進地域は資本を多く蓄積しているので資本集約的産業に比較優位を有しており，後進地域は労働力が豊富なので労働集約的産業で比較優位を有している．

　生産要素市場が適切に機能しているのであれば，各地域の産業構造はその地域の比較優位に沿って形成されているはずである．沿海部と中西部の間で資源賦存において大きな格差があるのであれば，中央・地方の政府が適切な産業政策と地域戦略を実行すれば，後進地域が先進地域にキャッチアップするチャンスがある．

　図7-3では各地域の比較優位に産業発展が沿っているのか，逆らっているのかを示している．各地域の産業が比較優位に完全に沿っている状況は直線 YX で表される．横軸において最も労働集約的な産業は左端に位置するが，それは労働力が最も豊富な後進地域に位置し，資本と技術に比較優位を持つ先進地域には資本集約的産業や技術集約的産業が立地している．ある地域の労働力の豊富さが y' で表されれば，その地域が持つべき産業は x' である．

　産業政策は将来性のある産業を選び，動学的な比較優位を予測し，それを先取りしようとするものであるし，後進地域はインフラ投資を積極的に求めるので，産業政策に誘導された投資は現状よりも資本集約的な産業に向かうだろう．したがって，前向きな産業政策のもとでの産業選択は曲線 YDX で表される．ある地域の労働力の豊富さが y' であれば，x' よりも資本集約的な x'' が選ばれる．

　動学的な比較優位によってどこまで産業選択の幅を広げられるかを見定

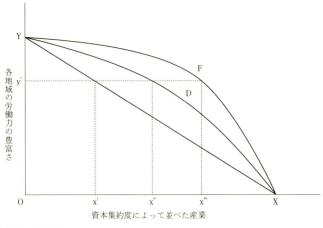

(出所) 筆者作成

図 7-3　各地域の比較優位と産業選択

めるのは難しい．限界を超えて強気の産業政策を実施した状況を曲線 YFX で表すとする．このとき，労働力の豊富さは y′ なのに，この地域ではさらに資本集約的な x‴ を選んでいるが，このような産業を選ぶことは資源配分の効率性を悪化させる．

中国の中西部のキャッチアップ型工業化は多かれ少なかれ曲線 YFX のようなことを行っている．現状の比較優位からはずれた企業や産業は配分効率の悪化に苦しみ，政府からの補助金なしでは生き延びることができない．

資本労働比率によって計算される中西部製造業の資本集約度は，21 世紀初頭の西部大開発戦略によって東部のそれよりも速い成長を見せた．特に，2003 年と 2004 年には急速に伸び，2007 年には東部を追い越した．中部の製造業の資本労働比率は東部より 20.1% 高く，西部は東部より 25.9% も高かった．

進んだ技術や設備を採用した新規投資は TFP を高め，労働生産性を引き上げ，労働生産性の伸びが賃金上昇率よりも高ければ，単位労働コスト（労働生産性に対する賃金の割合）は下がるか変わらないであろう（Cai, Wang, and Qu, 2009）．しかし，中国全体として人口ボーナスが失われると，高度に資本集約的な産業では中西部でも投資に対する収穫逓減が起きる．

政府主導の成長パターンは創造的破壊とは逆行し，TFP の成長を妨げてしまう．中国が改革開放政策を始めてからすでに 40 年経ったが，国全体の投資に占める国有部門の比率は依然として大きく，いくつかの産業は国有企業が独占する一方で，中小民間企業は企業登記，産業への参入，融資など経営のさまざまな側面で不公平に扱われている．2012 年には中国の固定資本投資のうち国有企業が 36.2% を占めていた．第 2 次産業において国有企業は営業収入の 26.4%，利益の 24.5% を稼いでいるにすぎないのに，総資産の 40.6%，総負債の 43% を占めている．

一方では国有企業が過度に保護され，他方では中小民間企業が不公平に扱われているため，創造的破壊のメカニズムが働かず，ミクロレベルでは企業の効率性が低下し，マクロレベルでは経済の健全性が失われる．

中国ではいくつかの産業については戦略的に重要だという理由で民間企業の参入が許されていない．軍事工業，電力，送配電，石油・石油化学，電気通信，石炭，航空輸送，船舶製造といった戦略的産業では国有企業が絶対的なコントロールを保つべきとされ，装置製造業，自動車製造業，電子情報産業，建設業，鉄鋼業，非鉄金属工業，そして化学工業のような基幹産業に対しては国有企業が強いコントロールを保つべきだとされている．「絶対的なコントロール」と「強いコントロール」とは，国家単独出資の国有企業，国家が多数を支配する国有企業，あるいは国家が相対的多数の株を保有する企業がその産業の主たる担い手であることを意味する（任・劉，2006）．

これらの産業は国有企業が独占しており，民間企業は制度的障壁によって参入できないし，国有企業は経営状況が悪くてもこれらの産業から退出する必要がない．国有企業が，生産性の低さにもかかわらず，独占的地位を利用して収益をあげているケースもあるし，政府が GDP 成長，税収，雇用，社会の安定を考慮して国有企業を保護し，存続させているケースもある．

国有企業が産業を独占していることによって新技術の活用が妨げられる．中国では，これからの企業の発展と経済成長は技術進歩に依拠しなければならないという意識が高まりつつある．企業および経済全体のレベルで，生産性の向上を左右するのは，新技術があるかないかではなく，既存の技

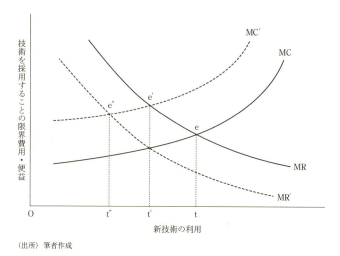

図 7-4 独占がどのように技術の導入を妨げるか

術を採用するインセンティブがあるかどうか，適正な技術を選べるかどうかである．経済学では，経験，アイディア，科学的知識，そして技術的ノウハウのストックは国境や企業の壁を越えてシェアできることを示唆している．知識ストックの利用を妨げ，TFPの上昇を阻むのは制度的な障壁である（例えば Parente and Prescott, 2002）．海外および中国の経験が示すように，独占や国家の保護の存在は，新技術を採用するインセンティブを失わせ，技術選択を誤らせる．

　必ずしもすべての企業が最先端技術を導入するわけではなく，各企業は現存する技術のストックのなかからそれぞれ適切な技術を探索し，購入し，借用し，それに自らを適応させる．企業が入手可能な技術を採用するかどうか，またどの程度まで導入するかは，技術導入の限界便益と限界費用の比較によって決まる．すなわち，企業は技術導入の純便益（＝便益－費用）が最大化するように決める．新技術の導入は競争圧力によって駆り立てられるものであり，新技術導入にかかる費用はその企業の予算によって制約されているが，競争圧力が弱ければ新技術を導入することの限界便益は低くなるし，新技術導入の限界費用が高まる[(51)]．

(51)　［訳注］同一の技術を購入するのに必要な費用はどんな企業でも同一なはずであるが，独占的な国有企業の場合に限界費用が高まるのは，技術導入の機会費用が高まるためである．つまり，独占的な地位にあれば，技術を導入する

つまり，図7-4において競争的な産業での新技術導入の限界便益が曲線MR，限界費用が曲線MCで表されるとする．するとtで表される水準まで技術を導入することが純便益を最大にする．ところが，国有企業は投資資金，土地，自然資源の獲得において優遇され，競争からも遮断されているため，最適な水準まで新技術を採用しなかったり，あるいは生産要素価格がゆがんでいるために不適切な技術選択を行ったりして，技術利用の効率性が下がる．つまり，図7-4でいえば，国有企業が独占する産業においては新技術導入の限界費用が上がって曲線MC′のようになったり，新技術導入の限界便益が下がって曲線MR′となったり，その両方が同時に起きる結果，純便益が最大になるような技術導入の水準がt′やt″へ下がるのである．

中国が改革時代に経験したことは上記で述べた仮説を裏付けている．国有企業は独占的な地位を保証されてきたにもかかわらず，保護された国有企業の効率性は，競争的な産業の非国有企業に比べて大幅に低い．ブラントとジューが行った研究によると，1978年から2007年の間に，国有企業のTFPの年成長率は1.36%であったのに対して，非国有企業は4.74%であった（Brandt and Zhu, 2010）．国有企業の生産性が伸び悩んでいるため，投資に対する収益も少ない．他の研究によれば，民間企業の資本収益率は国有独資企業よりも50%も高かった（Dollar and Wei, 2007）．

5 結 論

ロバート・ソローが新古典派成長論の土台を作ってから，資本の収穫逓減を打ち破り，長期にわたって経済成長を持続させるうえでTFPが重要な役割を果たすことが理論的にも実証研究でも確認されている．実証研究によって，国家間での1人当たり所得の違い，ソビエト経済の破綻，日本経済の「失われた20年」，急成長してきた経済における成長の鈍化などがTFPによって説明できることが明らかになった[52]．

資金を使ってもっとお手軽に儲ける機会も多くなるので機会費用が高くなる．

なぜある国は中所得国の罠にはまり，他の国も罠にはまりそうだが，一部の国は罠から逃れられたのかを説明するうえでTFPは重要な説明要因であるということは特に強調しておく必要がある．

　改革開放後の中国は，二重経済発展のもとで生産要素の再配分が起きたため，TFPが大きく伸び，それは中国の急成長にかなり貢献した．しかし，貧困国から中所得国へ成長するうえで効果的だったかつての政策は，上位中所得国から高所得国に上昇する段階では効果的ではなく，新しい成長方式に基づいたTFP上昇の方策を見つける必要がある．中国の経済成長方式を変えるうえで，TFPの役割を十分に理解し，それを引き上げる方法を知ることは重要である．

　中国の第12次5カ年計画の策定に助言した，内生的成長論の先駆者であるアメリカの経済学者のポール・ローマーは，中央政府は地方政府の経済的業績をGDPではなくTFPで評価すべきだと述べた（Romer, 2010a）．地方政府は経済成長を促進するインセンティブがあるし，中央政府の指導に従うようしつけられ，かつ動機づけられているため，中央政府がTFPによって地方政府を評価するようになれば，大きな効果が期待できる．

　シンガポールの経験は，政府がTFPの重要性を認識し，企業にTFPの向上を促すことが重要だということを示している．シンガポールは1990年代前半に流行していた東アジアの経済成長モデルに対する批判を受け付けようとはしなかったが，シンガポール政府は経済成長を維持するにはTFPの成長が欠かせないということは認識し，TFPを年率2％以上引き上げることを国家目標として設定した（Felipe, 1997）．おそらくそのおかげでシンガポール経済はクルーグマンの暗鬱な予言を打ち破ることができたのである．

　中国はまだ農村・都市間，産業間，同じ産業の企業間で生産要素を再配分することによってTFPを引き上げる余地がある．ただし，そのためには人的資本の蓄積を進め，制度構築を行う必要がある．次章以下では，中国がTFPの成長を持続・加速させることを可能にするための条件や，遂

---

(52)　代表的な研究としてKrugman（1994），Hayashi and Prescott（2002），Parente and Prescott（2002），Eichecngreen et al.（2011）がある．

行すべき改革について検討する.

第7章　経済成長の新たなエンジン

第8章　移行期のマクロ経済政策

早く成果をあげたいと思うと成功しない（「欲速則不達」）『論語』子路

　「ワシントン・コンセンサス」という言葉を作ったジョン・ウィリアムソンは，自説に反対する理論家たちや世論からの批判に嫌気がさしていた．彼はラテンアメリカ諸国における持続的な経済成長を実現するために自分が行った提言は何も間違っていないと確信していたばかりでなく，マクロ経済の安定化に関していくつか新たな提案も行った（Williamson, 2004）．マイケル・スペンスは，ワシントン・コンセンサスとはすなわち安定化，民営化，自由化である，というのはウィリアムソンの提言を単純化して歪曲していると主張している（Spence, 2011）．もっとも，ワシントン・コンセンサスをめぐるこうした議論が先進国と発展途上国，および成熟した市場メカニズムを持つ国と計画経済からの移行過程にある国との間の制度の違いや，マクロ経済を安定化させるための条件の違いをどの程度把握しているかは疑問である．

　欧米の経済学，とりわけワシントン・コンセンサスのベースにある理論では，中国の経済成長にいろいろな政策が貢献したことを明らかにできないばかりでなく，中国のマクロ経済の安定がどのように達成されたかを正確に記述したり，これから経済政策を決めるときにはどのような原則に従うべきかを明らかにすることができない．

　現代中国経済の最も大きな課題の一つは，労賃が上昇しつづけるなかで

新しい比較優位を見つけることによって経済成長を持続させることである．しかし，政府は限られた期間のうちに成果を上げようとするあまり，過度の産業政策や地域戦略，景気刺激策に走りがちであり，その結果，旧来の成長方式が転換できず，経済の不均衡や不調和が起き，経済成長が持続できなくなるリスクがある．この章ではこのような政策手段の潜在的リスクに関して議論し，現在および将来の政策のありかたについて検討する．

1　中国経済における不均衡はどこにあるのか

　国際情勢に敏感な経済学者や政治家の間では世界経済の不均衡がいつも話題になる．彼らはしばしば中国の欧米に対する巨額の貿易黒字や，過度の投資に依存した中国の経済成長パターンを非難する．しかし，中国が意図的に為替レートを操作して国際的不均衡を引き起こしていると批判するのはフェアではない．中国は二重経済発展の段階にあるので無制限の労働供給があるし，グローバル化も進展しているので，こうした国が労働集約的製造業で比較優位を持つのは当然である．労賃が高くて，製造業の空洞化が起きている先進国が労働集約的産業で中国に対抗するのは無理である．こうして貿易の不均衡が起きる．アメリカの対外債務の多さは低貯蓄率というアメリカ自身の問題に由来する．

　欧米の政治家たちは自らの政治的利益を図るために世界経済の不均衡を問題視し，経済学者たちはそうした政治的主張を裏付ける理論的根拠をいくらでも提供する．自由貿易と経済グローバル化の提唱者だと自認してきたアメリカの著名な経済学者でさえ，最近ではアメリカの製造業の競争力が低下し，景気が回復しても雇用は回復せず，所得の不平等が拡大するなどアメリカが必ずしもグローバル化の受益者でないことを知って，以前の見解を修正している．[53]

　中国の政策当局は，輸出に大きく依存する経済成長が持続可能ではない

---

(53)　サミュエルソンは，かつてはリカードの比較優位の理論こそ社会科学のすべての理論のなかでただ一つ正しくて重要な理論だとさえいっていた．しかし，最近ではグローバル化が国際貿易に深く組み込まれている国々に等しく恩恵を及ぼすわけではないと主張している（Samuelson, 2004）．

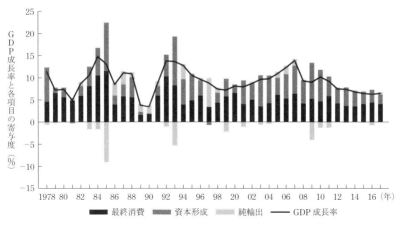

(出所) 1978〜1999年：国家統計局編 (2006), 2000〜2017年：国家統計局編 (2018)

図 8-1 GDP 成長率と需要項目別の寄与度

ことを理解しており，そのような成長モデルを変える努力をしている．ここ数年，世界経済の構造が変化し，労働集約的製造業における中国の比較優位が弱まるにつれ，中国の成長モデルは大きく変化してきた．例えば，中国の人民元の為替レートは1994年から2005年まで安定的で緩やかな上昇を経たのち，2005年から2008年のアメリカのサブプライムローン問題に端を発する世界金融危機までは急速に上昇した．その頃から輸出の伸びが鈍化し，貿易黒字は大幅に減り，経済成長への純輸出の貢献はほとんどゼロとなった．中国の経常収支の黒字は2007年にピークに達したのち，急激に落ち込んだ．2012年の時点では，国際通貨基金 (IMF) は人民元の為替レートは少しだけ過小評価になっているのみである，と指摘した (IMF, 2012)．2015年5月の時点では，IMFは人民元はもはや過小評価されていないと指摘した (Mitchell and Donnan, 2015)．

中国では対外不均衡よりもむしろ国内の不均衡が問題である．中国の経済成長はすでにかなり長い期間，輸出よりも投資によって牽引されてきた．図8-1に示したように，1990年代半ばから，最終消費（民間消費と政府

---

(54) ［訳注］中国の人民元の米ドルに対する為替レートは1995年から2004年までずっと1ドル＝8.3元前後で安定していた．この間，中国は貿易黒字をずっと続けたため，中国は貿易収支や経常収支を黒字に保つために人民元の為替レートを過小評価された水準に固定しているという批判が高まっていた．

消費の合計）はGDPの成長に対して安定した貢献をしている．民間消費の寄与度が長期にわたって減少している一方，政府消費の寄与度は安定しているため，最終消費全体としての寄与度は2008年以降減少傾向にある．一方で，純輸出と資本形成の寄与度は不安定であり，逆方向に動くことも多い．すなわち，世界経済に変調が起きて中国の輸出が減少すると，GDP成長率の目標を達成するために，国内の投資（資本形成）が促進されるのである．

例えば，純輸出の寄与率は2005年，2006年，2007年は大きくて，それぞれGDP成長の12.5%，15.1%，10.6%であった．しかし，世界金融危機が発生し，中国の労働集約的製品の比較優位も弱まってきたので，純輸出の寄与率は劇的に下がり，ゼロ近辺かマイナスになることが多くなった．一方，資本形成の寄与率は2009年に86.5%にまで上昇し，その後もしばらく高い時期が続いた．しかし，2015年以降は最終消費の寄与率が6割前後に上昇した．

中国政府が経済成長方式の転換を提唱したとき，三つの目標が掲げられた．すなわち，生産要素の投入拡大に頼った成長から生産性の上昇に依拠した成長へ，輸出と投資に頼った成長から消費の増加に依拠した成長へ，そして製造業に依存した産業構造からサービス中心の産業構造への転換である．図8-1で示したように，純輸出の寄与度は下がったが，資本形成（投資）の寄与度は高い．ただ，2015年以降は最終消費の寄与度が大きくなっている．

成長方式の転換が難しいのは，高成長を維持したいという政府の意志が強く，そのために経済活動に深く関与しているからである．言い換えれば，高い成長率を達成するための多様な経済政策を駆使しているのはまさに政府であるため，成長方式の転換が困難になるのである．

政府が重要な役割を担っているこうした成長方式のもとでは，政府の目標が達成されるか否かは，政府にとって効果がわかりやすくて使いやすい政策手段にかかっている．中央政府にとって，伝統的な成長方式のもとで経済成長を促進するために使いうる道具としては，マクロ経済を刺激するための金融政策や財政政策，戦略的産業を育成するための産業政策，および後進地域に大規模な投資を行う地域政策などがある．2009年から

2010年の世界金融危機の際にはこれらすべての政策が動員されて，経済成長を加速し，戦略的産業を活性化し，地域発展の均等化を図るという一石三鳥の効果を狙った．

中国の地方政府はまるで投資家のように振る舞っている，ということは学界でつとに指摘されているところだが，その発展促進策としては，外国企業の誘致，中央からプロジェクトを認可してもらうためのロビイング，銀行融資の保証のほか，時には生産要素の価格をゆがめたりもする．

中国では中央も地方もこうしたやり方に慣れているため，成長方式を転換しろといわれると，経済発展を促進する手段を失うように感じられる．もちろん，生産性の上昇，消費主導，第2次産業と第3次産業がバランスした成長を実現するうえでも政府の役割は重要である．例えば，人的資本の改善を図ること，研究開発に対する政府支出の拡大，所得格差の縮小，都市化の促進や重点分野の改革はいずれも成長方式の転換を加速させるだろう．しかし，これらの方策は結果が出るまで長期間の努力が必要であり，改革の効果が短期間では現れにくいことも多い（Kharas, 2011）．しかし，地方政府は短期間に効果が上がるような政策手段を求めがちである．

中国の中央と地方の政府は短期的な目標を追求しがちであり，投資プロジェクトによってすぐにGDPの成長という結果を得ようとする．GDP成長に対する強い願望があるため，政府は短期間で効果を生むような政策を採用したがる．そのため，伝統的な経済成長方式が繰り返し再生産され，新しい成長方式は抑圧されてしまう．中国経済が成長率の鈍化する新たな段階に入ろうとしているいま，政府の政策指向と政策手段の両方を変えることが急務である．以下では，私たちは政府が果たすべき役割と望ましい手段とはどんなものか，供給側と需要側の両方の要因を注視しながら議論していく．

2 中国の潜在成長率

中国で二重経済発展が続いていた間は，無制限の労働供給があったため，資本の収穫逓減を回避できた．その期間には従属人口比率が下がっていったので，貯蓄率は高く，そのため投資を急速に拡大することができた（本

書第4章参照）．労働や資本などの生産要素が十分に供給されることで急速な経済成長が可能になった．農業から農業以外の産業へ労働者が移動することで資源の配分効率が上昇し，これは全要素生産性（TFP）を大きく高めた．インセンティブ構造の変革により，企業レベルでの技術的効率性が高まった．そして，外国直接投資の導入などによって中国と先進国との間の技術格差が縮まり，「後発の優位性」を生かした技術進歩が実現した．要するに，経済改革と対外開放という条件のもとで，中国の潜在成長率は高かったし，実際，それに見合った高成長を実現したのである．

生産年齢人口の増加が止まり，農業における余剰労働力も減り，中国経済は徐々に二重経済の特徴を失っていき，新古典派経済学が指摘する資本の収穫逓減という制約に直面するようになった．労働力不足の結果，資本の収益率が低下し，農業と農業以外の産業との間で資源の再配分できる余地も狭まり，生産要素の供給が制約され，TFPを高める余地も狭まっている．その結果，中国の潜在成長率は不可避的に下落する．

本書の第4章では，これからの中国の潜在成長率に関する推計を紹介した．私たちの予測は，労働のマイナス成長，貯蓄率の下落，TFP上昇率の若干の下降，という仮定に基づいている（Cai and Lu, 2013）．つまり，潜在成長率および実際の成長率の低下は，供給側の要因によって起きるという仮定である．潜在成長率の低下が実際の成長率の低下を招くのである．

経済成長率の低下に直面したとき，中国の中央・地方政府は需要の刺激を目的とした政策を採用することで経済成長率を高めようとしたし，需要刺激策を採用すべきだと主張する経済学者は多い．例えば，クルーグマンは中国の経済成長を維持するためには，消費支出を劇的に増やすべきだと主張した（Krugman, 2013）．これに対して林毅夫は労働生産性の向上があれば消費支出は増えるのだ，と反論する．しかし，林は労働生産性を引き上げる具体的方策を示しておらず，中国は経済成長率を引き上げるために投資を拡大するべきだと主張している（倪, 2013）．

彼らは中国経済が減速した原因を誤診しているか，または長期的な経済成長力を決める供給側の要因と，短期的なマクロ経済のショックをもたらす需要側の要因との区別ができていない．潜在成長率と実際の成長率とを比較することによって長期的な成長力低下という問題と短期的なマクロ経

	強い供給	弱い供給
強い需要	シナリオ1	シナリオ4
弱い需要	シナリオ2	シナリオ3

表 8-1　供給・需要要因の組み合わせとマクロ経済政策のシナリオ

済問題とを区別し，中国経済が直面すべき真の課題と望ましい経済政策とを明らかにできる．

　つまり，長期と短期という視点を組み合わせることによって，マクロ経済の状況を判断する際の理論と実践との一貫性を生み出し，長期的な成長の傾向を予見し，政策との関係を描くことができる．表 8-1 で示されているように，供給側の特性と需要側の特性の間の四つの組み合わせに応じて経済成長とマクロ経済の状況に関する四つのシナリオを描くことができる．このような理論的抽象化によって，中国の長期的な成長とマクロ経済の過去，現在，そして未来の状況を理解することができる．

　第一のシナリオは，供給と需要がともに強いケースである．生産要素が十分に供給され，資本の収穫逓減が起きていない発展段階にあるときのシナリオがこれである．二重経済発展のもとでキャッチアップ段階にある時期がこれに該当する．中国の場合，2010 年より以前はこのシナリオが常態であった．

　図 8-2 に見るように，人口ボーナスのおかげでこの時期の潜在成長率は高かった．私たちの推計によれば 1978 年から 1995 年までの潜在成長率は平均で年率 10.3% であり，1995 年から 2009 年のそれは 9.8% であった（Cai and Lu, 2013）．この期間には，人々の所得も顕著な成長を見せ，投資も急速に伸び，輸出も大きく拡大したので，潜在成長率に見合うような需要の増加があった．マクロ経済の変動は時に大きかったし，GDP ギャップ，すなわち実際の成長率と潜在成長率の差がときどきあったものの，次第に縮小している．結局，供給サイドと需要サイドがそれぞれ中国のかつてない急速な経済成長を支えたのである．

　第二のシナリオは，供給が強く，需要が弱いケースである．途上国のキャッチアップの途上で経済の不況や金融危機が需要の停滞をもたらし，潜在成長率を下回る成長しか実現できず，失業問題が起きるケースである．中国では 1990 年代後半に経済不況と東アジア金融危機の影響で需要が

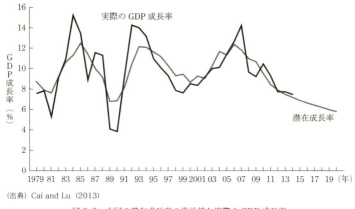

図 8-2　中国の潜在成長率の推計値と実際の GDP 成長率

落ち込み，生産能力が不十分にしか稼働せず，失業問題が激化した．中国が 2001 年に世界貿易機関（WTO）に加入し，労働市場が拡大したことによって，経済成長率は潜在成長率まで回復し，マクロ経済は第一シナリオで描かれたような通常の状態に戻った．

同じようなケースは，中国政府が猛烈なインフレーションを抑えるために，緊縮的なマクロ経済政策を実施し，経済が不況に落ち込んだ 1989 年と 1990 年や世界金融危機が襲った 2008，09 年にも見られる．いずれも実際の成長率が潜在成長率を下回った．

第三のシナリオは，供給が弱く，需要が弱いケースである．二重経済発展が終わると，それまで経済成長の原動力だった人口ボーナスが次第に消滅し，これが従来の比較優位を弱める．その結果，潜在成長率は下がったが，輸出や投資からの需要も減速した．全体的な労働力不足，資本の収穫逓減，そして TFP の成長の減速の結果，中国の潜在成長率は 2011 年の 8.4% から 2012 年の 7.9%，2013 年の 7.5% へと下がっていった．マクロ経済を刺激する強い需要要因もなかったことから 2012 年と 2013 年の実際の成長率は 7.7% であった．つまり，この数年間は供給と需要がともに弱かった．

需要が弱いのは 2008 年から 2009 年の世界金融危機から世界経済がなかなか回復しないからだという意見もある．たしかに，外需の弱さ，とりわけ労働集約的な消費財に対する外需の弱さは，先進国の経済回復の遅

れと関係しており，中国はその影響を受けている．中国の労働集約的製造業における比較優位の変化を調べることで，中国の輸出品に対する外需の弱まりが果たして比較優位の弱まりという国内要因のせいなのか，それとも世界的な輸出の減少という外的要因のせいなのかを明らかにすることができる．

労働集約的製造品の顕示比較優位指数［(中国の労働集約的製品輸出／中国の総輸出)÷(世界の労働集約的製品輸出／世界の総輸出)］を見ると，世界的な輸出の減少のせいで需要が弱いわけではないことがわかる．労働集約的な製造品で，かつ2003年時点の中国の輸出のなかで大きなシェアを占めていた11品目について顕示比較優位指数を見ると，2003年には4.39だったのが2013年には3.41だった．つまり，中国によるこれら11品目の輸出の増加は，世界全体の11品目の輸出の増加に追いついていないということであり，それは中国の比較優位が下がったからである．

第四のシナリオは，供給が弱く，需要が強いケースである．こうした状況は，政府が経済に介入して政策的に投資や輸出を刺激することによって生じる．人為的に需要を刺激すると，潜在成長率を超えた経済成長をもたらし，その結果，インフレーションや過剰能力，バブル経済といった問題を引き起こす⁽⁵⁵⁾．経済の減速に直面したとき，経済学者や政策立案者はしばしば本能的に需要ショックを防ぐための打開策を講じようとする．経済の減速の原因を見誤った場合，不適切な政策ツールを選択する代価はとても高い．このシナリオは，中国経済が近い未来に直面しうる大きなリスクを示している．

3 景気刺激策の潜在的な代価

中国経済は2010年に人口ボーナスが消失したため，経済成長に関す

---

(55) ［訳注］実際の成長率が潜在成長率を上回るとき，一般には生産能力の不足が生じるはずなので，ここで「過剰能力」が問題として挙げられているのは論理的におかしい．ただ，中国では景気刺激策として投資の拡大が行われるので，景気が過熱したときはかえって過剰な生産能力が形成される，と筆者は考えているのであろう．

る一般的な法則に従って，成長率が減速している．2012 年，2013 年，2014 年の成長率は 7.7%，7.7%，7.3% であり，1978 年から 2011 年にかけての平均を大きく下回っている．1 人当たりの GDP では中国はいまだに途上国なので，経済的な制約や社会の問題に対処するにはやはり経済成長を続けて国民の生活水準を引き上げるしかない．こうした段階では，経済の減速に対する政府の取り組みとして，従来のような景気循環の影響を打ち消すような経済政策から，長期的な経済成長を促進するような政策に転換するというのが最もありうるシナリオである．

　例えば，需要ショックに見舞われたときに，マクロ経済を刺激するための金融・財政政策と，戦略的産業を育成して持続的な長期成長を目指す産業政策との両者を追求することが考えうるが，多くの場合それはマクロ経済に過度な刺激を与えることになる．投資家たちを特定の狭い領域の産業に導こうとしてさまざまな優遇措置を講ずるような産業政策を実施すると，投資の大波を引き起こしてしまう[56]．その結果，中国経済の構造的な不調和と不均衡がますます深刻になり，成長の持続性が失われるのである．

　キャッチアップを目指す国々では産業政策は発展戦略の中核をなすものだとみなされている．特定の産業や地域を支援する産業政策は，新自由主義の経済学者たちやワシントン・コンセンサスの提唱者たちからの批判にもかかわらず，なかなか消えることがない．東アジア経済と新興国の経験から見て産業政策は必ずしも失敗するとは限らないし（Ghosh, 2012），中国の急速な経済成長は産業政策と地域戦略の適切な実践に由来するともみなされるが[57]，他方でたしかに産業政策は生産要素価格を歪曲したり，競争を妨げたり，競争の勝者をあらかじめ決めてしまうといった弊害がある．

　個別の経験のみに基づいて産業政策を単純に肯定したり否定したりすることは適切とはいえない．その合理性や効果は各国の置かれた状況，産業政策の目的やその方法，時間や場所に応じて異なってくるので，状況に応

---

(56)　林（2007）は多数の企業や投資家たちが将来の比較優位に関して同じ判断をする結果，一つの産業に大波のような投資が押し寄せることを指摘している．

(57)　中国の産業政策に関する簡単なレビューとしては World Bank and Development Research Center of the State Council, People's Republic of China（2013）がある．

じて産業政策は成功したり失敗したりするのである[58].

　ある国が賃金の上昇のために労働集約的産業における比較優位を失いつつあるとき，投資家や企業家は投資の対象を変えることによって変化に適応しなければならない．彼らは，これから比較優位を持ちそうな産業や地域を模索して新たな競争力を獲得しようとするが，彼らが正しい選択ができるかどうかは保証されておらず，間違った選択をして痛手を負う可能性もある．

　つまり，企業家たちは，成功者が繁栄し拡大する一方，失敗者は衰退し破産するような「創造的破壊」という残酷な環境のなかで奮闘しなければならないのである．成功に対する報酬と失敗に対する損失の仕組みが存在しなければ，ベンチャー投資は十分に発展しないだろう．新しい比較優位の模索には外部性があり，そのため企業家たちの投資意欲を阻害するように見えてしまう．外部性があるために社会的に必要な投資が十分になされないということであれば政府の介入が必要だという話になる．そのようなわけで，発展の曲がり角にある国々の政府はさまざまな形態の産業政策を採ろうとする傾向が強く，産業政策によって資本・労働比率を引き上げようとするのである．

　キャッチアップ過程にある国々では，新たに比較優位を獲得する産業や地域を模索するための投資に政府が直接に深く関与する傾向がある．中国のケースではそうした政府の介入は一連の産業政策と発展戦略として表明される．第一に，政府は伝統的な産業を復活させる計画を立てたり，戦略産業のリストを公表したり，遅れている地域を発展させる地域政策を立案し，企業や産業や地域に補助金を与えたり，奨励したり，保護したりするためのさまざまな手段を駆使する．第二に，マクロ経済の落ち込みに対する対策として，政府は企業に対して刺激策に沿って優先分野に投資するよう指図したり誘導したりする．

　これら二つの政策がマクロ経済の回復と産業構造の高度化を目指して一緒に実施される．しかし，これら二つの目標を同時に満足のいく形で達成

---

(58)　2009年から2010年にかけて中国政府が国全体および地方レベルで実施した巨額の景気刺激策の弊害については多くの論者が議論しており，Lardy (2012) がそれらをまとめている．

することはできない.

　第一に，政府の主な関心は，経済成長であり，構造調整は二の次である.
例えば，世界金融危機を乗り切るために 2009〜2010 年に実施された景
気刺激策では，投資プロジェクトが着実に実施されて効果が上がるように，
中国政府は過去に産業政策に基づいて不許可としていた数々のプロジェク
トを承認し，実行させた. その結果，余分な建設と過剰生産能力の問題が
再燃し，資本・エネルギー集約産業型や公害をまき散らす産業さえもが復
活してしまったのである.

　第二に，産業政策は優遇産業を発展させる効果があるが，しばしば投資
の大波による副作用を引き起こす. 市場経済のもとでは，何万もの投資家
たちが経済合理性を持ってそれぞれ投資の方向を決め，間違った選択をし
たら自らその結果を引き受けることになる. 多様な投資が行われて，さま
ざまなリスクが打ち消し合い，結果として産業高度化が実現すれば理想的
である.

　しかし，政府がさまざまな優遇策や補助金を使って投資に影響を与えよ
うとすると投資の大波が起きる. 政府主導で特定の狭い領域に投資が行わ
れると，それはたいていかなりの規模の投資なので，収益が上がるまでに
時間がかかる. 政府が誤った判断を行い，それによって投資の大波が引き
起こされたら，その悪影響はきわめて大きい. 加えて，投資の最終責任者
である政府は誤りを認めようとしない傾向があるため，誤りを減らすより
もかえって問題を大きくしてしまう.

　例えば，世界金融危機に対処するために中国政府は 10 の産業を支援と
活性化の対象に選んだ. すなわち，繊維，鉄鋼，自動車，造船，装備製造，
電子情報，軽工業，石油化学，物流，非鉄金属の各産業である. 2010 年
には，七つの産業が戦略的新興産業に指定された. それは，新エネルギー，
バイオ技術，高性能装備製造，省エネルギー・環境保全，新エネルギー自
動車，新素材，次世代情報技術の七つの産業である. こうした産業政策は
不可避的に大規模な投資の氾濫を導いた.

　シュンペーターはイノベーションとは新結合がまとまって起きる現象だ
と述べたが，新結合の大波は信用の拡大によって促進されるし
(Schumpeter, 1982)，政府が関与すれば投資の波はなおさら大きくなる

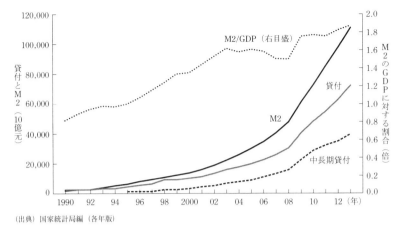

(出典) 国家統計局編 (各年版)

図8-3 マネーサプライと貸付の拡大

だろう．21世紀に入ってから，とりわけ2008年から2009年の金融危機への対処を目的とした投資刺激策の実施によって，金融機関による貸付および広義のマネー（M2）は急速に拡大している（図8-3）．これは投資の大波が引き起こした問題を表している．以下で述べるように，理論および過去の経験から，緩和的な金融政策，拡張的な財政政策，そして産業政策はその本来の目的である安定的な経済成長をもたらすことができないだけではなく，経済成長の持続可能性に対して長期にわたってマイナスの効果を及ぼすであろう．

　潜在成長率が低下しているとき，比較優位が弱まった産業では以前のような規模では生産や投資が行われない．このときに金融緩和政策を採っても実際の需要拡大に対してわずかな効果しかもたらさない．また，拡張的な財政政策を採れば，効率の悪い投資や非効率な企業を温存することになる．1980年代後半から1990年代前半にかけての日本では，比較優位と競争力を失った産業や企業を補助金や保護政策によって存続させることによって多くのゾンビ企業が作り出され，その結果，経済全般の生産性の不振をもたらすことになった（Hayashi and Prescott, 2002）．

　では支援の対象を産業からインフラに移せばいいのかというと，それはやはり同じような問題を引き起こす．インフラに対する需要は独立に生ずるものではなく，産業の発展から派生して生じるものなので，産業が不振なのにやみくもにインフラに投資をすると，過剰能力に陥ることになる．

かつて日本政府が景気をよくしようとして大規模な公共投資を行っても，投資資金が他分野に流出してしまって公共資本の形成につながらないという奇妙なことが起きた（宮崎，2005）．実体経済やインフラに対する投資を拡大するつもりでマネーサプライを拡大したら，実際には不動産市場，株式市場，海外資産市場などバブルになりやすい分野へ資金が流れて行ったのである．そして，バブルが崩壊した後，日本は「失われた20年」に落ち込んでいったのである．

　ケインズは景気刺激策を提唱したが，それに対して，経済学者のフーバート・ヘンダーソンは1933年にケインズに対して次のような手紙を書いている．

　「もし君が2億の投資拡大計画を打ち出そうとすれば，少なくとも1年間はその計画に対する受注は一つもない一方，証券市場の類への影響はすぐに現れるだろう．投資の好循環が始まる前に悪循環に巻き込まれてしまう」（Skidelsky, 1992, p. 474）．

　以上のような過去の経験やヘンダーソンが警告したようなことは中国経済にも見られるだろうし，中国が政策を選択する際には，こうした経験は参考にすべきだろう．

　第一に，中国の中小企業の経験からわかることは，刺激策には長期的な成長を支える効果はないということである．新しい比較優位を見つけるには何万もの中小企業による創造的破壊が必要であるが，そのプロセスを支えるのは安定した金融支援である．刺激策の乱用はマクロ経済の振幅を大きくし，中小企業の創業，発展，拡大に悪影響を与えるだろう．

　中国の中小企業はどのようなマクロ経済政策のもとでもなかなか融資してもらえないし，仮に融資をもらえたとしてもそのコストは高い．拡張的マクロ経済政策がとられるときは，あらゆる政策が大企業を優遇する傾向がある．国有企業はソフトな予算制約のもとにあるため，融資のコストに

---

(59)　［訳注］宮澤喜一内閣（1991〜93年）や細川護熙内閣（1993〜94年）の時代に，財政支出で公共投資をした割には効果が出なかったことに関し，宮崎勇氏は予算が実際の建設につながっておらず，資金が他に流れているとの疑惑を持った．

(60)　［訳注］「ソフトな予算制約」というのはハンガリーの経済学者コルナイが社会主義体制のもとでの企業行動の特徴として指摘したものである．一般の

は無頓着である．そのため，国有企業が国有銀行の融資資金の大半を借りてしまい，中小企業にはほとんど資金が回らない．他方，マクロ経済政策の引き締めが行われるときには，中小企業は真っ先に資金不足に見舞われ，支払いの連鎖が途切れ，資金コストの上昇の影響を被る．国有企業がソフトな予算制約のもとにある一方で，中小企業は国有商業銀行など通常の金融機関からなかなか融資してもらえないため，シャドー・バンキングが盛んになり，潜在的な金融リスクが高まっている．

　第二に，地方政府がさまざまな投資を行う結果，過剰な債務を負っている．中国の地方政府は国家財政収入のうち比較的小さな割合しか受け取れないし，地方債を発行する権限も持たなかったので，1990年代後半から，「融資プラットフォーム」と呼ばれる地方政府が保証する投資会社を作って，そこに銀行から融資を引き出してきた．とりわけ2009年以降，金融危機に対処するための大規模な刺激策が実施されたとき，新規の銀行融資の多くがこうした融資プラットフォームに貸し出され，それは結局，地方政府の債務となった．中国の国家会計検査局の報告によれば2013年6月時点で，中国政府の債務総額は20.69兆元だったが，省以下の地方政府の債務はそのうち10.88兆元であった．（審計署，2013）．

　第三に，産業政策はしばしば過剰生産能力を生み出す．産業政策で優遇された産業はしばしば能力拡張を先導する分野となり，投資の大波が起こりやすい．曲（2012）の計算によると，中国の産業における設備稼働率は2010年には平均で81.9%であったが，戦略産業に指定されて政府の支援を受けた産業はみな平均を下回った（図8-4）．例えば，製鉄業の設備稼働率は60%強，非鉄金属産業は70%強であった．中国人民銀行総裁の周小川によれば中国のインフラも過剰能力を抱えている（史・鄭，

営利企業は利益を出せないとやがて立ちいかなくなるので，経費の支出には厳格である．ところが，社会主義体制のもとの企業は赤字になっても倒産することはないから，経費の膨張に無頓着であることをコルナイは指摘したのである．なお，中国は1990年代に市場経済を目指すようになり，国有企業でも赤字が続けば人員削減，吸収合併，倒産ということもある．もはや国有企業はみな「ソフトな予算制約」のもとにある，という言い方が正しいとは思えないが，国家によって独占的な地位を与えられているような産業の国有企業ではなお予算制約がソフトである可能性がある．

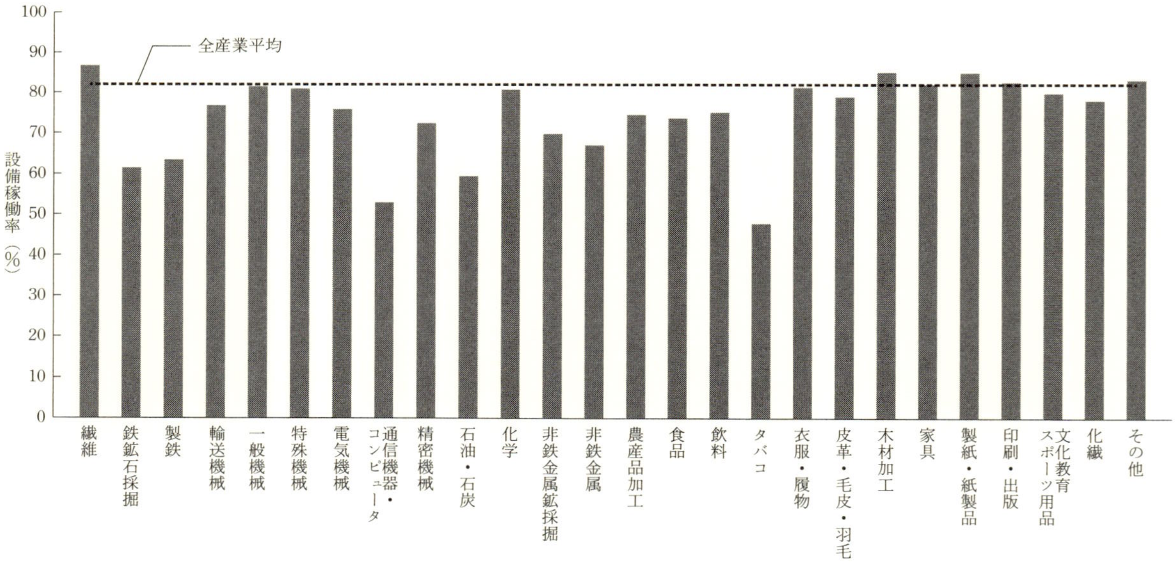

図 8-4　各産業の設備稼働率 (2010 年)

(出典) 曲 (2012)

2009).

　もし現実の経済成長率が，生産要素供給と生産性上昇によって決まる潜在成長率を下回っているようであれば拡張的なマクロ経済政策をとって需要サイドにテコ入れをする意味がある．しかし，潜在成長率を超えた経済成長を推し進めるために刺激策を続けるのは不必要であるばかりでなく危険ですらある．潜在成長率の下降に立ち向かう唯一の方法は，経済改革を推し進め，生産要素の供給拡大と生産性の向上を促すことである．

4　結　論

　潜在成長率の低下に直面したとき，政策当局の選択肢は三つある．（1）何が何でも潜在成長率を超えた成長を実現しようとする．（2）経済成長率の低下を受け入れる．（3）潜在成長率を高めるために必要な努力をする．それぞれの選択には全く異なる政策手段が対応し，それぞれ全く異なる結果を生み出す．

　図 8-5 は各選択肢とそれぞれの結果を示している．潜在成長率の低下という状況を反映した長期の総供給曲線を S_1 としたとき，潜在成長率を超えた経済成長を起こそうとすれば，総費用が高まる．例えば，生産水準を O_0 から O_1 に拡大しようとすれば，限界費用が劇的に上昇して総費用は C_0 から C_2 に跳ね上がる．成長率を無理に引き上げようとすると，生産のコストが上がるだけでなく，マクロ経済の変動，インフレ，二酸化炭素排出の増大，公害，生産要素価格の歪曲，資源配分の非効率性，過剰生産能力などさまざまな副作用を引き起こす．つまり，潜在成長率を超えた高い成長率の追求は経済的に大きなコストを伴うのである．

　供給側の要因によって引き起こされる潜在成長率の低下は需要側にも影響を与える．第一に，2000 年代のように労働集約的商品の輸出が成長に貢献することは今後は期待できないだろう．第二に，資本の収穫逓減が起きているなかで，なお投資に依存した経済成長を続けることは中国経済にすでに存在する不均衡をさらに悪化させるであろう．したがって，現段階では景気刺激策を乱用して経済の大混乱を引き起こさないように注意すべきである．

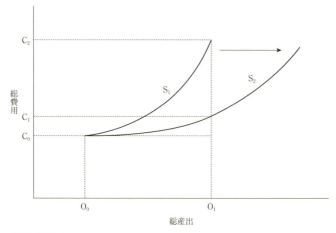

（出所）筆者作成

図 8-5　異なる総供給曲線のもとでの成長のコスト

　一方で，潜在成長率を引き上げることは可能である．生産要素に対する価格誘因を引き上げたり，政策環境を改善することにより，生産要素の供給を拡大し，生産性を引き上げることができる．長期の総供給曲線が S_1 から S_2 にシフトすれば，O_0 から O_1 への生産水準の引き上げが少ない総費用の増加，すなわち C_0 から C_1 への上昇によって達成できる．言い換えれば，潜在成長率が上昇すれば，より高い経済成長を生産要素価格の歪曲やマクロ経済への打撃を招くことなく達成できる．

　こうした「改革ボーナス」の存在については，学者たちやメディアや政策当局はまだ十分に認識していない．潜在能力を超えた成長率を実現するための手段としては産業政策，地域戦略，拡張的なマクロ経済政策があるとみなされているが，潜在成長率を変えるための具体的なテコ入れ策は見られない．改革が潜在成長率の引き上げに役立つといわれても，改革が人々に実益をもたらすまでは，ただその可能性があるというにとどまる．世界銀行のエコノミストであるカラス（Kharas, 2011）は「中所得国の罠」という概念を提起した人として知られているが，彼は中所得国の罠を避けることを目的とした改革が実を結ぶまでは少なくとも 10 年は必要だと言っている．しかし，政治家たちはそんなに長く待つことはできないだろう．

　改革と成長はトレードオフの関係にあると多くの学者は信じている．つ

まり，中国が改革を推し進めたいのであれば，急速な成長はある程度犠牲にしなければならない．古い中国の格言でいうように，「二つの害が競うようであればそのうち軽い方を選び，まさに，二つの利益が競うようであれば，重い方を選ぶべきだ（両害相権選其軽，両利相権選其重）．」

たとえ改革と成長の間にトレードオフが存在するとしても，改革は長期にわたる持続的成長の必要条件である．いたずらに成長を追求することは持続不可能な成長パターンをもたらす．制度的な障壁が生産要素の十分な供給や生産性の向上を妨げているとすれば，こうした制度的障壁を取り除く改革はすぐに潜在成長率を引き上げる効果が期待できる．これが「改革ボーナス」である．

需要側の要因は，潜在成長率とは関係ないものの，経済成長をより持続可能にし，マクロ経済をバランスさせる支えになる．需要の三要素，すなわち輸出，投資，消費のうち消費は中国のマクロ経済を安定化させてきた一方，輸出と投資は変動が大きい（図8-1）．したがって，需要のなかで消費の割合を増やせばマクロ経済をより安定させることができる．消費は政府消費と民間消費から構成される．2000年代には民間消費の割合が低下する一方，政府消費は小さな変化にとどまった．その結果，GDPのなかでの消費の割合が低下した．2011年以降は民間消費，政府消費がともにGDPのなかで緩やかに比率を高めているが，こうした変化はマクロ経済をより安定化させ成長を持続可能なものにするだろう．

本章では，近年の経済成長率の鈍化の原因を明らかにし，長期の成長と短期のショックとを区別し，供給側と需要側での「改革ボーナス」の存在を示唆した．次の章から改革の重点分野を明らかにし，どうやって改革するかを議論する．

第9章　人的資本の蓄積

> 樹木が育つには10年かかるが，人の教育には100年かかる（「十年樹木，百年樹人」管仲［BC 723-645年］）

　ルイスの転換点に到達し，人口ボーナスの消滅した後の中国では，経済成長を持続させるためには収穫逓増の性質を持つ生産要素を増やしていく必要がある．人的資本，すなわち教育や訓練や仕事の経験を通じて獲得したスキルはそうした生産要素の一つである．しかし，現状ではむしろ非熟練労働者の不足が目立っており，こうした状況は人的資本を蓄積しようとする意欲を阻害する．もし中国が人的資本の蓄積を阻害するような現状に対して適切な対処ができない場合，将来の経済成長は二つの問題によって脅かされる．一つは，イノベーション主導型の経済成長を支える人的資本の不足という問題，もう一つは労働市場の不安定性と深刻な構造的失業によって生じる社会不安の問題である．

　教育は，人的資本の蓄積にかかわるさまざまな分野のなかで最も多くの資源が投資されている領域である．一般の産業では，投資を行った企業にはそれに見合った利益があるので，民間企業は利潤動機に導かれて十分な投資を行う．ところが，教育の場合には，投資を行ったとき，それに対す

---

(61)　［訳注］この中国の慣用句は，『管子・権修第三』の次の一文から来ている．「一年の計とは穀物を植えて収穫するようなものである．十年の計とは木を植えて育てるようなものである．終身の計とは人材を育成するようなものである」（「一年之計，莫如樹谷；十年之計，莫如樹木；終身之計，莫如樹人」）

る収益は投資者に返ってくるだけでなく社会全体に広まる．例えば，大学に進学すれば生涯賃金が上昇するので，この上昇分は大学進学という投資に対する収益だとみなすことができ，これを教育の私的収益と呼ぶ．一方，大学進学者が増えることは社会全体の生産性を高めて経済発展を促進したり，文化が発展するなどの効果もあり，その効果は進学者本人に対して賃金上昇という形で返ってくるものばかりではない．個人の進学が社会全体にもたらすメリットの総計を教育の社会的収益と呼ぶ．このように，教育投資には，私的収益と社会的収益とが乖離するという特徴があり，経済学ではこのことを「外部経済が存在する」と呼ぶ．外部経済がある分野では民間の投資だけに任せていては社会的に十分な投資がなされない可能性がある．したがって，政府が人々の教育に対するアクセスの拡大に責任を負うべきだということになる．

　この章では，経済成長方式の転換，とりわけ産業構造の高度化の必要性について議論する．労働者たちのスキルや創造性については，海外における教育発展の経験に触れつつ，人的資本蓄積の新たな動力を創出しうる方法，および中国政府の役割を検討する．

1 産業高度化と技術に対する需要

　中国は，経済発展の一般法則に従ってこれから経済成長のパターンが変わるはずであり，新しい段階では産業構造と技術が急速に進歩するであろう．産業が高度化すれば，労働生産性が上昇するはずであるが，同時に労働集約的産業から資本・技術集約的産業への転換と製造業からサービス産業への転換が進み，それらはすべて労働者のスキルの高度化を必要としている．

　製造業を例にとってみると，現時点の中国は「世界の工場」とされているが，今後の高度化の課題は二つある．第一に，中国の製造業はバリューチェーンのなかでもっと有利な場所に上っていかなければならない．中国は製造業の生産額では世界第1位であるものの，付加価値率（生産額に対する付加価値の割合）では多くの先進国よりもかなり低い．『中国統計』に掲載された張師良らの分析（張・張・陳，2014）によれば，製造業全体で

見ると 2010 年には中国の付加価値率は 23.8% で，アメリカ（35.2%）よりだいぶ低かった．これは中国とアメリカの産業構造が違っていて，中国の製造業が概してバリューチェーンの底辺にあるということだけでなく，ほぼすべての産業において中国の生産性がアメリカよりも低いからである．驚くべきことに，中国が比較優位を有するはずの労働集約的製造業では付加価値率の格差はいっそう大きく，例えば衣服・皮製品産業では中国が 27.2% なのに対してアメリカは 64.8% であった．

　産業高度化は製造そのものからその関連分野への展開をも含む．すなわち研究開発，設計，マーケティング，アフターサービスといった分野である．その結果，コンサルティングなど企業に対するサービスが製造業から独立し，一つの新たな産業として発展していく．なぜなら，企業サービス業にとっては情報の集約，アイディア，ノウハウ，人材，ブランド認知度が重要だからである．中国ではサービス業が概して未発達であり，特に企業サービス業は遅れているが，それは中国の製造業がまだ技術的に見て産業の底辺に位置しているからである．

　ある国の産業がバリューチェーンのなかでどのような位置を占めるかは，その国の技術，経営管理，およびスキルによって決まるが，これらはすべて人的資本の蓄積と関連している．したがって，中国が産業高度化するためには，人的資本が少なくとも高度化と同じペースで蓄積されていく必要がある．

　私たちは各産業における労働者の教育水準の現状から，今後産業高度化に伴って産業構造の転換が起きたときに少なくともどれぐらいの人的資本が必要になるかを予測することができる．まず農業以外の産業を四つのグループに分けよう．すなわち，労働集約型の第 2 次産業，労働集約型の第 3 次産業，資本集約型の第 2 次産業，技術集約型の第 3 次産業の四つである．この順で労働者にはより高い教育水準が必要とされる．そして各産業の労働者の平均的な学歴と，出稼ぎ労働者の年齢階層別の学歴とを比較してみる（図 9-1）．

　図から労働集約型の第 2 次産業の平均教育年数は 9 年と読み取れるが，その労働者が労働集約型第 3 次産業に移るにはさらに 0.5 年の教育が必要だし，資本集約型の第 2 次産業とは 1.3 年の開きがあり，技術集約型

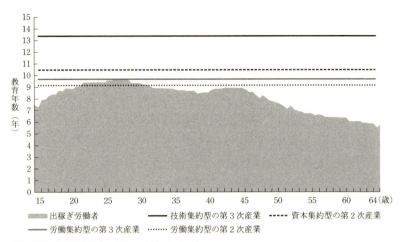

(注) 産業分類の詳細は Cai and Wang (2012b) を参照.
(出所) 2005 年の人口 1% 抽出調査から 20% のサンプルを取り出して筆者が行った計算に基づく.

図 9-1 産業別の労働者の平均学歴

の第 3 次産業とは 4.2 年もの差がある．現在，出稼ぎ労働者の学歴は，労働集約型の第 2 次・第 3 次産業の平均とほぼ同じだが，彼らがさらに高度な雇用を得ようと思ったら人的資本を高めなければならない．

　一人一人の教育年数を見ればわずか数年延ばすだけのことであるが，中国の膨大な労働力全体の教育年数を延ばすにはかなり長い年月がかかる．人口センサスのデータによれば，中国の 16 歳以上人口の平均教育年数は，1990 年には 6.24 年，2000 年には 7.56 年，2010 年には 8.90 年であった．つまり，中国の成人の教育年数は 20 年間でたったの 2.66 年しか伸びていない．その間に中国では 9 年の義務教育が推進され，大学などの高等教育機関も激増し，おそらく人類史上最も急速な教育の発展を経験したはずなのにこの程度なのである．

　人的資本の供給が不十分では中国経済の生産性の上昇が妨げられるだけでなく，労働者が仕事を見つけることも困難になる．最近は労働力不足だといわれているが，非熟練労働者は労働市場において潜在的に脆弱な存在である．産業構造の変化は，新しい職を創り出す一方で，現存の職を消滅させる．その結果，摩擦的・構造的な失業が起きる．労働者個人がそうした変動に対処できるかどうかはその人の人的資本にかかっている．出稼ぎ労働者は現在都市部の雇用の 35.2% を占め，都市部の雇用増加の

65.4%を占めているから，彼らが産業構造の変化にどう対応するかは中国の労働者全体の命運を代表しているといえるのである．

　出稼ぎ労働者は平均すると中学校卒程度の教育しか受けておらず，構造的失業に陥るリスクがある．出稼ぎ労働者は都市戸籍を持っていないため，失業手当など都市部での社会保障にアクセスできず，いったん職を失うときわめて不利な立場に置かれる．これまで出稼ぎ労働者が都市部で失業した場合，彼らはたいてい地元に帰って農業に従事した．しかし，30歳以下の新世代が出稼ぎ労働者の大半を占めるようになってくると，こうした出稼ぎのあり方は大幅に変わっていくだろう．

　中国都市労働力調査（CULS）のデータによれば2010年には新世代が出稼ぎ労働人口の60%以上を占めていた．新世代の多くは両親の出稼ぎに伴って都市に移住したため，農業経験がなく，農民として働く意志もない．2010年の調査によれば，16歳から30歳までの出稼ぎ労働者のうち32.8%が16歳になる以前に市や町に移住しており，38.4%は市や町で小学校に通った（本書第3章表3-1参照）．従来，出稼ぎ労働者は都市の労働市場の需要変動に応じて農村から出てきたり戻ったりしてきたが，新世代がそのように出入りするとは考えにくい．産業構造の変動によって彼らが失業し，都市のなかで社会保障を受けられない貧困層になってしまうならば社会不安を招くことが容易に想像される．

2　労働市場における教育のインセンティブ

　社会全体の人的資本の賦存量を増大させるためには，経済成長よりも圧倒的に速いスピードで新たに労働市場に入る若者たちの教育水準を高める必要がある．つまり，教育の発展は将来を見据えて行う必要がある．これまで30年間にわたり，中国は義務教育の普及と高等教育の拡大を通して国民の学歴水準の引き上げに成果を上げてきた．

　学校を卒業してより上級の学校に進学しない者は，そのまま労働市場に入ったとみなして，新規就業者の最終学歴構成を推測した．図9-2に示したように，小学校が最終学歴という新規就業者の割合は1980年代半ばから減少している．中学校卒の割合は1990年代とその直後まで増え

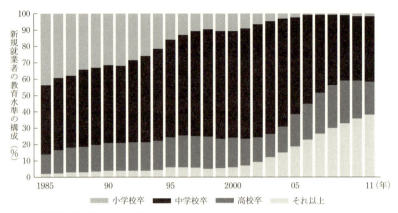

(出所)国家統計局編(2012)より計算

図9-2 新規就業者の教育水準

た．大卒および専科大学（3年制の大学）卒の割合は21世紀初頭から急速に増えており，高卒の割合も21世紀初めに高まった．労働市場に新規に入ってくる労働力の数は減少しているが，就業者の学歴水準はかなり高まったのである．

中国の労働者の教育水準が上昇し，それは人的資本に転化して，改革開放期の奇跡的な経済成長をもたらしたエンジンの一つとなった．多くの成長会計分析が，中国経済の成長に対して学校教育の年数が統計的に有意な貢献をしたと指摘している．もっとも，その貢献がどれほど大きいかに関しては推計のしかたによって結論はかなり異なる．

例えば，クイースは中国の潜在成長率に貢献した要素として，全要素生産性（TFP），人的資本（労働に対する人的資本の割合），資本深化（労働に対する資本の割合）を挙げ，人的資本の潜在成長率に対する寄与率は1979年から1994年の間は5.2%，1995年から2009年の間は3.2%だったと結論づけた（Kuijs, 2010）．私と趙文は経済成長に対する資本，労働，従属人口比率，そしてTFPの貢献を推計したが，それ以外に学校教育年数で表した人的資本が成長にどれだけ寄与したかを推計したところ，1982年から2009年の間の寄与率は4.3%だった（Cai and Zhao, 2012）．一方，ウェイリーらの推計では人的資本の寄与率はもっと大きい．彼らの研究では物的資本，労働，人的資本（学校教育年数），TFPを説明変数として，新古典派的な成長会計モデルで推計を行った結

果，1979 年から 2009 年の期間に人的資本の GDP 成長に対する寄与率は 11.7% とされた．学歴に応じて生産性が異なることを計算に入れた場合，人的資本の寄与率は 38% にもなる（Whally and Zhao, 2010）．

人的資本は他の生産要素とは異なり，長期に見れば収穫逓増の特徴を有する．クイースやウェイリーらは，人的資本が中国の経済成長に貢献しただけでなく，TFP の不十分な伸びを補ったことを明らかにした．

人的資本が蓄積されることで，個々の労働者や家族はスキルに対する高い報酬という形で利益を受けることができるし，教育や訓練に投資する企業も従業員の高いスキルという見返りを得ることができる．人的資本によってこうした利益がもたらされれば，労働者や家族はなおさら人的資本を増やそうと投資するだろうし，企業も人的資本に投資するだろう．いくつかの研究は労働者の学歴が高くなることが，人的資本への投資者にいかなる恩恵をもたらすのかを分析している．

例えば，王美艶は労働者の学歴が高くなるにしたがって労働者の賃金が加速的に上昇することを明らかにした．もし労働者の平均学歴が現在の都市部 9.4 年，農村部 6.8 年から両方とも 12 年まで伸びた場合，教育の収益率は都市部の労働者で 17.0%，農村部の労働者で 21.1% も高まる．もし学歴が 14 年まで伸び，より多くの人々が高等教育まで受けてから就職するとすれば，教育の収益率は都市部の労働者で 41.2%，農村部の労働者で 43.3% も高まる（王，2009）．

また別の研究は，学歴の向上が製造業の労働生産性に与える効果を検証している．曲玥らの推計によれば労働者の学校教育年数が一年延びると製造業での労働生産性が 17% 上昇する．この効果を別の角度から見ると，現在では平均して中学校卒ぐらいの学歴しかない労働者たちの学歴を高校卒や専科大学卒まで引き上げられれば，企業の労働生産性は高卒であれば 24%，専科大学卒であれば 66% も上昇する（Qu, Cai, and Du, 2010）．

労働市場が発展すれば，市場メカニズムが労働力の配分で重要な役割を果たし，人的資本への投資を動機づけるようになる．つまり，あるスキルを身につけるとどれぐらいの収益が得られるかという見通しに基づいて企業や家族は人的資本に投資するだろう．もっとも，市場メカニズムによって資源配分を行う他の分野と同様に，市場メカニズムだけでは人的資本の

蓄積を十分には動機づけることができないという市場の失敗も起きるだろう.

　非熟練労働者の不足と賃金の上昇はルイスの転換点が到来したことを示している. それに伴い, 2004年以降, 中国の労働市場では熟練労働者と非熟練労働者の賃金水準の収斂が起きた. これは人的資本の収益率の低下を意味する. 出稼ぎ労働者に関する研究によれば, 中学卒の出稼ぎ労働者に比べて, 高校以上の学校を卒業した労働者の賃金は2001年には80.4% も高かったが, 両者の差は2005年には75.3%, 2010年には57.1% へと下がっている. また, 高校卒の労働者と中学卒の労働者とを比べてみると, 教育による賃金の上昇は2001年には25.9% だったのが, 2005年には17.3%, 2010年には16.9% へ下がっている (Cai and Du, 2011).

　これらの調査結果を踏まえて, 人々の教育に関する意思決定へ目を向けると, たしかに子供たちをより上級の学校へ入れようとする意欲が低下していることが指摘できる. 高校や大学に進学させるためには多額の出費が必要だし, 学校に行っている間は賃金を稼ぐことができないという機会費用も高まっているため, 親たちは子どもたちが学校を卒業したらすぐに就職させたり, さらには義務教育の中学校さえ中退するよう働きかけたりしている. 貧困地域で行われた調査によると, 2009年9月から2010年10月の一年間に, 中学校の3学年での中退率は25% にものぼっていた (Brinton et al., 2012).

　長い間, 中国では学校や教師などの教育資源が足りないために人的資本の蓄積に限界があった. しかし, 改革開放期に二つの大きな変革が実現した. 第一に, 義務教育の普及が1986年の義務教育法の施行とともに始まった. 義務教育の学費は段階的に無償となり, 9年間の義務教育への入学率は最終的に100% になった.[(62)] 第二に, 1999年に大学教育の拡大が始まったが, これは当初は高校卒業生が労働市場に入るのを遅らせて就業圧力を緩和することが目的だった. 結果的に大学卒業者数は年々増加し, 1999年の85万人から2012年の680万人へと増え, 人口10万人当

---

(62)　2013年の小学校の入学率は104.4%, 中学校の入学率は104.1% だった (国家統計局編, 2014).

たりの大学生の数は同じ時期に594人から2335人へと増えた.

これら二つの大きな変革は,ちょうどいいタイミングで連動した.すなわち,義務教育が普及し,入学率が100%に到達すると,もはや義務教育が国民の教育水準を引き上げる効果はなくなるので,そのときは大学教育を拡大しないと,人的資本の拡大にはつながらないのである.大学教育の拡大はそれ自体の入学率を高めただけでなく,高校の入学率まで高める効果があったので,新規に労働市場に参入する若者たちの学校教育年数の増加につながったのである.

このように中国における教育の供給はめざましい進歩を遂げ,以前よりはるかに多くの資源が教育に投入されるようになったが,教育の需要に対しては近年逆方向のインセンティブが生じている.もし政府がこの問題に適切に対処しなければ,教育発展の勢いは止まってしまうだろう.実際,大学教育の質の低下や大学卒業生の就職難,そして大卒とそれ以下の学校卒との間の賃金差の縮小などを理由に,大学教育の急速な拡大に対する批判が高まっている.そのような批判もあって大学教育拡大の勢いは2008年から著しく鈍っている.

3 中国は「過剰教育」の状況にあるのか?

大学教育の拡大に対する批判は大学卒業生の就職難を理由とするものであるだけに,この批判に対して説得的な反論を行うためには,大学教育に対する収益が絶対的に減少しているかどうか検証しなければならない.大学の拡張が行われる以前には労働市場で大学卒業生が希少であったため,大学教育と基礎教育との間の収益率の差が今よりもはるかに大きかったことは不思議ではない.

一方,大学卒業生の賃金がそれより学歴が下の労働者たちより依然として高いのであれば,大学教育は拡大し続けるべきだということになる.ある研究によれば,1999年に大学教育の拡大が始まって以降も,専科大学以上の学歴を有する労働者の賃金はそれより学歴が下の労働者たちよりもかなり高かった.2009年には専科大学卒以上の労働者の平均賃金は教育レベルがそれより下の労働者の1.49倍であった(Li H. et al., 2012).

それでも大学卒業生が期待したほどの賃金が得られなかったり，社会が必要とする人材が大学から十分に供給されないという問題があるが，一方で中国の経済成長は科学技術の発展に基づいた生産性の上昇と人的資本の蓄積にますます依存すべきであろう．市場の失敗が起きたとき，世論や政策当局は労働市場の表面的な現象に誤導される恐れがある．すなわち，大学生が就職活動に苦労しているのは教育が過剰だからだ，という誤った理解に基づいて政策を決めるとすれば，必ずや国の長期的成長を阻害することになろう．この点に関しては，日本の失敗経験があり，その教訓は深刻に受け止める必要がある．

　日本の経済学者である神門善久は教育の分野での日本のアメリカに対するキャッチアップに関して膨大なデータを集めており，中国がそこから教訓を引き出すのに役立つ．神門によれば日本は1890年から1990年の間，教育においてアメリカへのキャッチアップに成功し，日本の生産年齢人口の平均学校教育年数はアメリカの19.7％から84.8％へ上昇した．しかし，1970年代後半以降，日本は初等・中等教育においてはアメリカに対してキャッチアップを続けたものの，大学教育においてはむしろアメリカとの差を広げられてしまった．日本の生産年齢人口1人当たりが受けた大学教育の年数は1976年にはアメリカの45.3％だったのが，1990年には40.4％に下がってしまい，1965年並みの水準に戻ったのである（Godo, 2001）．

　日本における大学教育の停滞は1950年代後半に始まった．停滞の原因は今日の中国とかなり似ている．すなわち，大学生の就職困難と教育の質の低下に対する懸念が高まり，世論の批判も強まったため，日本政府が大学教育の急速な拡大にブレーキをかけた．その結果，日本経済の長期的成長に対して長く悪影響が続いたのである．

　日本が先進国にキャッチアップする初期段階においては，日本は主に先進国の進んだ技術を借用したりまねたりし，初等・中等教育が大衆に急速に普及することによって二重経済発展のニーズに合致した人材が生み出されていった．しかし，日本経済が1960年にルイスの転換点にたどり着いた後は，成長は労働生産性の上昇に依拠しなければならないはずであった．この課題に対して，日本は1960年から重工業化を加速させるとい

う対応をとり，その結果，経済全体の資本労働比率が上昇した．しかし，欧米に比べて技術革新が遅れ，経済システムに欠陥があるため，1990年以降はTFPがあまり伸びず，「失われた20年」を経験した（Hayashi and Prescott, 2002）．日本が欧米のように技術革新のフロンティアでの成長を続けられなかった一つの重要な原因はその教育の発展が停滞していたことにある．

　日本の例が大学教育に関する反面教師となっているのに対して，他の先進国からは中等教育に関する教訓を汲み取ることができる．アメリカは1991年の不況から回復して以来，経済が回復するたびに「雇用なき回復だ」といわれるようになったが，それは労働者たちのスキルと労働市場が求めるスキルとの間のミスマッチに原因の一端があると見られる．

　先進国における知識経済の発展に伴って，半熟練の仕事はコンピュータやロボットや他の情報技術に取って代わられるようになった．その結果，アメリカでは労働市場の二極化が進んだ．すなわち，熟練労働者と非熟練労働者の仕事は急速に増加したのに対して，中間的な熟練度が必要な仕事の増加は緩やかなのである（Autor et al., 2006）．国際分業が深化すると，半熟練の仕事がアメリカから新興国に移ることによってこうした状況がさらに深刻化する可能性がある．同時に，高い熟練を持った労働者や非熟練労働者も経済のグローバル化から恩恵を受けていないという説もある．非熟練労働者の仕事が先進国から新興国に移転し，彼らがグローバル化の敗者になるというのである（Samuelson, 2004）．敗者になるのは非熟練の移民労働者や，中等教育を受けて中間層になるというかつてのモデルに従っていた人々である．不況からの回復があるたびに産業構造がその国の比較優位の変化に対応して変化し，加えて海外へのアウトソーシングや産業の空洞化によって労働需要がいっそう弱まる．

　こうした労働市場の二極化と収入格差，そして労働市場の脆弱性は多かれ少なかれ教育政策と関連している．アメリカには世界トップレベルの大学が多くあり，世界の技術革新をリードしているが，その傍らでは大学に通わず，高校さえも修了しない若者たちも多く，そのことが人的資本の基盤を弱めている．国連開発計画（UNDP）の統計によれば，アメリカの25歳以上の人口の平均教育年数は2000年には13.22年だったのが

2010 年には 12.45 年に下がっている．アメリカの平均教育年数と，世界の他の 173 カ国の中央値との割合も同じ期間に下がっている．こうして熟練度の低い労働者層が増えているが，彼らは不況の際に真っ先に犠牲になるのである．

中国では非熟練労働者や半熟練労働者の就職機会も多いし，賃金も急速に上昇していて恵まれた状況にある．しかし，他国の経験から見てもわかるように，彼らにとってよい時代は長く続かない．もし非熟練・半熟練労働の就業機会がさらに拡大して賃金が上がり，若者たちがきちんと教育を受ける前に就職したくなるような誘因が強まって，人的資本を蓄積する意欲を殺ぐような状況が持続すれば，やがて産業の高度化によってより高いスキルが求められるようになったときに彼らは大きな問題に直面するだろう．そのとき，国の経済成長も労働者自身も痛手を負うことになる．

4　教育の発展に対する政府の責任

教育は私的収益と社会的収益を明確に区別できるため純粋な公共財とはいえないが，自由市場を強く主張する経済学者でさえ政府が教育に関与する必要性があることを認めている．ルイスの転換点を越えたばかりの中国に固有の課題は労働市場における教育の収益率の低下であり，これは市場の失敗の典型例だといえる．この現象は一方では人々が積極的に働くよう促して労働力不足を緩和する作用があるが，他方では将来の人的資本の蓄積にマイナスの影響を与える．こうした市場の失敗が生じたとき，政府は積極的に介入するべきである．

長い間，中国のあらゆる立場の人々が GDP に占める教育への公的支出の割合を高めるべきだと提唱してきた．公的教育支出の対 GDP 比に関する最初の目標は 1993 年に中共中央と国務院が公布した「中国の教育改革と発展の綱要」が提示した 4％ というものだった．それから 20 年以上経った 2012 年にようやくこの目標が達成され，次に問題となるのは，第一に，果たして 2 兆元という教育支出は教育の持続的発展を図るのに十分か，第二に，その財政支出はどのように配分すれば最も効率的かということである．

中国政府のこれまでの努力と達成はすばらしいが，公的教育支出が
GDPの4%というのは国際基準でいえばまだ不十分である．実際，この
数字は世界平均を下回るし，日本以外のすべての先進国より低い．公的教
育支出の対GDP比は，フィンランド，アイスランド，ニュージーランド，
ノルウェー，スウェーデン，イギリスでは6〜7%であるし，多くの途上
国でさえ中国よりも高い．

　ある国でどれだけ教育支出が必要になるかは，人口の年齢構成によって
左右される．つまり，もし全人口に対して学齢人口の割合が高い場合，教
育の発展のためには多くの資金が必要となる．したがって，学齢人口の割
合によって教育支出を標準化することによって，各国の教育支出のレベル
を国際比較できる．私たちが以前行った研究では，アメリカの全人口に占
める6〜24歳の人口の割合を基準とした比較を行った．中国ではこの年
齢層の割合がアメリカより高いので，公的教育支出の対GDP比を計算す
る際には，単純に比率を計算するよりも16.4%割り引くことで公平な比
較が可能になる（Cai, Du, and Wang, 2009）．

　公的教育支出をどのように配分するかは支出の規模と同じくらい重要で
ある．実際，資源をいかに効率的に配分するかは難しい課題である．教育
においては，人的資本に投資したら労働市場で得られる賃金が上がるとい
う私的収益と，人材が社会に正の外部経済をもたらすという社会的収益の
両方がある．正の外部経済がある場合，教育への投資は公的支出がなけれ
ば不十分である．公的教育支出全体の規模のみならず，さまざまな教育が
生み出す外部性の大きさに基づいて公的支出を配分することもきわめて重
要である．

　繰り返し確認されているように，教育に対する社会的収益は就学前教育
が最も高く，小学校・中学校での教育がそれに続き，高校やそれ以上の教
育がそれに続き，職業教育や職業訓練は最も低い（Heckman and Car-
neiro, 2003）．こうした研究結果に照らしたとき，中国における公的教
育支出の問題点を指摘することができる．

　第一に，公的教育支出が不足しているために，親たちは教育のために大
きな負担を強いられている．中国では，2009年の時点で，教育への総支
出のうち民間が負担する割合が26.3%で，OECDのほとんどの国の平

教育の種別	教育全体%	高等教育%	中等職業教育%	職業高校%	一般の高校%	一般の中学校%	農村の中学校%	小学校%	農村の小学校%	就学前教育%
民間教育支出の割合	22.13	41.52	23.16	18.05	27.84	6.34	2.50	4.20	1.91	59.19

(出典) 国家統計局ウェブサイト (http://data.stats.gov.cn/workspace/index?m=hgnd)

表 9-1 教育への民間支出の割合 (2012 年)

均より 12 ポイントも高かった．また，公式データに基づいて，中国のさまざまなタイプの教育における民間支出の割合を表 9-1 に示した．なお，民間支出には私立学校への投資家の出資金，学校が集めた寄付や他の資金，そして学校に支払われる学費や他の経費を含んでいる．

表 9-1 の情報は以下のようにまとめられる．第一に，中国における民間教育支出の割合は先進国や多くの途上国と比較して高すぎる．第二に，本来は無償であるべき義務教育においても民間支出の割合が高い．第三に，特に就学前教育と高校の段階で民間支出の割合が高い．これらの段階の教育は社会的収益が大きく，教育を拡大すべきであるにもかかわらず，民間に大きな負担をかけているのが現状である．第四に，中等職業教育や高等教育に個人や家族が相対的に多くの費用を負担することには合理性があるが，費用が高いと農村家庭や貧困家庭がこうした教育を受ける機会を失うことになるだろう．

さまざまな種別の教育における民間支出の割合が高すぎる結果，家計が他の消費に回す余裕がなくなるだけでなく，教育に対する需要そのものを抑制することになる．とりわけ農村の貧しい家庭では消費に回せる世帯の予算に限度があるし，食費や他の必需経費はさほど減らせないので教育費が犠牲になりがちである．人的資本をどれぐらい保有しているかによって個人や世帯が労働市場でどれぐらいの賃金が得られるかが決まり，したがって，経済発展の成果をどれぐらい享受できるかも決まるので，公共サービスの不平等な供給によって引き起こされる教育の不平等は，一世代のなかで労働や報酬における格差をもたらすだけでなく，貧困の世代間連鎖を引き起こす．

加えて，教育資源は地域間で不平等に配分されている．教育資源，とりわけ公的主体によって供給されている資源が農村と都市の間，先進地域と後進地域の間，また義務教育と高等教育との間で不平等に配分されている

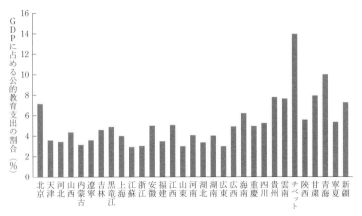

(出典) 教育部・国家統計局・財政部 (2013)

図9-3 各省のGDPに占める公的教育支出の割合

ことはよく知られており，それは教育発展にマイナスの影響を与える．李石は教育における格差は所得の格差よりもはるかに大きいと指摘している (Li, S., 2010).

　GDPに占める公的教育支出の割合は2012年には4.28%に達し，社会経済的な発展が遅れている地域では先進地域に追いつくためにいっそう高い割合となっている（図9-3）．しかし，地域間のGDPにはとても大きな格差があるため，中西部地域での公的教育支出の金額と1人当たりの支出は沿海地域よりもかなり低いのが現状である．義務教育は地方政府が責任を負っているために，地域間での公的教育支出の大きな格差は後進地域における義務教育への投入不足を慢性化させる．

　例えば，江蘇省は中国のなかで最も豊かな地域の一つで，GDPに占める公的教育支出の割合は図9-3に見るように全国で最も低いが，それでも人口1人当たりの公的教育支出は貴州省よりも30.4%多い．貴州省は図9-3に見るようにGDPに占める公的教育支出の割合が全国で4番目に高いが，GDPの規模が小さいので，1人当たりの教育支出が少ないのである．しかも，江蘇省は出稼ぎ労働者を多く受け入れているが，1人当たり公的教育支出を計算する際には出稼ぎ労働者も分母の人口に入っている．ところが，出稼ぎ労働者とその子供たちは公共教育サービスに平等にアクセスできないのである．もし1人当たり公的教育支出を計算する際の分母に（公共教育サービスを享受できる）戸籍人口を用いるならば，江

蘇省と貴州省の間での1人当たりの公的教育支出の格差はさらに広がるであろう.

　最後に，体制の移行期にある中国では，人的資本の蓄積の不完全性をもたらす固有の特徴があり，公的な教育資源の配分によってその問題に対処することが急務となっている．ヘックマンが言うように，中国における物的資本と人的資本への投資は不平等に配分されており，これは公平でも効率的でもない（Heckman, 2005）．とりわけ，教育資源の不平等な配分がもたらす農村での教育の遅れは国全体の教育発展を阻んでいる．以下では，不利な状況にある階層が教育において一生を通じてどのような境遇に置かれるかを見てみよう.

　まず，農村の子供たちは人生の始まりから教育の面で不利な状況に置かれている．就学前教育が子供たちの将来の肉体的成長，認知能力，社会的コミュニケーションによい影響を及ぼし，社会に対して多大な恩恵をもたらすことを多くの研究者が指摘している．2009年の中国では就学前教育の就学率は50.9%であったが，2006年のOECD28カ国の平均は83.9%で，うち9カ国は100%だった（徐, 2010）．中国で就学前教育の普及が進まないのは農村に問題があるからである．農村の家庭や出稼ぎ家族における義務教育は2004年以降著しい改善を見たが，就学前教育に関しては農村と都市，都市戸籍の住民と出稼ぎ家庭との間で顕著な格差がある．農村の子供の数の方が都市部の子供よりもかなり多いにもかかわらず，2012年時点で，幼稚園に通う農村の子供の数は都市部で幼稚園に通う子供の数の83.1%にしか過ぎなかった.

　就学前教育の効果を測ることを目的としたテスト（点数が70点以下であれば「小学校入学の準備ができていない」と判定される）を実施したところ，「準備ができていない」とされた子供の割合は都市部では3%だったが農村部では57%にものぼった（施, 2009）．つまり，農村の子供は就学前教育の資源が不平等に配分されているために，教育のスタートラインの時点ですでに遅れているのである.

　農村から都市へ出稼ぎ労働者が大量に移動したことで農村には「留守児童」が残されるとともに，都市には出稼ぎ労働者が連れてきた子供たちがいる．中華全国婦女連合会によって行われた調査によると，2010年には

全国で6103万人もの「留守児童」が存在し，それは0〜17歳の農村の子供のうち37.7%を占め，出稼ぎを多く出している地域に多かった．また，農村から都市に移住した出稼ぎ労働者子弟の数は2877万人で，それは0〜17歳の都市部の子供たちの24.6%を占め，出稼ぎ労働者を多く受け入れている都市に集中している（劉，2013）．

人的資本の形成にとって最も重要な就学前教育あるいは義務教育の段階にある留守児童や出稼ぎ労働者の子供たちはとりわけ不利な状況に置かれている．この子供たちは両親から十分に面倒を見てもらえず，精神的・肉体的健康に問題を抱え，学校中退の脅威にさらされているだけでなく，よい教育を受けるうえで多くの障害がある．すなわち，農村の留守児童に対する義務教育の質は低いし，移住先の都市部では義務教育レベルの公立学校に入学するのは難しく，義務教育を終えたあと上級の学校に入れてもらうことも難しい．

その結果，留守児童と出稼ぎ労働者の子供たちの小学校以後の中退率が非常に高く，上級の学校へ行けば行くほど中退率が高くなる傾向がある．例えば，2005年時点で15〜17歳の出稼ぎ労働者の子供たちのうち学校に在学していた者の割合は男子46.3%，女子36.6%であったが，これは都市部の15〜17歳の住民の男子82.3%，女子82.8%という在学率より大幅に低い（Gao，2010）．

留守児童や出稼ぎ労働者の子供たちは義務教育と高校段階での教育が不十分なため，大学への進学も困難である．政府の規定によれば，出稼ぎ労働者の子供たちは自分の戸籍がある親の出身地で大学入試を受けなければならないが，そうした地域は教育の質が低いし，都市に比べて入学数の割当も少ない．その結果，大学生のうち農村出身の学生の割合は1980年代には30%を超えていたのが，2000年代には17.7%に下がってしまった（李，2009）．大学教育の拡大によって，農村出身の学生たちが大学に入る機会は高まったが，それは主に入試の合格レベルの引き下げや大

---

(63) ［訳注］「留守児童」とは，農村から壮年世代が夫婦そろって都市に出稼ぎに行ったことで農村の残された子供たちを指す．祖父母と農村に暮らすことが多いが，なかには子供たちだけが取り残されているケースもあると報道されている．

学・専科大学の新設によってであり，農村から一流大学に入る学生の数や割合は以前よりも減っている．

農村からの出稼ぎ労働者は現在と将来にわたって都市部における労働供給の過半数を占めることになるが，その学歴構成を，1980年以後に生まれた新世代とそれ以前に生まれた旧世代に分けて集計すると次のようになる．2012年時点で，新世代のうち6.1%，旧世代のうち24.7%は小学校卒以下，新世代の60.6%，旧世代の61.2%は中学校卒，新世代の20.5%，旧世代の12.3%は高校卒，新世代の12.8%，旧世代の1.8%は大学や大学院教育を受けていた（国家統計局住戸調査弁公室，2013）．

こうした状況は労働市場における悪循環を生んでいる．教育を十分に受けていない労働者たちは経済の構造調整によって生じる，より高いスキルに対する要求に応えることができないので，インフォーマル部門にとどまりがちであり，失業の危機に晒されやすく，貧困に陥る恐れがある．雇用がインフォーマルでかつ不安定の場合，そうした労働者たちに役立つような訓練プログラムを運営することは難しい．

5 結 論

東アジアの経済発展を5段階に区分した青木昌彦によれば，農業に従事する労働力の割合が20%を下回る転換期になると，人的資本主導の経済発展段階に入るという（Aoki, 2012）．日本や韓国の経験が示しているのは，高所得国になるうえで重要なことは新しい発展段階に応じた人的資本を準備しておくことである．日本は大学教育の拡大を抑制するという失敗を犯し，それが1990年代以降の失われた20年の遠因であった可能性がある．中国の就業者に占める農業従事者の割合はすでに20%に下がっているので，中国も今や人的資本を蓄積することが差し迫った課題となっている．

人的資本が拡大することは経済成長を持続的に突き動かすだけでなく，人間開発を促進し，所得分配を改善することを通じて社会の安定の強固な基盤となる．教育にはそのような外部経済が存在するので，政府がその発展のためにもっと責任を負うべきである．中国はいま発展段階の移行期に

あるのでなおさら政府の責任は大きい．さらに，教育は社会，家庭，個人によって促進されるべきで，人的資本に対する私的収益によって動機づけられるべきでもある．要するに，供給側と需要側の双方の努力が必要であり，さまざまな領域での政策変更も必要となるだろうし，とりわけ以下の点に関しては，重要な政策の改革と制度構築が差し迫った課題となっている．

第一に，就学前教育と高校を国家が指定する無償の義務教育に組み込み，かつ大学教育の拡大を続けることを提言したい．まず就学前教育の普及によって，農村と都市，貧困家庭と裕福な家庭の間での教育のスタートラインにおける格差をなくす．そして高校教育の義務化によって労働力全体の学校教育年数を増大させるばかりでなく，より多くの若者が大学教育に備えることを可能にし，そのことにより，中国の経済成長をイノベーションを基盤とした包摂的なものに転換することができる．

第二の提案は，教育システムを改革し，大学教育の質を改善することである．著名な科学者で，影響力のある社会活動家でもあった故銭学森氏は首相だった当時の温家宝と対談した際に，中国の大学は傑出した才能を育成できていないと厳しく批判した．この「銭学森の問い」は中国の将来に関心のある人々を長く悩ませているものである．大学教育を拡充する一方で，教育システム，教科編成，カリキュラム編成，教育内容を労働市場や社会経済の発展に対応して根本的に改めていく必要がある．

第三の提案は，公的な教育資源を教育の私的収益と社会的収益の相対的価値に応じて適切に配分することで，限られた資源によって教育の社会的効果を最大限に引き出すことである．多くの専門家が指摘するように，中国の教育システム改革の鍵は政府が教育発展のあらゆる側面を統制するのをやめて，公的資源の動員と公平な配分に役割を限定することである．後進地域，農村，貧困な家庭の普通教育に対しては公的資源を使っていっそう積極的な支援を行う必要があるが，さまざまな職業教育についてはもともと教育に対する私的収益が大きいので，家族や企業が労働市場で与えられるインセンティブに基づいて自発的に教育投資を行うのに任せればよい．

最後に，中国の労働市場における人的資本は仕事を通じた実地訓練の拡大を通じて蓄積することができる．現状では制度的な問題のために，仕事

を通じた実地訓練の効果が十分に発揮できていない．一つは，戸籍制度によって雇用が不安定であるため，企業が従業員に訓練を施す意欲がそがれているし，労働者も訓練を受ける意欲が弱いことである(64)．また，政府が実施している職業訓練は労働市場で求められている技能と大きくずれている．このジレンマを解決するためには，戸籍制度の改革，労働市場制度の構築，技能研修の発展を同時に進めることで実地訓練に対する私的収益のゆがみを是正し，実地訓練の効率が供給側と需要側の要因を通じて高められるようにする必要がある．

---

(64) ［訳注］農業戸籍の労働者が工場で働いている場合，雇用関係が不安定であるため，企業は労働者に技能研修を施してもすぐにやめてしまうのではないかと考えてあまり研修を施したがらないし，労働者も研修に時間をとられて給料が減るのであれば研修は短い方がいいと考えがちである．

第10章 所得不平等の削減

> 私は聞いたことがある．国を統治する者，あるいは家族を統治する者は物資の欠乏を心配するのではなく，不均等な分配を心配するのである．そして，貧困を心配するのではなく，不安を心配するのである．（「丘也聞，有国有家者，不患寡而患不均，不患貧而患不安」）（孔子『論語』季子第十六之一）

　中国が2010年に1人当たりGDPが4300ドルに達して上位中所得国になって以来，中所得国の罠に陥るリスクが心配されている．中所得国の罠に関連する現象の一つとして，所得の不平等があげられる．所得不平等と中所得国の罠は，二重に絡み合っている．第一に，急成長していた経済が減速あるいは停滞するにつれて，所得の増加も同様に減速あるいは停滞する．これまで中所得国において経済が停滞する状況下で所得分配が改善されたことはない．第二に，所得の不平等があまりにひどく深刻化し，不平等を抑制する政策手段がないような状況のもとでは，社会の安定と団結が危険にさらされ，不平等が経済成長の安定性を阻害するだろう．

　中国経済は新しい段階に入り，中国の人々は所得分配の改善に対して高い期待を持つようになっており，これに対処することは中国政府にとって喫緊の課題となっている．その一方で，一般労働者の不足と賃金上昇によって示されるルイスの転換点の到達に伴い，都市部と農村部の分断によって特徴づけられる二重経済の時代に形成されていた所得格差が縮小する条件が熟してきた．それゆえに，「クズネッツの転換点」，すなわち，所得格差の拡大から縮小へ転じる点が近づいているはずである．しかし，このような所得格差の転換は自然にやってくるわけではない．

　この章では，経済成長と所得分配の理論上の関係に関する新しい事実を

まとめている．もともと経済成長と所得分配の間に逆U字の関係があるという仮説はクズネッツが提唱した（Kuznets, 1955）．本章では，中国の所得分配について，結論が相異なるいくつかの研究を論評し，所得不平等の現在の動向を詳しく述べる．最後に，クズネッツの転換点が到来する条件を作り出すためのいくつかの政策提案を結論とともに述べる．

1 クズネッツの転換点に関する新たな事実

サイモン・クズネッツは，1955年に公刊した有名な論文「経済成長と不平等」のなかで，ある国の経済成長の過程において所得不平等は拡大するのか，それとも縮小するのか，そして，どのような要素が不平等の傾向と水準を決定するかを分析している．クズネッツは，ある国の経済成長の過程で，経済発展の初期段階では所得不平等は拡大するが，やがて所得不平等はピークを迎え，その後縮小に転じるということを発見して解釈し，実証的な検証を進めた．このような経済成長と所得不平等の関係は，経済発展段階を横軸に，所得不平等度を縦軸として図示すると，逆U字の曲線として描かれる．

クズネッツの研究は，少数の先進国から集めた不完全なデータに基づいていたので，クズネッツを支持する学者と反対する学者の双方がそれぞれ研究を進め，この問題に関して大きな進展があった．しかし，それでも意見が一致しない点が残った．クズネッツ仮説に関する理論的な拡張と実証的な検証，そしてクズネッツが関心を向けた事実に関する新たな観察から，私たちは次のような結論を得ることができる．すなわち，クズネッツの逆U字仮説は，経済成長と所得分配の関係について考える際には有効なツールであるものの，所得分配に影響を与える要素は多面的で，その国の経済システム，発展段階，政策志向，そして所得分配を決定する支配的な力によって幅があるということである．

トマ・ピケティは，資本の蓄積と分配がもたらす壮大なダイナミクスを描くことで，説得力のある形で所得分配の逆U字仮説を否定し，所得不平等が拡大していることを明らかにした（Piketty, 2014）．しかしそれでもクズネッツ仮説は，さまざまな競合する事実を比較しながら，所得分配

の原因と傾向を理解するための出発点と参照枠組として依然として有効である．というのも，クズネッツの転換点に到達することは望ましいことだし，到達を目指すべきだからである．

　中国のデータを用いて，クズネッツ曲線を実証的に検証しようとした研究者もいるが，クズネッツ仮説そのものを支えているアイディア，分析視点，ロジックに対する貢献はほとんどなかった．私たちが必要としているのは，中国の成長と改革のユニークな特徴に対する深い理解を持って，中国の所得分布の現実と傾向を徹底的に評価し，クズネッツ転換点に到達できる条件を見つけることである．

　以下では，クズネッツ現象に関する新しい事実，すなわち逆Ｕ字曲線の説明と検証を行っている研究の分析結果を要約する．あらかじめ述べておくが，この章ではすべての重要な研究を取り上げることはできないし，取り上げるつもりもないが，中国の現実の所得分布に最も関連の深い研究を選び出そうとしている．

　クズネッツ仮説に関する最も重要な事実の一つは，クズネッツの転換点とルイスの転換点との結合である．クズネッツは，都市化と工業化のある特定の段階で作用するさまざまな力が，都市人口のなかでの低所得グループ，例えば出稼ぎ労働者の経済的地位を強化することで格差を縮小させると推測した．そうした都市化・工業化の段階とはすなわちルイスの転換点（本書第3章）のことであり，そのときには農村部の余剰労働力が顕著に減少し，都市部では労働力不足によって恒常的な賃金上昇が起きる[65]．

　日本は二重経済発展とルイスの転換点の両方を経験したので適切なケーススタディになりうる．南亮進と小野旭によれば，農村に余剰労働力が存在している間は，国民所得のなかでの労働分配率が長期的に低下し，急速な経済成長が起き，その時代には所得不平等が拡大した（Minami and Ono, 1981）．日本経済がルイスの転換点に達し，農村の余剰労働力が顕著に減少したとき，労働者全体の賃金が上昇し，熟練労働者と非熟練労働者の間の賃金格差が縮小し，所得不平等が縮小した（Minami, 2010）．

---

[65]　クズネッツの分析が都市と農村の分断を想定した二重経済発展の枠組みに基づくものであると認める研究者は多い．関連のレビュー論文は，Deutsch and Silber（2001）を参照のこと．

日本の所得分配の改善は経済発展水準の変化と一致して起きており，特に1960年前後にルイスの転換点に到達したとき，所得分配においても転機があった．

　クズネッツ仮説に関する第二の事実は，所得分配の改善や悪化は，政府が不平等の問題に対してどのように取り組み，どのような制度を実行したかによって決まるということである．クズネッツは，貯蓄が一部の人に集中して累積していくのを防ぐ方法として，法的な介入と政治的な決定の役割が重要だと指摘した．数多くの新しい研究によれば，適正な所得分配は自然に生じるものではなく，政策と制度によって決まる部分が大きい．クルーグマンはアメリカの各政権での所得分配に関する政策傾向を回顧して，分配政策の役割は重要で，所得分配の結果に影響すると結論づけている（Krugman, 2007）．

　政府の政策の方向性は，通常は再分配政策のなかで示されている．ピケティが明らかにしているように，資本の収益の成長は経済の成長より速く，その結果，不平等は内在的に拡大していくので，富裕層への断固とした課税，社会保障に対する公的支出の強化，そして，労働市場制度の構築を含む一連の再分配政策が不平等の拡大を抑制するために常に必要とされている（Economist, 2015a）．

　例えば，労働市場制度が労働市場の柔軟性と労働参加へのインセンティブに対してどのようなインパクトを与えるかについては相対立する意見があるものの，労働市場制度が所得不平等を削減する役割を果たしうることについては合意がある．先進国と途上国の双方に関する実証研究では，労働市場制度を完備していくことが所得不平等の縮小に重要な役割を果たすことが明らかになっている（Freeman, 2008, 2009）．

　世帯所得の分配が平等だとみなされている多くの先進国では再分配を行うことによって初めてジニ係数（＝所得分配の不平等度を表す指数）が低くなる．つまり，クズネッツの転換点への到達は労働市場の作用と政府の再分配政策の二つが相まって達成されるのである．例えば，1967年の日本のジニ係数は，再分配前は0.375であったが，再分配後は0.328に低下し，所得格差は12.8％改善している．2008年の日本の再分配前のジニ係数は0.532であったが，再分配後は0.376まで低下し，29.3％改

善している．ほとんどのOECD諸国で同様の状況が見られる（孫，2013）．

クズネッツ仮説に関する第三の事実は，所得分配は産業と技術の構造やその変化に影響されるということである．クズネッツ自身は，技術進歩による産業の発展機会とサービス業の発展が所得格差の縮小に及ぼす役割については補助的なものだと見ていたが，グローバル化とともに，世界で技術が前例のないスピードで進歩し，産業構造が変化するにつれて，産業と技術の構造が所得分配に対してより大きく影響するようになっている．

この点について，実証的な根拠を示している研究が多数存在する．アメリカの経済学者，タイラー・コーウェンは，アメリカの所得格差の拡大を説明する際に，技術進歩が減速するにつれ，最先端技術が一部の人にしか便益をもたらさない私的な財になりつつあることを指摘している．すなわち，技術革新の担い手たちが経済的・政治的特権を通じて政府の政策資源を利用し，ロビー活動によって知的財産権の保護を強化してもらう結果，技術革新が一般の人たちには恩恵をもたらさなくなってしまうのである（Cowen, 2011）．同様に，資産所得が重要であるような産業構造では所得分布は改善しない．

サミュエルソンは，自由貿易によるグローバル化が，必ずしもすべての貿易参加国とその国の人々に利益をもたらすわけではないことを示している．一国の労働者たちは同質的ではないので，グローバル化が進めば，低学歴・低技能の労働者は常に不利な状況に置かれる可能性がある（Samuelson, 2004）．それは人的資本の形成のあり方と関連している．つまり，教育の失敗によって学歴が低いままにとどまっている労働者たちは，その技能や技能獲得能力が海外へのアウトソーシングの広がりによる産業構造の変化についていけないのである．

アメリカでは賃金水準が中間的な仕事が減って，高賃金職種と低賃金職種が拡大し，それに伴って人的資本も二極化する現象が起きている（Autor et al., 2006）．貿易財の生産にかかわる仕事が海外へ流出した結果，高度化した産業で働くのに必要な技能を持っていないアメリカ人労働者の多くが仕事を失い，新しい国際分業の犠牲者となっている．こうした事情が過去10年間ほどのアメリカの所得格差拡大をもたらす大きな要因とな

っている.

　もっとも，いま沸き起こりつつある新しい技術革命は，ネオ・ラッダイト主義者たち[66]は悪夢だと決めつけているが，非熟練労働者と熟練労働者の双方にとって必ずしも悪い結果をもたらさない可能性がある. つまり，新技術と新しい雇用形態との結合は必ずしも大勢の労働者を敗者にするわけではないのである. インターネット，とりわけモバイル・インターネットの急速な発展により，何万人もの労働者がまるで蛇口をひねれば水が出るように労働力を提供して報酬を得ることが可能になり，限界費用ゼロで技術進歩の成果を利用できるようになった (Rifkin, 2014; Economist, 2015b). このような新技術は，共有性と包摂性を具備した経済発展をもたらし，所得不平等の縮小につながる可能性がある.

　クズネッツ仮説にかかわる第四の事実として指摘しておきたいことは，所得の再分配にばかり力を注いで，経済成長に影響する多くの要素を無視するような経済社会政策は，経済成長そのものよりも，所得不平等の縮小に対してかえって乏しい効果しかあげられない，ということである. ドーンブッシュとエドワーズがいうように，ラテンアメリカのいくつかの国々はポピュリスト的な経済政策を採用して，成長と再分配ばかりを強調し，インフレ，国際収支の制約，非市場的な政策に対する経済主体の反応といったリスクを軽視した結果，政策によって救済されるはずであった人々にとっても悲惨な結果を招いた (Dornbusch and Edwards, 1989).

　イタリアでは，北部と南部（メッツォジョールノ地方）の著しい格差をなくそうとして，中央政府は所得移転と賃金平準化という再分配手段に頼る政策を実施した. しかし，その結果，発展が遅れているメッツォジョールノ地方は中央政府と北部地方にいっそう依存するようになり，資源をレントシーキングのような非生産的な用途に振り向けて，民間部門の投資が抑制されてしまった. 結果として，生産性は南北間で収束することはなく，低所得層は政策からの恩恵を全く受けることができず，地域間格差は拡大

---

　(66)　[訳注] ラッダイト運動とは，もともと 19 世紀初頭産業革命期のイギリスで起きた，機械化による失業を恐れた労働者による機械破壊運動のことである. そして，機械化による失業と同様のことが現代において IT によって起きているのではないかという懸念をネオ・ラッダイトと呼ぶ.

した．ドイツの東西統一後，経済発展が遅れていた初期の旧東ドイツに対してはドイツ政府がイタリアと同じ過ちを犯すのではないかと心配された．しかし，ドイツの地域政策はのちに，民間投資の促進，労働市場の柔軟性の強化，そして，レントシーキング活動の防止に焦点をあて，イタリアのメッツォジョールノ地方に対する政策のような過ちを避けることができた（Boltho et al., 1997）．

2 経済成長と所得分配

さまざまな力が高度成長期の中国の所得分配に影響を与えてきた．政府の政策は貧困の削減と所得再分配を目指し，労働参加の拡大と所得不平等の削減を図ってきたが，高度成長のプロセスのなかで結果的に所得不平等を生み出した要素もあった．

農村の労働力に対して農業以外の産業での雇用機会が増えたことは，農村の貧困削減に貢献し，都市・農村間の所得格差の拡大を一時的に食い止めた．農家経営請負制は，農家世帯に農地を平等に分配し，農業生産に対する平等な残余請求権を与え[67]，農村の人々がより多くの報酬とよりよい生活を求めて職業選択をする自由を与えている．それゆえに，たとえ賃金水準がルイスの転換点にいたるまでの長期間にわたって不変であったとしても，労働移動の規模が拡大していくことによって農家所得の増大がもたらされた．この効果は，以下の3点から検証することができる．

第一に，労働移動が貧困緩和に与える効果である．労働できる人数が家族内に十分にいない世帯を除き，ほとんどの貧困世帯は就業機会の欠如に苦しんでいる．既存研究によると，一般にスキルやネットワークを有する人は農村地域で農業以外の雇用機会を見つけやすいが，貧困な世帯は農村地域で雇用機会をつかむために必要なスキルやネットワークを持っていないことが多い．農村地域の貧しい人々にとって都市への出稼ぎは労働に参

---

[67] ［訳注］「残余請求権」とは，売上のなかから賃金や地代や材料費など契約で定められた支払いを済ませた後の利潤を受け取る権利，という意味である．農家世帯が残余請求権を持っているということは，すなわち農家が農業の経営者であることを意味している．

加して所得を増やす手段として誰にでも開かれたチャンスである．中国が
ルイスの転換点に到達する前に実施された調査によると，農村部の貧困世
帯が農村地域外へ出稼ぎをすることで，世帯の1人当たり所得が8.5%
から13.1%上昇した（Du, Park, and Wang, 2005）．

第二に，賃金収入が世帯収入全体を増やす効果である．国家統計局の分
類によると，農村世帯の純収入は，出稼ぎなど農業以外から得た賃金収入，
請負地での農業生産などの事業収入，家賃や配当などの財産収入，補助金
などの移転収入から構成されている．労働移動による非農業雇用の大幅な
拡大は，世帯収入に占める賃金収入のシェアを上昇させ，農村世帯収入の
成長に大きく貢献している．公式統計によると，世帯収入に占める賃金収
入のシェアは，1990年の20.2%から2012年には43.5%へと増加し
ており，2012年の農村世帯所得の増加に対する賃金収入の寄与率は
51.5%であった．

第三に，出稼ぎ労働者の収入のうち，かなりの部分が公式統計から漏れ
ていることである．国家統計局は農村と都市にそれぞれ調査部隊を抱えて
いるが，出稼ぎ世帯は一般に移住先で安定的な住居を持っていないため，
実際には調査することが難しいとみなされ，都市部の調査サンプルから排
除されている．その一方で，農村でサンプル調査の対象となっている世帯
では，出稼ぎをしている家族からの送金を完全に記録してもらうことは難
しい．

『中国統計年鑑』の主要統計指標の注釈で説明されているように，第一
に，農業戸籍を持っているが世帯全員が1年以上戸籍登録地から離れて
いる世帯は，標準的な農村世帯としてみなされず，サンプル抽出の枠組み
から排除されている．第二に，6カ月以上家を離れている世帯メンバーは，
もし所得の大部分を世帯に送金し，家族と密接な経済的な関係を維持して
いなければ，通常の農村住民とみなされない．「密接な経済的関係を維持
している」ということがどういうことなのか実際には定義しにくいが，一
般には戸籍登録地以外のところに継続的に居住し，労働している人たちは
農村住民としてはカウントされず，彼らの収入は農村世帯調査から除外さ
れている．

農村から無制限の労働供給があるため，都市への出稼ぎ労働者の賃金は

長い間上昇しなかった．他方で，戸籍制度があるために，都市部の労働市場において，都市戸籍を持たない出稼ぎ労働者たちは不利な地位に置かれてきた．労働市場では人的資本および職場での努力に応じて賃金が決定されるメカニズムが働くが，制度的な要因のために，都市部の地元の労働者と出稼ぎ労働者との間の賃金格差が広がる傾向にある．2001年に実施された調査によると，出稼ぎ労働者の時間当たり平均賃金は地元の労働者よりも36.9%低かった．この賃金格差のうち，63.9%は教育達成度やそのほかの個人的特徴の差に起因するものであったが，残りの36.1%は戸籍に基づく差別に起因するものであった（Cai, Du, and Wang, 2011a）．このような賃金決定のゆがみは，出稼ぎ労働者に対する差別と地元の労働者に対する保護に起因する．例えば，ナイトとソンの分析によると，出稼ぎ労働者の限界労働生産性と賃金の比率は3.86であるのに対し，地元の労働者のそれは0.81となっていた（Knight and Song, 2005）．限界労働生産性と賃金が一致するときに，その労働者は賃金に見合った生産を生み出しているとみなすと，出稼ぎ労働者は限界労働生産性に比べ割安な賃金を，都市の地元の労働者は割高な賃金を受け取っていることになる．

　民間企業の発展促進，経済資源の資本への転化，国有資産の私有化といった市場志向的な改革の結果，世帯収入のうち事業収入と財産収入の割合が高まってきた．こうした収入は世帯収入の増加に貢献するが，所得不平等を拡大させることにもなる．2002年に実施された調査によると人々が保有する資産額のジニ係数は0.550で，人々の収入のジニ係数0.454よりも有意に高かった（趙・丁，2008）．私有化改革のプロセスが不透明で不公正であったため，資産の配分を決定する特権を持つ少数の人々に対して資産や資源が不均等に配分された．

　中国政府は，貧困の削減，貧困地域の発展，所得格差の縮小を狙った数多くの政策をうまく実施してきた．そのなかには，農村地域における国家の貧困緩和プログラム，都市と農村の双方における最低生活保障制度，そして，都市・農村間での公共サービスに対するアクセスの平等化といったものが含まれている．その結果，政府が定めた貧困線以下の収入で生活している人口は大きく減少し，貧困状態にとどまっている人々も社会的セーフティネットによってカバーされている．貧困線以下で暮らしている農村

貧困人口は 2000 年の 9422 万人から 2010 年には 2688 万人まで減少した。人口に占める貧困発生率は，2010 年までの 10 年間に 10.2% から 2.8% まで低下した。この間に，公的年金，医療保険，最低生活保障といった社会保障制度のカバー率は大いに拡大した（Information Office of the State Council of the People's Republic of China, 2012）。

ただ，中国政府の所得分配政策のなかで絶対的貧困の削減だけが唯一の成功例だと考える人もいるだろう。なぜならば，あらゆる指標から見て中国の所得格差は拡大しているからである。業種間での賃金格差，都市・農村間の所得格差，世帯間の所得不平等はいずれも拡大しており，人々の大きな関心事となっている。

2004 年以来，広範に見られるようになった労働力不足と急速な賃金上昇は，中国がルイスの転換点に到達したことを示している。クズネッツの予測によれば，経済発展のある段階では所得不平等を削減するようなさまざまな力が作用する。つまり，経済発展に作用する論理から見て，ルイスの転換点の後にはクズネッツの転換点が続くはずである。

2004 年は中国の中央・地方政府が所得分配の改善を狙った政策を強化した転換点であったが，この年に中国がルイスの転換点に到達したのは偶然ではない。第一に，労働関連の法律と規制の整備が加速され，これによって労働市場制度の構築が進む。第二に，中央政府は農民の税負担を軽減する一方で，農民と農業への補助金を創設し，基本公共サービスへのアクセスにおける農民と都市住民との間の格差を縮めるための政策を実施した。これらはすべて農業の収益性を高める効果があるので，労働移動の機会費用が上昇し，出稼ぎ労働者が労働市場において交渉力を高めるのに役立った。

3 所得分配に関する議論

クズネッツの逆 U 字仮説と日本の経験，そして他の東アジア諸国の経験に基づけば，ルイスの転換点に到達した後にクズネッツの転換点が続くはずである。中国の所得分配がルイスの転換点に対応したトレンドを示しているかどうかについては研究者の間で意見が一致しておらず，それは用

いるデータや方法の違いにも起因する．以下では，いくつかの関連研究を総括してコメントしていく．

万広華によれば，中国の所得不平等の40％から60％は都市・農村間の所得格差に起因する（Wan, 2007）．そこで，私たちは中国の都市・農村間の所得格差に着目して，所得不平等を計測してみよう．現在の都市・農村間の所得格差は労働移動を妨げる制度的障壁によって形成されているので，仮に戸籍制度が全廃されてそのような障壁が撤去されると，理論的には所得不平等は消滅するはずである（Whalley and Zhang, 2004）．労働移動に対する制度的障壁はまだ完全に廃止されたとはいえないものの，すでにかなりの程度で撤廃されており，所得不平等の縮小が期待できる．

実際，不完全な統計を深く分析して修正することで都市・農村間の所得格差の縮小傾向を見出している研究者もいる．前節で指摘したように，現在の家計調査統計は都市と農村で別々に調査を行っていて出稼ぎ労働者の収入が十分に反映されていない可能性があるので，程傑らは経済発展が相対的に進んでいる浙江省と遅れている陝西省から国家統計局の調査サンプルになっている世帯などを抽出して，出稼ぎ労働者の収入がどれぐらい過少申告されているか推計した．その結果，家計調査統計の定義の欠陥のため，都市住民の所得は13.6％過大評価され，農村世帯の所得は13.3％過小評価されていると，この研究は結論づけている．彼らの推定した所得に基づくと，都市・農村間格差は実態よりも31.2％も誇張されていることになる．

ルイスの転換点に到達した後に出稼ぎ労働者の収入の脱漏がどれぐらい大きくなったかを示すことは可能である．もし，この脱漏が修正されるならば都市・農村間の所得格差は統計の上では縮小するだろうし，国全体の所得不平等度も統計上は改善するだろう．私たちの研究では2005年の人口の1％抽出調査のマイクロデータを利用し，農村から都市への出稼ぎ労働者の収入を都市住民の所得もしくは農村住民の所得に含めると，所得不平等に関するすべての指標が改善することを明らかにした．ただ，データの制約により都市・農村間の所得格差の拡大傾向の逆転は確認できなかった（Cai, Du, and Wang, 2011b）．

出稼ぎ労働者を取り込んだ新しい手法と指標を使って，OECDのエコ

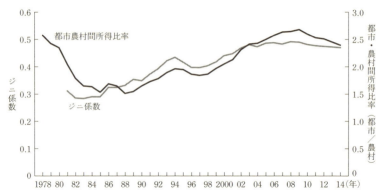

(出所) 都市農村間所得比率は国家統計局編（各年版）に基づき計算．1981〜2002年のジニ係数はLi（2010），2003〜2012年は国家統計局ウェブサイト (http://www.stats.gov.cn/tjdt/gjtjjdt/t20130118_402867315.htm)，2013〜2014年は馮 (2015) から引用．

図 10-1　ジニ係数と都市農村間所得比率

ノミストたちは中国の都市・農村間での労働移動の制限の緩和と農村での最低生活保障の導入が所得不平等の改善に効果があり，実際に所得不平等が縮小していることを確認した（Herd, 2010）．彼らの推定によると，2002年の中国全体の所得のジニ係数は0.492だったが，2004年にピークに達したあと低下に転じ，2007年には0.479，2010年には0.464となっている．

　中国の国家統計局もジニ係数の低下を確認している．国家統計局は2003年から2014年までのジニ係数を公表している．この国家統計局が発表した数値と，それまでに研究者たちが推計したジニ係数を統合すると図10-1のように1981年から2014年までの34年間の中国のジニ係数の変化を示すことができる．国全体のジニ係数の傾向は，都市・農村間所得比率の傾向と一致していることがわかる．

　これまで多くの研究者が中国にクズネッツの転換点が到来する兆候があるのかどうか検証してきた．例えば，李石は農村と都市の世帯と人口サンプル調査のデータを用いて，時系列と部門間の双方の観点から実証的に検証した．そして，経済発展と所得不平等との間には逆U字型の関係はないと結論した．ただ，李石はクズネッツ仮説が否定されたと主張しているのではなく，むしろデータから転換点がまだ現れていないことを示したのである．

これは驚くべきことではない．なぜならば，理論的にいえばクズネッツの転換点はルイスの転換点の結果として到来するものなので，時間的にもルイス転換点の後にクズネッツ転換点が来るはずだからである．李石の研究では2005年までのデータしか使用していないので，彼がその後に起きた中国の所得不平等の転換を確認していなかったとしても不思議ではない．ただ，彼は農村や国全体の所得分配の状況と比べて，都市世帯の間における所得分配がクズネッツの転換点に近いことを見出していた．たしかに，労働力不足と賃金上昇といったルイスの転換点を示す現象は都市部で先に出現したので，都市部からクズネッツの転換点を迎えるのは理解できる．

中国の本当のジニ係数は公式データで示されているものよりもはるかに高く，低下もしていないと主張する研究もある．例えば，甘犁のチームによる研究結果によると，中国の2010年のジニ係数は，国家統計局が発表した数字よりも高い0.61だったという（甘，2012）．また，王小魯の調査と推定によれば，中国の都市部の所得には，正規の統計システムでは捕捉されていない巨額の隠された所得があり，その額は2011年に国全体で15.1兆元であったとしている（王，2013）．彼の推計によると，都市住民の実質1人当たり可処分所得は公式データの2倍あり，隠された所得の70%以上は上位20%の富裕層のものである．王によって行われた2005年，2008年，2011年の三つの調査は，隠された所得が増え続けていることを示している．もし，このような巨額の隠された所得が極端に不平等な方法で異なるグループに分配されたら，所得不平等は悪化するだろう．

加えて，国民所得に占める労働者への報酬と住民所得の比率が低下していることが幅広い注目を集めている．白重恩と銭震傑は資金循環統計に基づいて，1990年代半ば以降，第一次所得の配分と再分配後の第二次配分の双方において，労働者報酬と住民所得のシェアが低下傾向にあり，所得分配が一般世帯にとって好ましくない方向へ向かっていることを示している（白・銭，2009）．

中国の所得分配に関する一般的観察と学術的な研究のいずれもが，中国の所得分配は国際比較から見て非常に不平等だとしている．しかし，不平

等が悪化しているのか，改善しているのか，どの要因が所得分配の傾向を決定しているのかという点については大きく異なる意見がある．中国の所得不平等についてのコンセンサスを得ることは難しい．しかし，対立する議論を融合し，共通の基盤を作ることで大まかな構図を知ることが大事である．なぜならば，すべての真剣な研究は複雑な現象を観察する有益な視点を提供できるし，補完的な論拠を提供しうるからである．私たちは相対立する意見のなかから，一貫した見方を形成するための論拠を導き出し，妥当な政策提案を導き出すことができる．

4　相対立する見方の間の共通点

所得分布は，ミクロとマクロ双方の異なる視点から分析でき，それを計測する指標もいろいろある．全般的な所得不平等の状況はこうした指標によって包括的に反映される．所得分布に関する研究は，根拠と結論が相異なるデータに基づいているが，データや計測する指標にはそれぞれの限界があるので，結局，各研究はフォーカスするポイントが異なっていて，時には相矛盾する結論を出している．世帯所得の不平等な分配は，主要な関心事となっており，全般的な所得不平等の問題を明らかにするための十分な情報も含んでいるので，ここからはおもに世帯レベルの所得不平等について議論を進めていく．

研究によって所得不平等が縮小傾向にあるとするものと，拡大傾向にあるとするものが見られるが，これらはいずれも中国の所得分配の現状と将来の傾向を理解し，政策提言を引き出すうえで有用である．政府の公式統計データを使った研究は，所得分配の変化の全体的な傾向を明らかにしようとしている．一方で，前出の甘犁や王小魯などの研究は上位の所得階層グループの外れ値を見つけ出そうとしている．甘犁や王小魯の研究は人々の所得の重要な源泉を明らかにし，移行期の中国に特有の所得分布のパターンを見つけ出しており，これはこれで重要ではあるが，彼らの研究結果は国家間あるいは時点間の比較には適していない．なぜならば，彼らの観測値には公式統計よりも多くの外れ値を含んでいるからである．

統計的には，世帯所得は賃金収入，財産や資産からの所得，そして移転

収入から構成される．これら3種類の所得がそれぞれどのように伸び，世帯所得全体に対してどのようなシェアを占めるかによって，世帯の所得水準と配分が決まる．中国は，都市と農村からなる二重経済から新古典派的成長へ，そして計画経済から市場経済へという二重の移行の途上にあるため，世帯は公式統計で明らかにできる部分よりも多くのところから収入を得ている．労働への対価として支払われる賃金と合法的なビジネスによる収入のほかに，必ずしも源泉が明瞭でないさまざまな収入がある．その結果，都市住民の所得は明らかに過少報告されているのである．統計に報告されていない所得は，報告されている所得よりも世帯間ではるかに不平等に分配されているので，隠された所得があることで間違いなく所得の不平等を増幅させている．

　中国が市場経済へ移行するなかで，土地使用権の売却，国有資産のリストラ，公共建設プロジェクトの入札，そして直接金融や間接金融の獲得といった利潤獲得の機会は少なくないが，人々のそうした機会へのアクセスは不平等であり，その情報は一部の人々によって独占されてきた．こうした機会を利用して獲得された所得と，脱税，レントシーキング，汚職といった不正行為との関係を，人々は公式の家計調査に報告しようとはしないし，特に高所得階層は自分たちの所得の一部しか報告しようとはしない．

　つまり，国家統計局の家計調査のような公的な調査に対して世帯が報告するのは，労働への対価として支払われる賃金所得，合法的なビジネスからの収入，および移転収入であり，グレーな所得は公式の統計制度ではカバーされていない．国家統計局が収集して公表している所得統計は正規の収入，とりわけ労働者報酬に関しては正確で信頼できると仮定するが，財産収入，資本収入，そして，グレーな収入については実態よりも過少な数字になっていると考える．そこで，公式統計のデータを王小魯の研究を用いて補完する（王，2013）．

　ここでは国家統計局が公表している都市部の1人当たり可処分所得を「公表所得」と呼び，これに王小魯が推計した各所得階層におけるグレーな所得を加算することで「推定所得」を得る．これらの「公表所得」と「推定所得」をもとにして，所得階層の間で所得を比較し，所得分布がどう変化したかを検討する（データと分析手法の詳細については，Cai and

Wang, 2014 を参照のこと).

国家統計局は，1 人当たり世帯所得に基づいて都市住民を七つの所得階層に分けている．すなわち，最低所得グループ（第 1 十分位の 10%，D1），低所得グループ（第 2 十分位の 10%，D2），下位中所得グループ（第 3，第 4 十分位の 20%，D3-D4），中所得グループ（第 5，第 6 十分位の 20%，D5-D6），上位中所得グループ（第 7，第 8 十分位の 20%，D7-D8），高所得グループ（第 9 十分位の 10%，D9），最高所得グループ（第 10 十分位の 10%，D10）．

所得格差の動きを知るためには最高所得グループと最低所得グループを比較するのが簡便である．そこで，私たちはまず最上位 10% の最高所得グループ（D10）と最下位 10% の最低所得グループ（D1）の所得比率を求める（D10／D1）．経済学者のパルマによれば，グローバル化の時代においては富裕層と貧困層の間の所得格差は，富裕層の所得によって決まるという．なぜならば，富裕層の所得が他の所得グループの所得に影響するからである．富裕層の所得は，中所得層が所得を維持できるかどうか，低所得層が不利な競争環境のもとでいっそう貧困に陥るかどうかに影響を与える（Palma, 2011）．このような所得格差の形成パターンは，中国の現実をよく反映していると考えられるので，私たちは最高所得グループ（D10）と下位 40% の低所得グループ（D1〜D4）の比率（D10／D1〜D4）も算出する．計算した 2 種類の所得比率とその傾向は，図 10-2 で示されている．

二つの所得比率の計算結果は，中国の所得格差の変化に関する以下の重要な情報を明らかにしている．第一に，所得階層間の所得格差は図 10-2 がカバーしている大半の年では拡大しており，これは一般に観察されている事実と整合的である．第二に，所得格差拡大の勢いは多かれ少なかれ弱まり，2008 年以降はむしろ所得の平等化が進んでいる．つまり，所得格差の拡大がピークを迎えたのち，格差縮小へ転じ始めているのである．公表所得で見た格差の縮小は労働市場における変化と整合的だし，推定所得でみた格差の縮小は，中国政府が所得の再分配，資源の市場化に対する規制の強化，そして反汚職キャンペーンに努めていることと整合的である．このような変化がもし続くのであれば，クズネッツの転換点に到達したこ

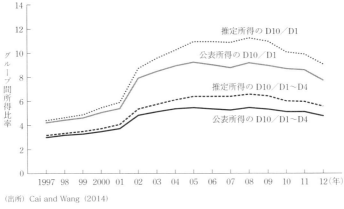

(出所) Cai and Wang (2014)
図 10-2 公表所得と推定所得から算出した所得格差

とが確認できるであろう．第三に，推定所得の格差が公表所得の格差を上回っている．つまり，グレーな所得が加わったときにはどの所得階層間で比較しても所得格差が大きくなるのである．

王小魯が推計したグレーな所得に関するデータを使用したのは，私たちが財産収入などにおいて所得が過少に報告されていることに同意するからであるが，彼の推定の細部にまで同意したわけではない．公式統計にグレーな所得の推計値を加えるのは真の所得格差を求めるためではなく，現在の所得不平等をもたらしている要因の一つが不公正で不平等な資源の配分にあることを明らかにし，より的を射た政策提言をするためである．

5 結 論

中国の所得分配の問題は一次分配と再分配の双方にある．それゆえに，一次分配と再分配を規定する政策を調整する余地は大きい．低所得層の所得を増やし，中所得層の規模を拡大し，高所得層の所得を規制することで，所得格差を縮小することができる．

一次分配にかかわるいくつかの要因が大きな所得格差をもたらしてきた．農村に長期にわたって余剰労働力があったため，相対的に希少な資本に対して手厚い所得分配がもたらされた．おまけに，生産要素価格がゆがんでいる場合，例えば資本の労働に対する相対価格が人為的に引き下げられて

いるときには，所得分配はますます不平等になりがちである．さらに，資源や生産手段が不公正，不公平，不透明に分配されるならば，特権集団が自らの有利な地位や不正な手段を利用して，土地，鉱物資源などの採掘権，あるいは国有資産の使用権を獲得するだろう．それゆえに，所得分配の問題を解決するためには，ルイスの転換点が到来したチャンスを利用して徹底した改革を行うべきである．

再分配によって，所得格差をもたらす根本要因を変えることはできないが，一次分配の結果として生じた所得格差を調整することはできる．しかし，制度のゆがみと不適切な政策のため，再分配後に所得格差は縮小せず，かえって拡大してしまっている．例えば，社会保障，社会扶助，その他公共サービスへのアクセスが，企業，地方，戸籍によって差がつけられていたり，特定のグループが排除されているとすれば，そのような公共サービスは貧しい人たちを助ける代わりに豊かな人たちを助けることになる．言い換えれば，このような再分配は逆進性を持ち，国民の間での生活水準の格差を拡大させる．

それゆえに，再分配のシステムを改革することは所得分配を改善するうえで不可欠の前提となっている．所得と公共サービスへのアクセスにおける格差が小さい国でも再分配が行われて初めて調和的な分配が実現している．現在の中国の税制は，構造的に所得分配を平等な方向へ調整するのに役立っていない．例えば，2013年のデータでは，直接税は税収全体のうちの26.2％を占めるにすぎない．個人所得税は直接税の一種であるが，税収全体のうちわずか5％を占めるのみで，財産税は世帯と個人からはほとんど徴収されていない（Gao, 2014）．不平等な所得分配を是正し，将来の所得の流れを改善するにはまず税制の改革が必要である．

所得不平等が存在し，所得格差をもたらす資源の不公平な分配，一次分配で形成された所得不平等を是正するのに役立たない再分配などはすべて既得権益を作り出している．既得権益を有する集団は政策決定に対する影響力を持っており，故意であれ，偶然であれ，所得分配に関する改革を妨害する．それゆえに，制度的な行き詰まりを打破するためには，政治的な勇気と政治的な知恵，そして改革を促進するためのいっそうの努力が必要である．

第 11 章　労働市場制度と社会保障

> 葉公は政治について問うた．孔子は「近くの者を満足させると，遠く
> の者がひきつけられてやってくる．」と答えた．（「葉公問政，子曰，近
> 者説，遠者来」）（孔子『論語』子路第十三之十六）

　中国の急速な経済成長のかたわらで，中国政府は全国の農村地域で貧困
緩和プログラムを実施し，労働移動を増やし，労働市場に対する規制を強
化し，都市部と農村部の双方で脆弱な状況に置かれている人々のための社
会的セーフティネットを構築してきた．しかし，30 年以上にわたって政
府が優先してきたのは社会保障の提供よりも経済成長の促進であった．中
国の社会保障と公共サービスは経済成長の実績に比べると遅れをとってい
る．しかも都市住民と農村住民との間では，公共サービスと社会保障への
アクセスにおいて明瞭な差が残っている．

　中国が中所得国の罠にはまった国々の経験から汲み取るべき教訓の一つ
は，経済発展段階が中所得レベルの場合，多くの社会的リスクがあるとい
うことである．途上国では社会保障が行き届かないために不平等が起きて
いるが，それは政府の財政力に限界があるからというだけではなく，そも
そも政府には社会保障の分野に十分な資金を投入するインセンティブがな
いからだということが理論的にも経験的にも示されている．政府の財政力
と政府のインセンティブはいずれも発展段階につれて変化するので，中国
政府の社会保障政策が，国民経済の発展段階が推移するにつれてどのよう
に変化していくのか検討することは有益であろう．

　本章では，ルイスの転換点に到達したことが労働市場にどのような影響

を与えたのかを明らかにし，労働者の労働市場制度に対する要求の高まり，労働市場制度の構築と社会保障制度の整備，そしてこうした転換を促進するインセンティブについて議論し，そして最も改革が必要な政策は何かを明らかにする．

1　労働市場の転換

中国経済がルイスの転換点を通過すると労働市場は二重経済の状態から新古典派的な状態へと大きく転換しはじめた．前者から後者への道のりは長いが，両者は賃金決定のメカニズム，労働市場における均衡を実現するメカニズム，主要な雇用問題，政府が雇用促進に対して負っている責任が異なっており，そうした違いを知ることによって私たちはこの転換をよりよく理解できる．

中国は長期間にわたって二重経済発展を続けてきたが，そのもとでは農民たちは平均生産量によって決まる生存水準レベルの報酬を受け取っていた．これは，新古典派モデルが想定するような限界生産量に基づく報酬とは対照的である．そして，この平均農業生産量に基づいて，非農業部門の賃金も制度的に決定されていた．つまり，制度的障壁によって労働移動が妨げられていたため，農業部門には過剰労働力が滞留し，非農業部門における賃金が労働者の限界生産量に等しい水準へ上昇することを妨げていた．都市と農村の両方で雇用機会の欠如に起因する不完全雇用や偽装失業が発生していたため，政府の責務は雇用を促進することと労働市場の制度的障壁を取り除くことであった．

経済発展がルイスの転換点を越えて進むと，中国の労働市場は新古典派経済学が描くような世界に近づくだろう．第一に，賃金は全体として限界労働生産性によって決まるようになり，市場の需給関係と労働市場の制度によって決定される．第二に，労働市場は長期的には労働の需給不均衡を是正することができる．第三に，失業は三つの基本的なタイプ，すなわち，循環的失業，摩擦的失業，構造的失業からなるが，いずれもマクロ経済政策と労働市場政策によって対処すべきものである．

雇用状態の変化を検証することで，中国の二重経済発展から新古典派的

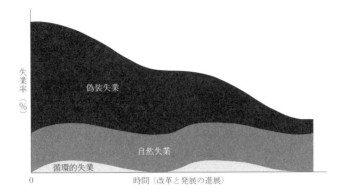
（出所）筆者作成
図 11-1　中国の労働市場における失業の原因の変化

成長への労働市場の転換を実証的に明らかにできる．雇用の不足は，偽装失業，構造的失業と摩擦的失業（すなわち自然失業），そして循環的失業に起因する（図 11-1）．

　中国が二重経済発展を続けていた時代には，農業就業者の 3～4 割が余剰だとみなされていた（Taylor, 1993）だけでなく，都市でもそれぐらいの余剰労働力があると考えられていた（張，2008）．このような労働力の過剰な供給は，不完全就業あるいは偽装失業を引き起こし，それが長い間中国の労働市場の特徴となっていた．本書第 3 章では，ルイスの転換点が到来したことによって偽装失業が削減され，労働市場が新古典派的成長に転換したことを指摘した．

　二重経済の状況にはない欧米ではマクロ経済学と労働経済学の研究者は主に二つのタイプの失業に焦点を合わせている．それは，循環的な失業，および摩擦的失業と構造的失業からなる自然失業である．新古典派的な労働市場が正常な状態にあるときは，マクロ経済の変動は労働の需給関係における一時的な変化として現れる．経済が安定しているときは，完全雇用状態（ただし自然失業は存在する）にあるが，マクロ経済が不況に陥ると，循環的な失業が発生して完全雇用から逸脱する．

　一方，自然失業は摩擦的失業あるいは構造的失業のいずれかの形態をとり，おもに求職者と使用者の間でのミスマッチによって起こる．このようなミスマッチは常時存在し，求職・求人のために時間がかかることで生じるものは摩擦的失業，社会が求める技能が変化することで生じるものは構

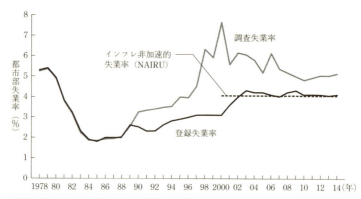

(出所) 登録失業率は国家統計局編(各年版)より引用．調査失業率は，1989年以前は登録失業率と等しいと想定し，国家統計局編(各年版)と国家統計局人口和就業統計司(各年版)に基づき算出，1990〜2004, 2006, 2007年は，2005年の1%抽出人口センサスと2010年の人口センサスのマクロデータに基づき推定し，Li (2013) と蔡 (2015) に基づいて算出．インフレ非加速的失業率は都・陸 (2011) より引用．

図11-2 中国的特徴を持つ失業指標

造的失業と呼ばれる．以下では中国の公式統計や研究で示されているいくつかの失業指標を解明しつつ，過去と現在の雇用状況を描く．

一つ目の指標は登録失業率で，都市戸籍を持つ労働力にのみ適用されるものである．図11-2が示すように，10年以上の間，登録失業率はずっと4.1%前後で安定している．登録失業率は，実際の雇用状況を反映するのにあまり役立たないとみなされている．なぜならば，登録失業率の統計から，都市部に住んでいて都市部の雇用の35%を占めている出稼ぎ労働者が排除されているからである．

二つ目の指標は，国際労働機関 (ILO) によって定義され，推奨されている調査失業率である．国家統計局は1990年代半ばより労働調査を実施しているが，この調査失業率は公表されていなかった．この調査データを利用し，いくつかの合理的な仮定を置くことで経済活動人口と雇用人口を推定することができる．そして，経済活動人口から雇用人口を差し引いたものが失業人口となる．失業人口の経済活動人口に対する比率が都市部における調査失業率ということになる．図11-2からわかるように，調査失業率は世紀の変わり目にピークを迎えた後に，着実に低下していき，

---

(68) この推定に関する詳細は蔡・王 (2004) を参照のこと．

近年は相対的に安定している．夏のダボス会議としても知られるニュー・チャンピオンズ年次大会（Annual Meeting of the New Champions）の2014年大会において，中国の李克強首相は，同年1〜8月の調査失業率が5%前後だったことを公表している．

三つ目の指標は，自然失業率，あるいはマクロ経済学者がいうインフレ非加速的失業率（NAIRU; Nonaccelerating Inflation Rate of Unemployment）である．自然失業率は，調査失業率からマクロ経済に連動する循環的失業の部分を取り除いたものと定義されている．都陽と陸暘の推定によると，NAIRUは4.0〜4.1%となっている（都・陸，2011）．それは近年の登録失業率とほぼ一致しているが，これは偶然でも驚くべきことでもない．都市戸籍を持つ者だけが失業者として登録できるので，登録失業率と自然失業率が等しいということは，つまり都市戸籍を持つ労働者は自然失業の状態にあって，循環的失業とは無関係だということになる．言い換えると，今日の中国ではマクロ経済の下振れがあったときには出稼ぎ労働者だけが循環的失業に陥り，都市部の労働市場で景気循環の調節弁にされているということである．

2 増大する労働市場制度への期待

農村の余剰労働力が減少し，労働力不足の状況が生じたことで，労働市場における一般労働者の交渉力が徐々に改善している．しかし，労働の需給関係が変化しても，もともと立場が弱かった労働者たちの困難は解消していない．

第一に，出稼ぎ労働者たちはインフォーマルな形態で雇用され，社会保障の対象となっていないため循環的失業のリスクにさらされているが，その状況は公式の失業率統計では明らかにされていないのである．都市で雇用されている出稼ぎ労働者の大部分は，正式な労働契約を結んでおらず，不安定な職に就き，社会保障制度の対象となっておらず，都市戸籍の労働者並みの賃金や労働条件を求めるのも難しい．図11-3は，都市戸籍を保有している都市住民の労働者と比べて，出稼ぎ労働者における各種社会保険のカバー率が低いことを示している．

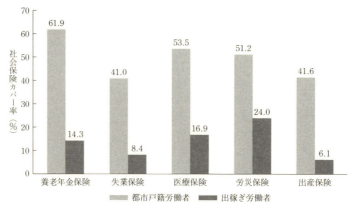

(出所) 国家統計局編 2013 年版

図 11-3　都市戸籍労働者と出稼ぎ労働者の社会保険カバー率

　第二に，学校からの新卒者，特に大学新卒者は雇用のミスマッチのために構造的失業に直面している．例えば，中国都市労働力調査（CULS）によると，失業率は都市労働力全体の平均では 4.8% であったが，21 歳の者に限れば 9.6% となっていた．新卒者の就業が困難なのは，まず国際分業のなかで低付加価値部門を担っている現在の中国の製造業では，高等教育を受けた労働者への需要が少ないこと，そして，大学での教育内容が企業側の要求からかけ離れており，労働市場におけるミスマッチを引き起こしていることによる．

　第三に，都市戸籍を持つ労働者の間では，年齢の高い労働者，フォーマルな教育を受けていない労働者，健康状態がよくない労働者，そして，時代遅れの技能しか持っていない労働者など，人的資本の欠乏が問題である．都市部の労働市場は，1990 年代後半より痛みを伴う調整を経験してきており，2002 年までに合計で 4000 万人が一時帰休となった．経済が成長し，労働市場が発展したことで，一時帰休や失業者となった人々は，次の新しい仕事に就くか，あるいは定年退職した．つまり，こうした労働市場の調整は都市部における偽装失業を減らすのに役立ったが，年齢の高い労働者はその後も摩擦的失業や構造的失業にさらされやすい状態にある．

　王広州と牛建林の計算によると，この計算を行った時点で 33 歳を境として，9 年間の義務教育かそれ以上の教育を受けている世代と，9 年未満の教育しか受けていない世代とが分かれていた（王・牛，2009）．すなわ

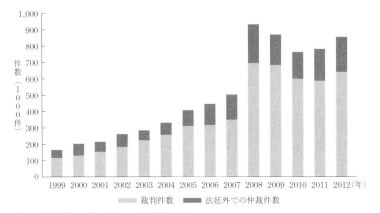

図 11-4 労働争議件数の増加
(出所) 国家統計局・人力資源和社会保障部 (各年版)

ち，当時 33 歳以上だった労働者は，人的資本の面で明らかに不利な立場にあった．

　労働者たちが自分たちの権利に目覚める一方で，立場の弱い労働者たちは現在および将来のリスクに対して，労働市場制度への期待を高めている．近年，給料や労働条件，労働契約，社会保障などをめぐる労働争議が増えており，それらを解決する制度が必要となっている．特にいくつかの労働関連の法律が可決，改正され，労働者の権利意識が高まった 2008 年以降，中国の労働争議の発生数が急激に増加した．公式データによると，2012 年の労働争議の件数は 2003 年の 3 倍となった（図 11-4）．さらに，労使関係の紛争に触発された深刻な騒擾の件数も増加している．

　しかし，労働争議の増加は必ずしも労使関係の悪化の兆候を示しているわけではなく，労働市場制度に対する強い期待の表れなのかもしれない．ハーシュマンはその有名な著作のなかで，市民や消費者や労働者が市場経済のなかで感じる不満を表明する 3 種類の方法を示している．すなわち，退出，発言，忠誠である（Hirschman, 1970）．ここで，私はハーシュマンの表現を借用してルイスの転換点以降の中国の労使関係について述べる．

　二重経済発展が続いていた時代には，労働供給が過剰で，雇用機会が足りなかったので，労働者は別の新たな仕事を見つけるのが困難であるため，通常は退出の権利は行使しなかった．しかも，現在の仕事を失うことを恐れて，改善を要求するような発言の手段も採ろうとはしなかった．しかし，

二重経済発展から新古典派的成長の段階へ移行が進み，ルイスの転換点を越えると，一般労働者や出稼ぎ労働者が中国の都市部でより多くの雇用機会を獲得できるようになった．そのため労働条件に不満があれば，「足による投票」，すなわち退出を選択するし，不満を表明する権利を行使する余地も大きくなった．

個々の労働者がどの方法を選択して行使するかは，彼らが現在の仕事にどれほどの愛着を持っているかに依存している．例えば，成長の見込みが乏しい小企業で仕事に不満のある労働者は簡単に退出するであろう．なぜならば，よそでよりよい仕事を見つけることができる見込みが非常に高いからである．しかし，業界での声評が高く，成長のポテンシャルがある大企業の場合，労働者は不満があっても仕事を辞めたくないので，労働者は賃金引き上げと労働条件の向上が欲しいときは不満の声をあげたり，団体交渉をしたり，時にはストライキに訴えたりするだろう．以上はすべてハーシュマンのいう「発言」である．

私と王美艶は集計された統計と調査データを用いて相対的に発展している地域，フォーマル・セクター，そして大企業において，労働争議の発生率が高いことを明らかにした．これらでは，後進地域，インフォーマル・セクター，小企業よりも賃金は高いし，社会保険も完備していて，労働条件もいいはずだが，それでも労働争議の発生率が高いのである（Cai and Wang, 2012a）．この事実から，ルイスの転換点に到達した後の労働争議の急増は労使関係の悪化を意味するものではなく，むしろ労働者が権利意識に目覚め，労働関連法令の遵守，最低賃金制度，賃金と労働条件に関する団体交渉といった労働市場制度に対して期待していることを反映したものだ，ということがわかる．

加えて，技術進歩の加速と産業高度化の進展につれて，農業以外の産業における雇用の大部分を占める農村からの出稼ぎ労働者，新卒者，そして都市戸籍を持つ年齢の高い労働者たちは，労働市場の変動の影響を受けるようになるだろう．それゆえ，すべての労働者をカバーするような広義の社会保障の確立が急務である．そこには労働市場制度の確立，社会保険の整備，そして都市と農村における最低生活保障が含まれる．

3　政府の役割の転換

　中国の急速な経済発展のもとでの労働市場の発展は，雇用の拡大をもたらし，労働者と家計に所得の増大をもたらした．一方，雇用の変動によって家計が直撃されるリスクを和らげるための労働市場制度や社会保障制度はおもに政府の努力によって構築するしかない．経済成長の促進に対する中国の中央政府と地方政府の役割は広く認識されており，開発指向国家，国家コーポラティズム，競争的な政府といった呼称とともに研究者によって活発に分析されてきた．[(69)]

　地方政府が財政収入拡大というインセンティブを与えられたことによって，あたかも企業家のように経済発展のプロセスに深く関与してきたことが多くの研究によって明らかにされている．改革開放後の財政分権化によって，地方政府は地元の経済発展を推進すること対して強いインセンティブを与えられてきた．[(70)]地方政府は近隣地域と競争しているため，効率的に機能するよう圧力を加えられている．もし，中国が豊かな「和諧社会」の構築という目標を達成したいのであれば，市民に対する社会保障の提供においても，経済発展の促進と同じぐらいに熱心に取り組む必要があるだろう．

　しかし，中国の中央・地方政府が経済発展に熱心に取り組んできた理由を財政収入拡大へのインセンティブだけに帰するのは正しくない．中国政府の指導者たちは，改革を始めると決めたときからその後の改革全体を通して，常に人々の生活水準の向上を改革の根拠として挙げてきた．ただ，経済発展の初期段階では GDP の増大と政府の財政収入の拡大が，1人当たり所得と人々の厚生水準の向上の前提であった．そのため，中央政府は各レベルの地方政府を経済発展の観点から評価・監督し，刺激するような

---

(69)　例えば，Walder（1995），Oi（1999），Herrmann-Pillath and Feng
　　　（2004）を参照のこと．
(70)　［訳注］中国の場合，一般的な民主的な国家と異なり，選挙に当選するた
　　　めに住民の効用を高めるインセンティブはない．その代わりに，地元の経済発
　　　展などの成果を上げれば，官僚として昇進するチャンスが開ける．このことが
　　　地方政府官僚に対するインセンティブとなっている（周黎安，2007）.

システムを作った．こうして地方政府には経済発展への強い動機が与えられ，地方政府は経済発展の追求に奔走したが，他方で社会発展が無視された．

改革開放以前の計画経済期には，労働者に対する社会的福利はすべて企業などの勤務先（「単位」）によって供給されており，都市部で雇用されていない人々には社会的福利はなかった．中国における政府と単位との間の役割分担は市場経済体制とは真逆になっていた．計画経済期の中国では，政府が生産の決定を行い，単位が社会保障を供給していた（Lindbeck, 2008）．単位が提供する社会的福利はまず従業員に対する終身雇用（「鉄茶碗」）に始まり，医療，高齢者福祉，社宅，幼児保育，そして義務教育にまで及び，通常なら資金を社会的にプールして政府が行うような社会保険や公共サービスを企業が提供していた．

改革開放期の経済改革の過程では，国有企業の経営ミスによってもたらされた損失と，企業が負っている社会保障負担によって生じた損失との区分が行われた．この区分は，国有企業の経営を改善する狙いがあり，結果的に国有企業の社会保障機能が徐々に切り離されていった．しかし，国有企業が担っていた社会保障機能を政府が完全に引き継いだわけではなかった．図11-5が示すように，制度が不備で，発展が足りないために，改革によって国有企業から社会保障機能が切り離したのちには大きな空白が生じてしまった．

企業などの「単位」が社会保障の提供を削減して以来，政府は社会保障を提供するために巨大な負担を背負うことになった．しかし，社会保障を運営するための基金が蓄積されていなかったし，社会保障を運営するメカニズムも計画経済時代には存在しなかったので，政府にはとうてい負担できなかった．そこで，中央政府と地方政府は国と地方の経済発展を促進する一方，企業にも社会保障を提供する責務を残した．このような戦略は，中国の政治経済状況や発展段階の点から見て理に適っていた．

改革開放の開始以来，中国の政治指導者は経済発展を促進して人々の生活水準の向上をもたらすことで，改革に正当性を与えてきた．加えて，政治的安定は，さらなる改革のための広範な支持を得るための鍵だと考えられていた[71]．したがって，中央政府と地方政府は，労働市場の発展プロセス

において，自由化と規制の双方に同じように注意を払っていた．その一方で，国有企業には労働者に社会保障を提供する責任の一端を担うことが求められていた．例えば，貧困に陥りそうな労働者に対しては労働組合の支援もあるし，政府は企業が経営上の困難に直面したときでも労働者の解雇を避けるよう説得してきた．また，年齢の高い労働者にも一定の賃金を提供し，彼らを労働市場における競争から保護してきた．

最も典型的な事例は，1990年代後半に中国の都市部労働者が大幅な雇用削減に見舞われたときに見られた．このとき，都市部で多数の労働者が国有企業からレイオフされ，その結果，都市部の失業率は数年間上昇した．その時点では，解雇された労働者の生活を安定させるのに役立つ失業保険制度は存在していなかった．そこで，社会的なショックをやわらげるために，ユニークな失業保険の制度が作られた．この制度は企業レベルで設立され，レイオフされた労働者には基本生活手当が支給され，社会保険料の負担も肩代わりされた．レイオフ労働者に対して支給される手当や社会保険料の負担は，労働者が属していた企業，中央・地方政府，そして失業保険基金が分担した．

ルイスの転換点を通過した後には社会保障のレベルが高まることが期待される（図11-5）．それは政府の財政力が強まるからであるとともに，中央・地方政府がよりよい公共サービスを提供するインセンティブを持つからでもある．ルイスは，第二次世界大戦後のヨーロッパの急速な経済成長によって生じた労働力不足に関する研究のなかで，過剰人口の問題はもはや主要な心配事ではなくなったので，団体交渉などの労働市場制度が制限されることもなくなったと述べている（Lewis, 1979）．

中国の中央と地方の政府は全体として発展指向型国家として機能しつつ，地方政府の間では互いに競争していることを考慮すると，ルイスの転換点を越えた後の地方政府の役割転換は，チボーのモデルによって理解することができる．チボーは「足による投票」[72]のメカニズムを通じて地方政府に

---

(71) Öniş によれば，開発指向型強権国家と専制国家との違いは，前者には政府と社会との幅広い相互作用や対話があることだと指摘している（Öniş, 1991）．中国共産党は中国の人民の圧倒的多数の根本的利益を代表すると自己規定しているので，中国政府は制度に対する人々の需要を満たせるような政策決定を目指してきた．

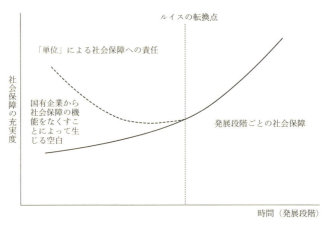

図 11-5　社会保障レベルと改革・発展の段階

よる公共サービスの供給が市場を通じて最適なものになることを説明した (Tiebout, 1956). この理論によれば，人々は公共サービスに対してそれぞれ固有のニーズと選好を持っており，各地方政府の公共サービスに関する情報に基づいて自分に合ったところへ移住していくのである．地方政府も公共サービスの供給を調整し外部性を作り出すことによって，住民の数と構成に関する自らの需要と選好に合致するように住民を引き寄せたり，拒絶したりする．

　ルイスの転換点に到達する前は，地方政府は発展を指向していたとしても労働市場を通じて経済発展を促進しようとはしなかった．地方政府が注力していたのは資本を引き入れることと道路，橋，空港のような公共インフラを建設することで，それは雇用機会の創出にもつながった．1994 年に分税制改革が実施され，中央政府（および一部は省レベルの政府）が基本的な社会保障を担う財政力を獲得した．1990 年代後半の大幅な雇用削減に直面したときには，政府は積極的な雇用政策を実施し，基本的な社会保障制度を構築したので，少なくとも理論上は都市住民は社会的セーフティネットによってカバーされるようになった．その後，公共サービスをどん

(72)　ワシントン大学の地理学者 Chan Kam-wing は，中国の農民が都市へ移住する動機を説明するために，この「足による投票」のコンセプトを用いた (Lague, 2003).

な戸籍の人にも平等に提供するという方針に基づき，社会保障制度が農民
や出稼ぎ労働者にも拡大されていった．

　経済発展がルイスの転換点を越えて進み，労働力が経済成長の制約にな
っていることを政府が認識するようになると，政府は政策の方向をビジネ
ス中心から人材中心へとシフトさせた．つまり，雇用機会の増大よりも雇
用の質を重視するようになり，社会保障においても地元戸籍の者ばかりで
なく出稼ぎ労働者も対象に含めるようになった．むろん長年二重経済発展
のもとにあったことでもたらされた社会の二重構造が一夜にして打破され
るものではないが，地方政府はいまではチボーの理論で描かれた地方政府
のように，公共サービスの充実と平等化によって人材をひきつける方向に
向かっている．

4　社会保障の発展

　中国の中央・地方政府はルイスの転換点以後の状況に対応するために，
労働や社会保障にかかわる法律の整備を進め，労働市場制度を強化し，包
括的な社会保障システムを構築し，戸籍制度の改革を加速している．ただ，
制度の構築と社会保障の強化は一部で顕著な進歩を見せたものの，あらゆ
る市民に平等かつ十分に社会保障を提供するという目標の前には依然とし
て根深い制度的障壁が立ちはだかっている．

　中国の最初の労働法は 1994 年に制定された．この当時，農業部門に
はまだ余剰労働力が多く，そうした労働力を早く非農業部門へ移動させる
必要があるという認識だったので，労働法はきちんと施行されなかった．
外資系企業などは労働法の施行によってコストが上がると見込んでいたが，
実際にはそのようなことは起きなかった．中国は労働コストを抑えて労働
集約的な産業で比較優位を獲得するモデルケースだと他の途上国からみな
された[73]が，そんな中国にもついにルイスの転換点が訪れたのである．それ
以来，中国政府は労働関連の法律の制定と施行を強化することで，労働市
場を規制し，社会保障を強めてきた．

---

(73)　例えば，インド政府の報告書（Government of India, 2006）にもその
　　ようなことが書いてある．

2008年だけでも三つの労働関連の法律が施行された．まず労働契約法は，出稼ぎ労働者と立場の弱い都市部労働者の雇用安定と保護を強調している．就業促進法は，中央・地方政府に対して雇用の促進と労働市場における各種の差別を撤廃する責務を負わせている．最後に，労働争議調停仲裁法は，労使関係改善のための法的枠組みを提供する意図がある．ただ，2008年から2009年にかけての世界金融危機の際に，中央政府は地方政府がこれら三つの法律，とりわけ労働契約法の強制力を緩くすることを認めた．それでも三つの法律が制定されたことで企業の雇用活動に対する規制が強まり，労働市場の制度化も進展した．

労働経済学の研究によれば，労働市場制度が果たす役割は経済の発展段階によって異なる（Freeman, 2008）．発展途上国がルイスの転換点を通過したのちは，賃金，雇用条件，そして労使関係は，市場での力関係よりもむしろ制度によって決まるようになる．労使関係が制度化へ向かう傾向を示す代表的な指標の一つが最低賃金を調整する頻度と引き上げ幅の増大である．中国で最低賃金制度が導入された初期の1990年代には，最低賃金の水準は低かったし，めったに引き上げられず，出稼ぎ労働者にはほとんど適用されなかった．労働力不足が広範囲に広がった2004年以降，中央政府は地方政府が2年に一度は最低賃金の水準を調整し，出稼ぎ労働者にも適用するよう要求した．各都市では労働力不足の圧力を受けて最低賃金を引き上げる頻度を増やすとともに引き上げ額も高めている．

1990年代後半から2000年代前半まで，中国の社会保障制度の発展は都市住民の間で社会保障の網を広げることに焦点を合わせていた．この網には最低生活保障制度，基本養老年金，都市の労働者と住民むけの医療保険制度，そして失業保険制度が含まれる．2004年あたりから農村へ社会保障制度の網が広げられ，農村最低生活保障，新型農村合作医療保険,⁽⁷⁴⁾新型農村養老年金が導入された．

中央政府が社会保障の制度設計や地域間の資金の融通を担う一方，実際に社会保障プログラムの拡大に努力してきたのは地方政府であった．

第一に，地方政府は社会保障支出を増やし，地方財政に占めるその比率

---

(74) ［訳注］計画経済期の1950年代から農村合作医療制度（つまり旧型）が存在していたが，改革開放後の人民公社の廃止に伴い旧型の制度も崩壊した．

も高めてきた．世界銀行によると，2003年から2007年の間，中国の中央政府による年金への補助金の対GDP比は一定であったが，地方政府のこの比率は明らかに増大していた（World Bank, 2010）.

　第二に，労働力不足に最も悩まされた地域では，地方政府が社会保障制度に出稼ぎ労働者も包摂する動きを見せてきた．2008年から2009年にかけての世界金融危機によって企業経営が苦境に陥った際に，中央政府は企業が社会保険料の支払いを延期することを認めたり，労働者が負担する社会保険料を減額することで，企業の負担を軽くして雇用の維持を図った．労働力不足が深刻化していた地域では，地方政府が企業負担の軽減という中央政府の方針を利用して，保険料率を引き下げる代わりに出稼ぎ労働者にも社会保険の範囲を拡大した．

　第三に，出稼ぎ労働者の子供たちが都市部でも義務教育を受けられるようになってきた．もともと中央政府は出稼ぎ労働者の子供たちが都市部で義務教育を受けられるようにすべきだと規定していたが，実際にはこの問題は長年解決されずにいた．なぜなら，義務教育は専ら地方政府が負担していて，地方政府は出稼ぎ労働者の子供たちを受け入れる負担を嫌がったからである．多くの出稼ぎ労働者を受け入れている地域の地方政府が進んでその子供たちに義務教育を提供しようとしたときにのみ，教育のカバー率がはっきりと拡大するのである．

　第四に，地方政府は出稼ぎ労働者に対する賃金未払いの解消，労使紛争の仲裁，都市住民と出稼ぎ労働者との平等な扱いに対してかつてないほどの努力を払うようになった（王, 2006）.地方政府は社会の安定性維持と労働力不足への配慮から労使紛争の仲裁において以前よりも労働者側を支持するようになった．

　ただ，制度の構築と改革はまだ完成には程遠く，制度的障壁があるために，誰もが平等に社会保障を受けられる状態にはなっていない．その原因は三つある．第一に政府の財政力に限界があるため社会保障の提供に限界がある．これは国の発展段階がまだ低いことと関係している．第二に，地方政府の財政収入は社会保障を提供するためにはまだ十分とはいえない．第三に，財政力が欠如している結果，中央政府，地方政府のいずれもが社会保障を全面的に実施するための充分なインセンティブがない．そこで，

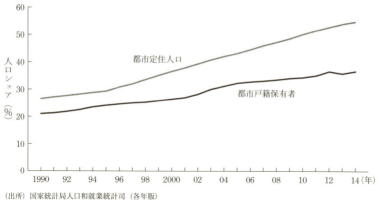

図 11-6　統計上と実際の都市化

上記の三つの原因にかかわる問題の解決，とりわけ戸籍制度の改革を加速させる必要がある．

　かなり長期にわたり，無制限の労働供給と公共サービスのための資源の欠如という制約のもとで，出稼ぎ労働者と都市戸籍労働者は雇用機会と福祉において競合関係にあったため，両者を平等に扱うような改革ができなかった．そのため，都市化が中途半端にしか進まず，出稼ぎ人口が安定的な労働供給源や消費者となることもなかった．公式の定義によれば，6カ月以上その都市に居住している出稼ぎ労働者は都市住民ということになるが，彼らに都市戸籍が与えられるわけではないし，都市部の社会保障制度へのアクセスでも差別されている．

　中国の中途半端な都市化の様相は，統計上の都市化と実際の都市化の差として見て取ることができる．2014年時点で都市住民の全人口に占める割合は55%であったが，都市戸籍を保有している人口の割合は37%に過ぎなかった（図11-6）．この18%ポイントの差は，主に農村から都市への出稼ぎ労働者である．

　中国はルイスの転換点に到達したので，中央政府と地方政府は経済成長の新たなエンジンを求めて，出稼ぎ労働者の定住化による都市化に活路を求めている．このことは，政府に戸籍制度改革を進めるインセンティブを生み出し，中央と地方政府の間，および都市戸籍保有者と出稼ぎ労働者の間でも利害が一致するようになってきた．その結果，戸籍制度改革は広く

深く前進するようになった.

　地域によって地方政府が戸籍制度改革を進める動機は異なっている．人手不足が顕著な沿海部では，人材を引き付けてとどめておくために戸籍制度改革が行われている．中西部ではインフラ投資への需要を引き出すため，そして，経済発展がキャッチアップ段階にある地域では，土地制約を打破するために戸籍制度改革が行われている．戸籍制度改革の動機によってさまざまな制度や実施方法が編み出されており，改革の方向は多様である．分権的に改革が行われればこのような多様性が生じることは自然であるし，それが改革の優位性にもつながっている．すなわち，改革のやり方に多様性を認めることで，改革を行う地方政府のインセンティブを強め，改革が成功するチャンスも高まる．

　その一方で，戸籍制度改革に対して，中央政府と地方政府の間で利害が一致していないという問題がある．地方政府が戸籍制度改革を開始するためには，インセンティブだけではなく，中央政府からの支持と承認が得られるような正当性が必要である．戸籍制度改革のパイオニアとなった省での事例を見ると，いくつかの欠点や課題を克服する必要がある[75]．

　第一に，中央政府は最低限の耕地面積を確保することを至上命題としているが，その要請と地方政府の都市化推進方針との間で矛盾が生じうる[76]．中国の 1 人当たり耕地面積は他の国と比べて極端に狭く，農業用地を非農業用地に転用しなければ工業化も都市化も進められない．中国西南部の農業地域である重慶市における改革実験は，最低限の耕地面積の確保という制約のもとで都市の拡大のために必要な用地を確保する興味深い試みである．

　重慶市は農地転用権の取引制度を導入して市の全域で土地利用と経済発展を調整することを目指した[77]．重慶の農村部では出稼ぎによる人口減少が

---

(75)　先行事例となった改革の詳細は，Cai（2013）を参照のこと．

(76)　［訳注］「全国土地利用全体計画綱要 2006-2020」では，人口や耕地の質を踏まえて，食糧の安全保障のために 2020 年時点で 1 億 2000 万ヘクタールの耕地を維持することを求めている．

(77)　［訳注］重慶市は中国に四つある直轄市の一つであるが，その面積は北海道とほぼ同じ 8 万 2400 平方キロメートルあり，広大な農村地域を抱えている．

著しく，利用されなくなった住宅用地や郷鎮企業用地や公共施設用地など
があるが，そうした農村の用地を農地に戻せば，市政府がその見返りに農
地転用権証書を発行する．この転用権証書は政府が運営する土地交換所で
売ることができ，それを購入した者は，重慶市内の他の場所で新たに農地
から工業用や住宅用に転用された土地を利用する権利が与えられる．この
ような制度が中央政府によって承認されるためには，農村の空き地が確実
に耕地になったかどうかを確認しなければならない．

　第二に，中央政府と出稼ぎ労働者が集まる地域の地方政府との双方が，
都市化がもたらすスラムの形成などの弊害を回避したいと思っており，そ
のための労働市場制度と社会保障メカニズムの構築に関心を持っている．
ルイスの転換点に到達したのち，出稼ぎ労働者は都市で絶対に不可欠な存
在となっている．農業以外の産業では出稼ぎ労働者に対する需要が常に存
在する一方，農業では急速に機械化が進んでおり，もはや余剰労働力を貯
めておく余地はない．出稼ぎ労働者はもはや農村に戻って農業をするわけ
にはいかないので，出稼ぎ先で職を得られなければ貧困民として都市にと
どまらざるをえない．したがって，戸籍制度改革ではこうした問題を包括
的に解決できるよう，社会保障政策に出稼ぎ労働者も包摂するようにした
り，耕地を柔軟に再配分するといった内容を含むべきである．

　第三に，国全体での戸籍制度改革のビジョンと，地方政府が実際に行う
戸籍政策とを調整する必要があり，そうしないと改革の効果に悪影響が及
ぶ．重慶市や広東省では農業戸籍を持つ出稼ぎ労働者たちに都市戸籍を与
える政策を実施しており，広東省では出稼ぎ労働者の学歴，技能，社会保
険料の納付状況から，献血やボランティアの実績までポイント化し，一定
のポイントを満たしたら都市戸籍が得られる．だが，重慶市と広東省の政
策はそれぞれ重慶市内，広東省内から来た出稼ぎ労働者だけが対象である．
2014年時点で中国全体に1億6800万人の出稼ぎ労働者がいるが，そ
のうちの46.8％が省を越えて移動した人々である．彼らは，現在多くの
省が実施している戸籍制度改革の対象とはならない．つまり，中西部の貧
しい地域から沿海部に来ている出稼ぎ労働者たちは戸籍の都市化のプロセ
スから排除されているのである．

　地方政府は，戸籍制度の改革を通じて地域の発展に対する制約を打破し

ようと積極的に取り組んできた．しかし，戸籍制度改革には次章で議論する「トップデザイン」と国全体の協調が必要である．つまり，地方政府に改革に対する積極的な取り組みを奨励するだけでなく，中央政府が国内外の経験や教訓に基づいて，社会保障の内容やそれがカバーする範囲，空き地の管理方法，改革のコストや利益の配分方法，実際の政策と改革全体の目的との関係などについて一般的なガイドラインを定めるべきである．

5 結 論

　ルイスの転換点が到来したことで，中国の中央政府と地方政府は社会保障の強化と労働市場制度の構築に対して強い意欲を持つようになった．しかし，中央と地方の間で財政収入を分配する分税制のもとで，公共サービスを提供する責任が中央と地方の収入比率に見合わない形で分けられている．中央政府は財政収入の大きな分け前をとる一方で，地方政府は公共サービスの提供に対してより大きな責任を負っている．地方政府が労働市場制度をきちんと整備し，社会保障を強化しようとしても，それに見合う十分な財源がない．

　地方政府の財政収入が制約されているために，必要な改革ができないし，経済成長方式の転換の障害ともなっている．地方政府は社会保障支出のほとんどを地方の財政収入から捻出しなければならないが，そのためにはGDPを増やして財政収入を増やすしかない．つまり，地方が得られる財政収入に比べて，地方が担うべき公共サービス提供の責任が不釣り合いに重い限り，地方政府は高い経済成長率を追求せざるをえないのである．

　中央政府のなかで社会保障にかかわる官庁がいろいろなプログラムを作り出して資金の分捕り合戦を演じている．その結果，中央官庁に資金と意思決定権が集中される傾向があるが，政府の社会保障プログラムが断片的になり，資金の利用における非効率が発生している．例えば，「貧困地域の発展促進」といった名目で中央政府から地方政府に対して特定用途に限定した資金の移転が盛んに行われているが，こうしたプログラムが増えることで中央官庁の支配力が強まる一方，本当に必要で緊急性の高い社会保障プログラムでは資金の不足が起きている．

それゆえに，財政制度の改革を行って，地方政府に対する財政収入の配分比率を高めることは，社会保障を強化するための必要条件であるし，それに合わせて次のような政府の改革を進めることも有益である．第一に，現在中央政府が実施している社会保障制度を基礎として，今後，地方政府が社会保障プログラムを実施し，両者を融合していくべきである．第二に，地方政府の主導により，社会保障の恩恵を貧困地域に広め，特に困窮する地域に配分していくべきであり，地方政府はそれに見合った能力を持たねばならない．

　中国の古いことわざに，「天下の大勢とは，分かれて久しければ合し，合して久しければ分かれる」というのがある．財政の集権化と分権化は，いずれも中央政府と地方政府の間における公共サービスの任務の分担と，財政収入の分配とを調和させることを目指すもので，改革開放期だけではなく，それ以前から何度も実施されてきた．私は財政を分権化し，財政収入を地方により多く配分することを支持するが，これは結局再び分権化と集権化の循環を始めることになるのではないか，無駄な改革になるのではないかと疑問に持つ向きもあろう．

　ここでのポイントは，チボーが描いたように地方政府が公共サービスを競い合うようなインセンティブが働くようになれば，地方政府は経済発展の促進よりも政府の本来の役割である公共サービスの提供に力を入れるようになるだろうということである．もし地方政府が本気でこうした転換に取り組むのであれば，財政の分権化は中国が中所得国の罠に陥ることを回避することにもつながるだろう．

第12章　改革のボーナスを獲得する

　しかし，（中国が）獲得した富は，他の諸法律や諸制度のもとでならば，その地味・気候および位置がゆるすものにははるかに劣るかもしれない．（アダム・スミス『国富論』第1編　第9章）

　中国が市場経済に完全に移行するまでは，経済システムのそこかしこに，労働供給，投資効率，そして全要素生産性（TFP）の改善を制約するような制度的障壁がある．改革によりこれらの障壁を取り除けば潜在成長率は直ちに上昇し，改革のボーナスを獲得できる．中所得国の段階に長く停滞している国々の事例から得られる教訓として，多くの国々は経済成長を妨げるような制度的障壁を取り除くことに失敗しているために停滞から逃れられないということである．中国がこの中所得国の罠から逃れるための唯一の方法は，改革を進めて，市場経済システムを構築することである．

　さまざまな改革を実施するには経済成長はある程度犠牲にせざるをえないだろう，つまり，どの改革も反成長的であると広く信じられている．国際通貨基金（IMF）の研究も，改革は長期的には成長につながるが，改革の初期時点では，改革と成長の間にトレードオフの関係があると指摘している．しかし，こうした考え方は二つの理由でミスリーディングである．第一に，経済の持続可能性と健全性を犠牲にするような政策手段によって駆り立てられた経済成長は無価値であり，有害である．したがって，無理のある経済成長促進策をやめて成長率が下がったとしても，それをなんらかの犠牲のようにみなすべきでない．第二に，改革の内容によっては，長期的にプラスの効果があるだけではなく，成長に対する好影響が即座に現

れることも期待できる．それを「改革のボーナス」と呼ぶことにしよう．

改革ボーナスの存在を認識することは，改革に対するコンセンサスを獲得し，改革を進めるアプローチを選択し，改革の実施に整合的なインセンティブを形成するうえで重要である．この章では，現在の中国の指導部が描く新たな改革の目的について議論し，改革ボーナスの推定を行い，改革を成功に導くような政治経済的なロジックを明らかにする．

1 中国の改革は行き詰っているのか？

中国では1980年代から1990年代にかけて大胆で劇的な改革が実施されたのち，21世紀初頭から改革が停滞している，と多くの研究者が見ている．例えば，社会学者の孫立平は，中国では改革半ばの体制がそのまま硬直化して変えることができなくなっており，それは既得権益を守る役割を果たしている，と指摘する．彼はこうした状況を「移行の罠」と呼んでいる（孫，2012）．こうした批判が当たっているかどうか，本章では中国の改革の現状を検証し，改革実施のプロセスがその内的な論理に合致しているかどうか検証する．

中国では，「改革」という言葉は，システムの構成要素と要素間の関係の双方が経済発展を阻害しているときに，要素を修正し，関係を調整することを意味する．つまり，改革とは，システムの中で経済活動を行っている政府，企業，個人といった経済主体がシステムの欠陥をなくそうとして行う制度の変更である．政治経済学の論理によると，制度変化が起きるのは変化の便益が費用を上回るときである．中国の改革開放の初期には，それまでの計画経済システムの欠点は明白であり，制度変化によってすべての主体が便益を得るチャンスがあった．それゆえに，改革は経済システムのさまざまな領域で出現しはじめ，以下のような特徴を示した．

第一に，初期の改革は，ほとんどボトムアップの形で実施されてきた．企業と個人が，インセンティブの改善と制度的障壁の廃止によって効率性を高める機会を発見すると，彼らは自発的にシステムのなかの障害を撤廃し，当局から承認もしくは黙認を取り付けようとした．そうした改革の実験が経済的に効果的で，政治的に無害である限り，政府はそうした試みを

承認し，より広い範囲で実施することを許可した．そして，最後に改革の試みは中央の政府と共産党の公式文書に正式に書き込まれたのである．

農村部での農家経営請負制の導入は，こうしたボトムアップ型改革の典型例である．最初は安徽省の極貧の農村地域に位置するほんの数カ所の生産隊で，耕作する農地を各世帯に請け負わせ，それを地元の幹部が黙認した．請負制が農家のインセンティブを高め，農業生産量の増加に役立つとわかったとき，より上級の政府機関もこの試みを承認した．請負制は共産党の公式文書のなかでも徐々に認められるようになり，最終的には農業の基本的な制度として中国の憲法に書き込まれるまでに至った．

第二に，初期の改革は，「パレート改善」という特徴を持っていた．パレート改善とは，あるグループの便益が増加しても，ほかのグループには損害をもたらさないという意味である．もちろん改革の初期時点にだって既得権益は存在したし，それゆえに改革には政治的リスクも伴ったのであるが，改革の多くの選択肢があったなかで，政治的コストが最小で政治的便益が最大であるものが導入され，広まったのであった．

加えて，改革の初期における既得権益層の多くは低所得層であった．商品価格の自由化を行えば低所得層が影響を受け，生活の維持にも困難を来す恐れがあった．そこで商品価格の自由化という最終目標と，人々の生活水準向上のために改革を行うという目標とを調和させるために，一つの商品に計画価格と市場価格が併存する二重価格制が導入された．

経済学における収穫逓減の法則は制度変化のプロセスにも当てはまる．計画経済から市場経済への移行が進むにつれて，経済的なインセンティブを抑制していた制度の要素が次第に取り除かれ，何らかの制度変化によって経済効率を高めうる可能性があれば，そのチャンスが見逃されることはなかった．こうして収穫しやすい果実が収穫されつくすと，改革によってパレート改善ができるチャンスは少なくなっていき，あとは既得権益を打ち破るような改革しか残っていない．

改革を前進させるためには，それが人々の生活水準の向上に役立つものであることを示さなければならない．中国の『礼記』に「周の文王・武王の政治原理は，あるときは緩め，あるときは引き締める（一張一弛）」という表現があるが，これは中国の改革のアプローチとリズムを特徴づけて

いるものである．中国の改革では，パレート改善になるものが選択される
傾向があり，人々がすぐに，あるいは段階的に恩恵を受けるようになって
いる．その意味で，21世紀最初の10年間における改革の停滞は，
1990年代後半の急激な改革を補う意味があったといえる．

　1990年代後半の急進的な国有企業改革は，国有企業のソフトな予算制
約をハードなものにし，「鉄茶碗」と呼ばれる終身雇用制度を破壊し，労
働市場の発展を促進し，国有企業を活性化したが，都市部で労働者が大量
にレイオフされたため，社会に混乱をもたらした．ひとしきりの改革の後，
社会が求めていた次なる改革は，古いシステムを思い切って廃止すること
ではなく，改革の成果を一般の人々が実感できるように社会的セーフティ
ネットを構築することであった．

　前にふれた孫立平教授以外にも中国の改革を批判する者がいる．中国の
改革プロセスの外部にいる観察者のほとんどは，ワシントン・コンセンサ
スのような外部の基準に基づいて中国の改革の進展を判断する傾向がある．
[78]
例えば，スウェーデンの経済学者リンドベックは経済システム改革を見る
うえで最も重要な基準を以下のようにまとめている．（1）企業の所有制，
（2）資産の所有制，（3）経済の意思決定方法，（4）経済の運営プロセス，
（5）企業のインセンティブ・メカニズム，（6）個人のインセンティブ・
メカニズム，（7）企業が直面する競争の激しさ，（8）個人が直面する競
争の激しさ，（9）対外開放度（Lindbeck, 2008）．

　これらの基準は，たしかに経済システムの重要なポイントをカバーして
いるものの，中国の改革の進展を誤って判断する恐れがあり，改革の目的
のなかで鍵となる重要な点を見落としている．

　第一に，上記のような基準に基づいて，「国進民退」ということが盛ん
にいわれ，国有企業による独占や，非国有企業が国有企業と互角の条件で
競争できないことが指摘されている．「大をつかんで，小を放つ（抓大放
小）」という方針に基づく国有企業改革が開始されたのち，大型国有企業
は自然独占分野に集中させ，中小の国有企業は民営化する改革が進められ，
[79]

---

(78)　［訳注］ワシントン・コンセンサスとは，ワシントンに本拠を置くアメリ
　　カ政府，世界銀行，国際通貨基金との間で成立した合意のことで，規制緩和や
　　小さな政府など市場の自由化を主な内容とする．本書第8章参照．

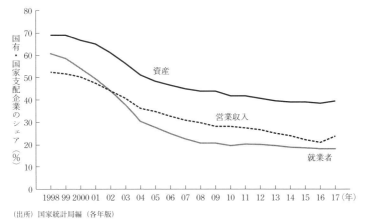

(出所）国家統計局編（各年版）

図 12-1　鉱工業のなかでの国有・国家支配企業のシェア

国有企業のシェアは低下したが，企業の規模はかなり大きくなった．

図 12-1 で示したように，鉱工業の営業収入，資産額，就業者数のそれぞれにおいて国有企業のシェアの低下傾向が 21 世紀に入って以降も継続している．ということは，非国有企業の重要性が次第に高まっているということである．つまり，企業の所有構造，意思決定の分権化，対外開放度，競争の激しさなどの点において「国進民退」のような状況は全く起きていない．

ただ，その一方で，リストラを経て活力を取り戻した国有企業は，自然独占業種で支配力を持ち，競争を阻害し，経済全体の資源配分の効率性を低下させている．巨大国有企業は巨額の補助金を獲得して，独占から利益を得ており，その利益は国庫に納付されずに経営者と労働者に対する高い報酬になったり，不動産や他の高利益が見込める分野に投資されたりしている．このような事実を考えると，「国進民退」というフレーズはあながち無意味というわけではない．

Unirule Institute of Economics（2013）は，国有企業による石油産業の独占によって，独占的な供給と価格設定が行われ，国有企業には政府からの補助金が与えられる一方，企業は土地や資源の利用にかかわる地

---

(79)　［訳注］自然独占とは，電力産業（特に配電部門）のように，財・サービスを提供する前に巨額な固定費が必要で，規模に対して平均費用が減少する性質を持っているため，新規参入が起きずに独占状態に至ることを指す．

代を十分に支払っておらず，中国の社会に巨大な厚生の損失をもたらしていることを示している．これは，第7章で示した国有企業と民間企業の効率性を比較した研究結果と整合的である．

リンドベックの議論の第二の難点は，それが経済システムの記述的分析で使われる一次元の枠組みだということである．彼はたしかに経済システムの各側面の間の関係について言及しているものの，各側面の間の階層的・論理的関係を明らかにしていない．経済システムはさまざまな制度的要素によって構成されており，それらのなかには，他の要素を規定する支配的要素と，従属的な要素とがある．

林毅夫と王燕によれば，内生的に選択される発展戦略こそが，経済システムのほぼすべての構成要素を決定する支配的要素である（Lin and Wang, 2010）．中国に関しては，1950年代初期に重工業化戦略が採用されたため，（1）資本や他の生産要素の価格を人為的に抑制することに焦点を合わせたマクロ政策環境が作られ，（2）資源と原料を配分する中央計画経済が作られ，（3）国有の工業と集団所有の農業を基礎とするミクロ管理システムが形成された．中国の改革開放以前の計画経済体制とは，以上の三つの要素が統合されて絡み合った経済システムのことなのである．

中国の計画経済体制が整合的に形成されたのとは対照的に，経済改革はミクロレベルで始まり，草の根の工場や農村の生産隊がインセンティブと効率性の改善に取り組むことを認めた．こうしてミクロ管理システムから始まった改革は，次に資源配分システム，マクロ政策環境，そして発展戦略へと，より根本的な要素へ順に展開していったのである（Lin, Cai, and Li, 2003）．

中国の経済改革の初期においては，改革に対する動機やインセンティブが欠けるということはなかった．改革にかかわった人々はみな制度変化からすぐに利益を得ることができたからである．改革は制度の中で欠陥が明らかなものが取り除かれるまで続いた．このときは，改革プロセスの停滞を誰も心配する必要がなかったし，改革のグランドデザインも必要なかった．しかし，改革が進んでいくと，上位の制度が改革の桎梏となったり，改革を進めるうえで関係者の間でインセンティブの相反が生じるようになると，グランドデザイン（頂層設計）によって，ボトムアップとトップダ

ウンを連結してさらなる改革に力を与える必要が出てきた．要するに，収穫しやすい改革の成果がすでに摘み尽くされた後，新段階の改革は必然的にこれまでと全く異なる特徴を持つようになり，改革を前進させるためには新しい方法が必要なのである．

リンドベックの議論の第三の難点は，経済の効率性に関するシステムの諸側面は広くカバーしている一方で社会的な観点が欠如していることである．しかし，社会的観点によって，改革の目標が示され，改革の達成が評価され，改革の利益が社会各層の間でどのように分配されているかを測ることが可能となる．リンドベック自身も中国の経済改革が社会にどのような影響を与えるかには配慮しているが，改革を判定する基準のなかに社会的な指標を含めなかったのである．

胡錦濤が中国共産党の総書記で温家宝が首相だった2002年から2012年の間，中国は世界第2位の経済大国となり，人民元で計測した1人当たり実質GDPは1.56倍になり，世界銀行の基準では上位中所得国に分類されるようになった．しかしその時期に，中央政府と地方政府は効率向上を目指す改革を進めるなかで，企業が市場競争にさらされ，失業など脆弱な状態に置かれる人々が増え，パレート改善の機会が減少したことを認識した．

中国は，この期間に，高まった国力と強化された中央政府の財政力を利用して，包摂的な成長をねらった多くのプログラムと戦略を実施してきた．例えば，東部・中部・西部の間での社会経済発展の均等化を実現するために地域発展戦略が実施され，都市部と農村部では基本社会保険制度と最低生活保障制度が確立され，最低賃金が引き上げられるとともにそのカバー範囲も広げられ，農業税は完全に廃止され，さまざまなレベルでの教育が拡大され，労働者には実地で教育訓練を受ける機会が提供された．これら

---

(80) ［訳注］「頂層設計」という言葉が中国の政治経済の用語として初めて使われたのは第12次5カ年計画（2011〜2015年）においてであった．その意味内容は，日本語でいうグランドデザインや全体構想と同じであるが，中国でこの言葉が使われる場合にはトップの政治指導者が打ち出す全体構想というニュアンスを伴っている．本書の英語版では "top design" という英語としても熟さない表現が使われているのも，そうした中国的なニュアンスを出すためだと思われる．

のプログラムがすべて政策の調整と制度の構築によって実現した，という
点は重要である．その意味では，この期間に実施された改革は，特に社会
発展の分野ではすばらしいものであった．

2　新段階の改革の特徴

　中国共産党は 2020 年を目標年として全面的に「小康社会」を実現す
ることと，重点領域で改革の課題を達成するという方針を立てた．以前の
改革とは異なり，提案されている改革は，すべての当事者に同時に恩恵を
与えるというわけにはいかないだろう．政治的安定の維持，社会の統合の
強化，経済の持続可能性を維持するために，あえて既得権益に踏み込むこ
ともあるだろう．中国の発展の新段階と国際情勢における地位に対応して，
新段階の改革の成否は，グランドデザインと全体の調整に依存する度合が
高い．

　第一に，部分的な改革から包括的な改革への転換が必要である．中国共
産党第 18 期三中全会は，経済，政治，文化，社会，環境，そして党にお
ける包括的な改革を深化するための青写真を設計した（中国共産党中央委
員会，2013）．複雑性とリスクを伴う全面的な改革は，「左」と「右」の
極端な思想の持ち主たちからさまざまな攻撃に直面するだろう．改革は中
国の指導部が示したグランドデザインに従うことによってのみスムーズに
進むであろう．その一方で，さまざまな改革と手段，関係者の間での包括
的な調整も必要だろう．

　新段階の改革を導くグランドデザインというフレーズは，「石橋を叩い
て川を渡る」というかつての改革のアプローチとは矛盾しない．このアプ
ローチはかつての改革の指導者であった鄧小平によって提起されたもので，
「2 回の小さなジャンプでは一つの裂け目は飛び越えられない」と述べた
チェコのヴァーツラフ・ハヴェル元大統領のアプローチとは正反対のもの
である（World Bank, 1996）．中国でのこれまでの改革の経験は，漸進
的アプローチの方が急進的アプローチよりも中国の国情に適したものであ
ることを証明してきた．

　中国の改革の初期には，改革を進めるための青写真は存在していなかっ

た．改革を始めたとき，中国の政治指導者たちは特定のイデオロギー的な目標を実現しようとしたわけではなく，人々の生活水準を向上させ，国力を強化したいというだけであった．そうした目的に基づき，中国は独自の特色を持った改革の道を徐々に探索して切り開き，計画経済から市場経済への移行を実現していったのである．市場化が最初から改革の目標であったわけではなく，市場化は生活水準の向上と国力の強化という目標を達成する手段の一つとして，必要なときに用いられたにすぎない．改革の哲学と目標がこういうものであったため，中国の改革は先験的なドグマに陥ることがなかったのである．

国有企業改革を例にとってみよう．数十年の改革を経て，いまや国有企業の労働者や経営者におけるインセンティブの欠如という問題はおおむね解決された．いま国有企業の問題の核心はそれが独占的な地位を築いて競争を阻害し，長期的には技術イノベーションを妨げていることである．独占の恩恵を受けている国有企業が，特権的な地位を維持する口実として，国家の安全保障やイデオロギーまで動員して既得権益を維持しようとするなか，グランドデザインの力だけが国有企業の独占を打破するような改革を推進できる．

第二に，改革に対する適切なアプローチとは，既得権益層の妨害に打ち勝つだけでなく，改革に整合的なインセンティブを作り出すことである．中国が多様な社会になるにつれ，各階層が改革に対してさまざまな期待を持つようになり，具体的な改革の課題に対する意見の隔たりが大きくなった．意思決定の分権化の結果，改革の設計者と実施者自身がしばしば既得権益者になっており，彼らが進める改革は自分たちの権力と利益を弱体化させるのではなく，かえって強化するものとなる．であるがゆえに，重要な改革については，中央の指導者が改革の設計者と調整者になる必要がある．

改革によって社会全体としては純利益を得ることは明白だが，改革のコストを負担する人々と改革から便益を受け取る人々が一致する保証はない．つまり，コストを負担するグループが改革から排他的に恩恵を受けるわけではなく，全く恩恵がないことさえあるだろう．したがって，改革に影響される当事者たちがみな改革を望むようなコンセンサスを実現するために

は，改革の指導者は改革のコストと便益が対称的になるように調整を行い，場合によっては，改革のコストばかり負って便益がないような人々には補償を行う必要もあるだろう．これは「カルドア改善」と呼ばれる改革アプローチである.[81]

　戸籍制度改革を例としてこの点を論じよう．戸籍制度改革の核心は出稼ぎ労働者とその家族が社会保険制度，最低生活保障制度，義務教育など都市部の公共サービスにすべてアクセスできるような正式の都市住民になることである．現時点で多くの公共サービスは，地方政府，特に省と市のレベルの政府によって運営されている．出稼ぎ労働者とその家族が公共サービスを享受するようになれば財政支出が増えるが，税収も増え，地元経済が潤うはずである．ただ，改革を行えば先に公共支出が増えて地方政府の負担が増すだろう．しかも，戸籍制度改革の社会的便益はそれを実施した地方の外へスピルオーバーしてしまい，その地方だけのメリットとはならない．したがって，戸籍制度改革を「カルドア改善」的に実施するためには，各地方のコストと便益を対称的にするようなグランドデザインが必要である.

　第三に，主要な改革は法令の基礎の上に行われなければならない．改革の初期には，中国の法体系は健全でも完璧でもなかった．そのため，(1) 改革の手続きが従うべき法律が存在していないことが多かった．(2) 改革がそれまでの法と規則に反することが多かった．改革が開始されてから30年以上が過ぎた2011年に，全国人民代表大会はついに中国の国情に立脚したあらゆるレベルの法律を含む法体系ができたと宣言した．その結果，経済改革を取り巻く政治と法の環境は根本的に変化した．包括的な改革が議論された2013年の中国共産党第18期三中全会に続き，2014年秋に開催された四中全会では，法の支配がテーマとなり，立法と改革の意思決定との間で調整することが求められた．既存の法律に従って改革を実施し，必要があればいくつかの法律を修正したり廃止したりすることは，改革が正しい方向性で実施され，かつそれが不可逆的で，法的根拠を有す

---

(81)　カルドア改善とは，ある変化によって生じる社会の総利益が総損失を上回っているために，政府が受益者に代わって，非受益者が被っている損失を補塡することができるような状況を指す．Kaldor (1939) を参照.

るものとなることを保証するだろう.

　農村土地改革を例にとってみよう. 三中全会で行われた農村土地改革に関する画期的な提案によって, 農村の3種類の土地を土地市場を通じて現金化することに道が開かれた. 第一に, 耕作地は, 現状では村によって集団所有され, それを各農家世帯が請け負って使っているが, これを村に属する世帯の間で, また農家からアグリビジネスや他の生産者に有償で譲渡することが可能になった. ただし, 移転を通じて農地を農業以外の用途に転用することは法律で許されていない. この制限は食糧の安全保障のために必要な最低限の耕地を維持するためのセーフガードとなっている. 第二に, 農家の住宅用地と農村の集団建設用地は使用者間で取引することで農家は財産収入を得ることができる. 但し, この種の土地を農民から都市住民に売ったり貸したりすることは現在の法令では認められていないので, この点は修正が必要である. 第三に, 耕作地と農家の住宅用地は担保として利用できるようになったので, 農民はこれらの二種類の土地の用益権を現金化することが可能になった. 但し, この提案を実効あるものにするには法令の修正が必要である (Tao, 2014).

3　改革ボーナスはどこにあるのか?

　中国の指導部が準備している包括的な改革は, 長期的な経済と社会の発展, そして政治の安定を目指したものだが, 生産要素の供給増大と生産性向上に焦点を合わせた特定の分野の改革は, 中期的な成長に対してすぐに効果を現すだろう. こうした改革をまず重点分野とすべきである. なぜならそれらには改革ボーナスとかかわる三つの重要な特徴があるからである.

　第一に, それらは草の根の大衆からだけでなく, 中間層や上層からも最大の支持を受けているので, 強力な政治的支持が得られるからである. 中国の指導部が公布した重要文書では, 改革分野のリストは, 政治の安定を強め, 社会の統合を促進し, 人々の暮らしを向上させるうえでの重要性に応じて選択されており, 当事者の間で広く議論された改革がアナウンスされる.

　第二に, これらの改革は, もしそれがパレート改善的でなければ, カル

ドア改善の方法で実施可能である．改革の便益は，改革のコストを負担する人々に対する補償に利用できる．中国の漸進的な改革は過去30年以上にわたって成功してきた．改革に巻き込まれる人々の損害は最小限にすべきである．公共の利益のために，特定の既得権益を打破しなければならないときは，適正な補償を行うことで改革のボーナスをより平等に配分しなければならない．

　第三に，これらの分野の改革が突破口となり，経済的効果は経済システムの論理に従って改革の他の領域へと波及していく．もし改革に参加するすべての者が改革のプロセスにおいて合理的に振る舞うと仮定するならば，過去・現在・将来の改革から便益があるとみなされたときにのみ，経済改革は社会と経済の構造のなかに深く浸透していくだろう．

　制度変化から得られる便益がコストを上回る場合にのみ制度変化が実現するという理論では，意思決定者の政治的便益とコストの関係だけが考慮されている．すなわち，改革によって得られる政治的支持（便益）が反対（コスト）を上回るかどうかである．しかし，一般的にいって改革の経済的な便益がコストを上回るのであれば，政策立案者に改革実施の必要性を納得させることができる．中国の指導部が打ち出している経済改革は，資源配分の効率性の改善，所得格差の削減，そして，都市住民と農村住民のような異なる階層の間で基本的公共サービスを均等化することを目指すものであり，いずれもより公正な社会を実現するという政府の目標と一致している．

　これらの改革を実施することで中国は直接・間接に改革ボーナスを獲得できる．経済成長が減速した原因を明確にすることにより，潜在成長率を高めるのに直接的な効果をもたらすような適切な改革を実施し，さらに社会の平等化に導くような改革によって長期的な経済成長にプラスの効果が期待できる．

　陸暘と私の推計によれば，戸籍制度改革，教育と職業訓練の改善，国有企業改革，人口政策の緩和といった改革によって，労働参加率が上昇し，人的資本の蓄積が進み，TFPが改善し，合計特殊出生率も上昇するので，中国の潜在成長率は大きく上昇する．これらの改革の効果に関するシミュレーションの結果は図12-2に示した．

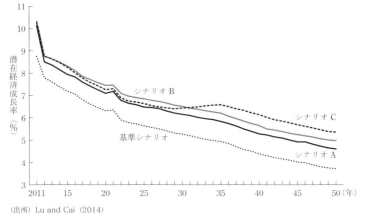

図12-2　異なる改革シナリオのもとでの潜在経済成長率
(出所) Lu and Cai (2014)

　一つ目は基準シナリオで，合計特殊出生率が1.60の水準を維持すると想定して，中国の潜在経済成長率を予測したものである．中国の一人っ子政策は1.40という低い合計特殊出生率をもたらしたが，その開始から34年後の2014年になって人口政策が緩和され，両親のいずれかが一人っ子の場合には二人目の出産が許可されるようになった[82]．こうした政策の変更によって合計特殊出生率が1.60に上昇するという想定は，楽観的ではあるが合理性はある．そのほかには改革の効果が見られない場合の潜在成長率が図12-2の基準シナリオである．

　二つ目はシナリオAで，合計特殊出生率を1.60とした基準シナリオをもとに，労働参加率が1％ポイント，TFP成長率が0.5％ポイント，中学校と高校の卒業率がそれぞれ3％ポイントと5％ポイントずつ毎年上昇すると想定して潜在成長率の変化を示した．このシナリオAの潜在成長率は，基準シナリオと比べて明らかな上昇を示している．

　三つ目はシナリオBで，シナリオAと同様に，合計特殊出生率を1.60，毎年の労働参加率の上昇が1％ポイント，TFP成長率が0.5％ポイント上がることを想定している．そして，シナリオAで用いた卒業率の代わりに，人的資本を拡大するために政府が職業訓練を改善する政策を採ると想定した．このシナリオBでいくと，シナリオAよりも潜在成

---

(82) ［訳注］2016年にはすべての夫婦が第2子まで出産することが認められるようになった．

長率が高い.

　最後にシナリオ C で，これはシナリオ B の内容をもとに，将来的に合計特殊出生率が 1.60 から 1.94 に上昇したと想定している．短期的には子供が増えるために従属人口比率が上昇し，GDP に対する資本形成比率が低下するので資本ストックの増加も鈍り，潜在成長率に対してマイナスの影響が生じる．しかし，長期的には，増加した新生児はやがて労働市場に参入することで労働供給を増やし，潜在成長率にプラスの影響が生じる．図 12-2 から読み取れるように，合計特殊出生率の上昇は短期的には潜在成長率にマイナスの効果をもたらすが，それは大きな減速とはならず，長期的にはかなり大きなプラスの効果をもたらす.

　陸暘と私の研究によれば，労働参加率が上昇することの経済成長率への効果は顕著であるが，時がたてばやがて消滅する．一方，全要素生産性（TFP）は潜在成長率を長期間にわたって押し上げる効果がある．この点は成長理論と世界の経済発展に関するこれまでの経験からも予測できることである．先進国は新古典派的な経済成長の段階に入っていて成長がほぼ TFP の成長によって規定されているが，中国も長期的には経済が新古典派的な段階に向かっていき，ますます TFP の向上が重要になってくるだろう.

　加えて，需要サイドの改革と調整を行い，とりわけ個人消費需要を拡大して，マクロ経済の均衡を回復することも重要である．しかし，経済成長を制約する要素は，需要側ではなく，供給側にあることを考慮すると，需要側に関する改革と需要構造のリバランスは，総需要に占める消費のシェアを引き上げる程度にすべきで，投資需要を刺激したりするようなことは避けなければならない.

　需要構造のバランスをとることを狙った改革は，供給側の改革のように潜在成長率を上昇させるような効果が即座に出るわけではないが，社会の統合と政治の安定を促進する重要な意味がある．所得格差を削減し，社会的セーフティネットの構築を通じて，総需要に占める消費のシェアを増大させるような改革は社会的公正と公平を増進するとともに，経済成長の持続可能性を高めるであろう．実際，需要側と供給側の双方によい影響を与えるような改革もあり，それは改革ボーナスをもたらす.

そうした改革の一例が出稼ぎ労働者とその家族を正式な都市住民に転換させる戸籍制度改革であり，それは「一石三鳥」の効果が期待できる．すなわち，それは労働参加率を上昇させ，資源の効率的な再配分をもたらし，出稼ぎ労働者たちの消費も増大させる．こうした供給側の変化は潜在的成長率を引き上げ，需要側の変化はマクロ経済をバランスさせ，長期にわたる持続的な経済成長につながる．戸籍制度改革が農業部門から非農業部門へのさらなる労働移動をもたらすことを，以下では日本，韓国の事例と中国とを比較して論じる．

まずは，中国，日本，韓国の農業部門から非農業部門への労働移動の違いを調べよう．中国では，改革の始まる 1980 年代初頭まで，産業間や地域間の労働移動を妨げる制度的障壁があったため，工業化が進んでも，就業者に占める農業従事者のシェアはあまり低下しなかった．1950 年代後半を工業化の開始時点とし，1980 年代初期を労働移動の開始時点とすれば，工業化と労働移動との間に 20 年以上の時間差があったことになる．さらに，1980 年代初頭からの改革開放の時期にも労働移動を妨げていた制度的障壁が一気に除去されたわけではなく，戸籍制度は依然として存続し，産業構造の転換に比べて，労働力の配分の転換は少なくとも 10 年ぐらいは遅れていた．

中国，日本，韓国のそれぞれがルイスの転換点を迎えた時期を見れば，三カ国の比較が可能となり，そこから中国の特徴がわかる（図 12-3）．第一に，中国では労働移動が遅れているため，農業従事者のシェアが日本よりも明らかに高い．例えば，日本は 1960 年にルイスの転換点に達したが（Minami, 1968），そのときの農業従事者のシェアは 30.2% だった．中国が 2004 年にルイスの転換点に達したとすると，そのときの農業従事者のシェアは 46.9%，研究者による推定では 35.2% であった．第二に，中国は韓国よりもはるかに速いペースで人口転換が進んだので，中国がルイスの転換点に達した 2004 年の農業従事者のシェアは，韓国がルイスの転換点に達した 1972 年の 50.5% に比べるとかなり低い（Bai, 1982）．

しかし，日本と韓国の経験によると，ルイスの転換点に達した後も，農業の労働力は都市部へ移動し続けている．韓国の農業従事者のシェアは

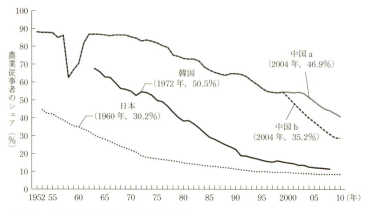

(注) 中国 a は政府公式データ, 中国 b は研究者の推定
(出所) 中国のデータは国家統計局編 (2005, 2011), 日本のデータは Minami (1968) ならびに総務省統計局 (https://www.stat.go.jp/), 韓国のデータは韓国統計庁データベース (http://kosis.kr/eng/) より作成.

図 12-3　中国, 日本, 韓国の総就業者に占める農業従事者のシェア

2008 年時点で 7.2%, 日本は 2010 年時点で 4.0% となっている. 中国では, 農業従事者の割合がまだ 22.7% も占めていることを考えると, これからまだまだ農業から都市部へ労働者が移動する余地がある. それゆえ戸籍制度改革は, 需要側, 供給側の双方から改革ボーナスを生み出す可能性がある.

4　結　論

　早期に工業化を達成した欧米諸国は, 成長を技術の最先端における生産性の向上に依存せざるをえず, そのため経済成長と 1 人当たり所得の伸びはゆっくりしていた. 一方, 欧米にキャッチアップする国々は, 先進国と自分たちとの間のギャップから生まれる「後発の優位性」を生かし (Gerschenkron, 1962), 急速に成長することができた. マディソンがまとめた歴史的データを用いてイギリス, アメリカ, 日本のそれぞれの高度成長期における 1 人当たり GDP の成長率を比べてみよう (Maddison, 2007).

　イギリスの 1880 年から 1930 年にかけての高度成長期には 1 人当たり GDP の年成長率はわずか 0.9% であった. 当時の平均寿命は 50 歳だ

ったので，1880年に生まれたイギリス人はその生涯のうちに生活水準が56％しか向上しなかったということになる．それでもこれは，数千年にわたってマルサス的な貧困の罠に陥っていた人類史のなかでは革命的な出来事であった．

アメリカは，ヨーロッパの外で初めて経済超大国になった．1920年から1975年までイギリスにキャッチアップする過程で，アメリカの1人当たりGDPは年率2.0％で成長した．1920年生まれのアメリカ人は，当時の平均寿命は55歳だったので，その一生のうちに所得が2倍になった．アメリカがすごいのは経済規模が世界第1位になった後も，1人当たりGDP成長率が同じように伸び続けたことで，その国力と生活水準は他の国々を圧倒し続けた．

日本はアジアで最初に世界の最富裕国の仲間入りをし，長年にわたり，アメリカに次いで世界第2位の経済大国であった．1950年から2010年までの間，日本の1人当たりGDP成長率は年率4.0％であった．平均寿命が60歳であれば，平均的な日本人の生活水準はその生涯の間に10倍になった．しかし，1990年以降，日本の経済成長と生活水準の向上は停滞している．

中国は，1980年代初頭からの改革開放政策によって高度経済成長の軌道に乗った．公式データによると，1981年から2011年までの間に，中国の1人当たりGDPは年率9.0％近く成長し，この期間に生活水準は15倍になったことになる．平均寿命が68歳であれば，1981年に生まれた中国人は2049年まで生きることになる．1人当たりGDP成長率がこのまま9％ずつ増えていくと，中華人民共和国建国100周年の2049年の時点で，この中国人は生まれたときの300倍以上の生活水準を経験できることになる．

事実，この30年間の中国の人々の生活水準の向上は，中国の過去や同じ時期の他の国々と比べても先例がないほどであった．しかし，次の数十年間も同じペースで成長を維持できるとするのは非現実的である．これからの数十年は人口成長率が次第に下がり，人口が減少するので，1人当たりGDPを計算するときの分母が小さくなり，1人当たりGDPを上げることにつながるが，こうした人口変化はGDP成長にはマイナスの影響を

与える．つまり，中国経済が現在までにたどり着いた地点は世界の注目を集めるような目覚ましい実績ではあるが，それと同時に真剣に取り組むべき先例のない挑戦が待っている．

これからの中国経済は，改革と成長の限界効果が逓減していくなかで，不断にそれらに取り組まなければならない．中国と先進国の間の科学技術，経営能力，市場の発達，そして産業構造におけるギャップは依然として大きいが，以前に比べると確実に縮まっており，中国の後発の優位性は小さくなっている．このような変化は重要な示唆を含んでいる．

これからの中国の経済成長は，よりいっそう技術と制度の革新，産業の高度化と構造転換，そして TFP の向上に依拠しなければならない．そのためにはこれまでの成長方式の根本的な転換が求められる．「後発の優位性」という概念を編み出したガーシェンクロンによれば，後発国がキャッチアップする過程で，政府の強い介入，大企業優先の発展，傾斜的な産業政策が採用される傾向があり，それに対応した経済システムが形成された(Gerschenkron, 1962)．後発の優位性が弱まるにつれ，経済成長方式を転換し，制度を改革するという困難な課題に立ち向かわなければならない．

イノベーションのプロセスは失敗のリスクを多分にはらんでいる．構造変化のなかですべての企業が均等に高度化の道を歩んでいくわけではない．それどころか，技術と産業の急速な構造変化のなかで必然的に創造的破壊が起きるだろう．変化に対応できない投資家や企業は退出することになるだろう．現在の中国の発展段階ではこうした結果は避けられないので，冷酷な競争に翻弄された労働者や家族を保護するための社会的セーフティネットを政府は構築しなければならないが，同時に，退行的な経済行動を保護することで創造的破壊のメカニズムを壊すようなことは避けなければならない．

外部の競争の激しさと巨大な失敗のリスクがあるため，これまで優遇されていた企業や産業が政策的な保護を求めたり，改革を妨げたりするかもしれない．しかし，既得権益集団に譲歩することは経済改革を遅らせるだけでなく，経済成長のさらなる減速や停滞を引き起こす恐れがある．経済成長を持続し，現代化という目標を達成するためには，中国は既得権益集団からの妨害を突破して，重点領域での改革を推進し，人口ボーナスから

改革ボーナスへの転換を成し遂げるべきである.

第12章　改革のボーナスを獲得する

解　説

1　本書の特色と著者

　本書は，Cai Fang, *China's Economic Growth Prospects: From Demographic Dividend to Reform Dividend*, Cheltenham, UK: Edward Elgar, 2016 の全訳である．

　本書はルイスやクズネッツなど開発経済学の古典的な理論と人口学理論を用いて，1970年代末に始まった改革開放から今日に至る中国経済の発展と将来の展望を骨太に描いたものである．

　中国経済はダイナミックに成長し，変化する一方で，貧困や格差，過剰投資などさまざまな経済問題のショーウィンドーといってもいいほどである．中国の実態にふれることで人は経済問題に対する思考へといざなわれる，というのは私の実感である．本書はまさに中国の現実と経済学を結びつけながら語っていくので，中国経済と経済学とに同時に入門できる稀有な書である．

　訳書を作成するにあたって私たちが特に配慮したことは，中国経済に関する予備知識や経済学の基本知識がなくても楽に読みとおせるようにすることであった．翻訳の底本としたのは英文版であるが，説明が不十分だと思われるところは，英文版のもととなった蔡昉氏の三冊の本（蔡，2011，2012，2014）から補った．原文の意図をゆがめない範囲で訳者が言葉や文章を補ったところもある．さらに，中国や経済学の基本知識に関する訳注を多数つけた．また，英文版の出版からもすでに3年が経っているので図表のデータを可能な範囲で更新した．翻訳の分担は序章から3章までを丸川，4章と5章を伊藤，6章から9章を三竝，10章から12章を藤井が初稿を作成し，丸川が全体の調整を行った．

　著者の蔡昉は1956年に北京に生まれた．この時代に中国の都市に生まれた多くの中国人と同じく，若くして農村での労働を経験したのち，1978年に中国人民大学に入学している．卒業後，中国社会科学院の大学院で農業経済を修め，そのま

ま中国社会科学院農村発展研究所で研究員を務めた．1993年からは中国社会科学院人口研究所に転じ，後に人口・労働経済研究所に改組された同所の所長を務めた．著者は同研究所で刊行している中国の人口と労働に関する年次報告の編者を一貫して務めている．本書にも年次報告をはじめとする研究所の研究員たちの研究成果も随所に利用されており，本書は著者単独の仕事というよりも研究所の集合的な知恵の結晶だともいえよう．著者は2014年には中国社会科学院副院長に就任し，また，全国人民代表大会常務委員会の委員も務めている．彼は中国経済50人論壇の重要メンバーとして学術委員会の委員も務めており，現代中国を代表するエコノミストの一人である．

　蔡昉の名が中国内外に一気に知られるようになったのは1994年に刊行された林毅夫，李周との共著による『中国の奇跡——発展戦略と経済改革』であった．この本は，一国の発展戦略がその経済体制や経済の実績を規定するというモデルによって計画経済期から改革開放以降まで説明したところに特徴があった．1950年代に中国は重工業を発展させる戦略を採用したが，それは中国の生産要素の賦存状況と大きく乖離していたため，政府は価格メカニズムを極端にゆがめ，企業を直接コントロールする計画経済体制を採ることになった．改革開放後は農村の郷鎮企業などから部分的に自由化と市場化が行われたが，それによって中国は本来の比較優位である労働力の豊富さを生かすような方向に産業構造を徐々に変化させていった．この本が出た当時，旧ソ連・東欧の急進的な体制変革に対して中国の漸進的な改革路線は正しいのかどうか，また，東アジアで進展する国際分業のなかで労働集約的製造業という最底辺の役割を中国が担うことが中国のためになるのかどうか，という疑問が渦巻いていたが，同書はそうした現状を力強く肯定したのである．

2 ルイス

　蔡昉はかなり早い時期から中国が「ルイスの転換点」に到達しつつある，と主張していた（蔡，2008）．こうした見方は時期尚早ではないかと考えた研究者は多かった．第2章でも引用されている南亮進と馬欣欣の論文（南・馬，2009）は農村部の余剰労働力がまだ膨大にあるとの推計に基づき，中国はまだルイスの転換点のかなり手前にあると論じた．私自身も2007年に四川省農村部で行った農家調査に基づき，若年層の出稼ぎが盛んなこの地域でもまだかなりの割合で余剰労働力が存在することを示し，ルイスの転換点に到達したというのは早いのではないかと論じた（丸川，2010）．ただ，沿海部の工業地帯で出稼ぎ労働者の賃金が2004年以降急騰していることも事実なので，農村にまだ大量の余剰労働力が残っているにもかかわらず，それが工業などに供給されないのは農村の土地制度に原因がある

のではないかと論じた.

　実際,蔡自身も著書（蔡,2008）のなかで中国の農村にはまだ1億人程度の余剰労働力があるという試算を示しているので,それにもかかわらず「ルイスの転換点」に到達しつつあるという議論に私は困惑した.

　本書を読むと,そもそも蔡昉は「ルイスの転換点」＝農村余剰労働力の枯渇,という定義を採用していないことがわかる.南亮進は非資本主義部門（本書でいう農業セクター）の労働の限界生産性が上昇していって,やがて生存水準賃金を上回るようになり,賃金が生存水準によってではなく限界生産性によって決まるようになる時点が転換点だと定義している（南,1970）.本書第2章の図2-1でいえば,点XがCを越えて左側へ移る時点,すなわち農村の余剰労働力が完全に枯渇した時点をもって転換点と定義しているのである.一方,蔡は本書第2章で図2-1のSがルイスの転換点だと述べている.結局,蔡昉,南亮進・馬欣欣と私はみな中国経済が2000年代後半の時点ではまだCより右側にあるという現状認識は共有していたが,「ルイスの転換点」と呼ばれるべきはSであるのかCであるのかという点で見解が異なるのである.

　さて,「ルイスの転換点」という概念を編み出したのはレニス＝フェイの論文（Ranis and Fei, 1961）である.彼らは,「ルイス自身は転換点について大ざっぱに次のいずれかによって生存水準賃金で労働が無制限に供給される状態が終わる点だとした.すなわち（ア）工業製品の（農産物に対する）交易条件が悪化する点,（イ）農業セクターにおける余剰労働力が枯渇する点」と述べている.このうち,（イ）は図2-1でいえばCである.では（ア）はどこだろうか.

　図2-1では,この国の労働力の総数はOLで表されていて,これは経済発展が続く間,不変であると仮定されている.一方,農業生産は点XがTからSまで動く間はOQで一定だが,点XがSを通過してその左に行くと,農業生産は減少し始める.つまり,この図の通りであれば,Sから左側では,初期時点よりも食料が減産になってしまう.もともと「生存水準」というぐらいだから食料が豊かであるはずもないのに,そこからさらに減産してしまったら,人々は飢えてしまわないだろうか？

　農業生産が減り始めたら,農産物の価格は上昇するだろう.言い換えれば,農産物に対する工業製品の交易条件が悪化するので,Sがレニス＝フェイのいう（ア）ということになる.農産物価格の上昇に伴い,近代セクターの賃金も上昇せざるをえない.なぜなら,近代セクターの賃金が据え置かれたままだと,農産物価格の上昇によって近代セクターの賃金が目減りして生存水準を下回ってしまい,これではわざわざ農村から近代セクターに就業しようとやってくる人も減るだろうからである.レニス＝フェイはこの地点Sを「（食料）不足点」と呼んでいる.一方,（イ）

は農業が完全に資本主義化し，賃金が労働の限界生産性によって決まる点だということで「商業化点」と呼んでいる．この地点から農業セクターと近代セクターの賃金水準はさらに上昇していく．

　以上のようにレニス＝フェイは「不足点」と「商業化点」という二つの分岐点があることを指摘するが，彼らが「ルイスの転換点」と呼ぶのは「不足点」である．これだけ読めば，蔡昉の方が「ルイスの転換点」についてのレニス＝フェイの定義を正確に踏襲しているように見える．だが，レニス＝フェイのその先の議論を読むと，そうとも言えないことがわかる．

　もし図2-1のように，農業セクターから近代セクターに労働力が移っていって，食料生産が本当に減少しはじめたら，その国の経済は危機的状況に陥ることになる．なにしろ，労働力の総数は変わらないのに食料生産が減ってしまうのだから．当然，食料価格は上昇し，近代セクターの賃金も生存水準を確保するために引き上げられざるをえず，そうなると近代セクターの資本家たちの利潤が圧縮される．近代セクターが成長して農業セクターから労働力を吸い上げるにつれ，この傾向はますます強まり，資本家たちには再投資する余裕がなくなり，近代セクターの発展が止まってしまうだろう．経済はSからCに向かって発展していくどころか，Sを越えて少し行ったところで歩みを止めてしまう．

　これこそ19世紀イギリスの経済学者リカード（1772-1823）が心配したことであった．農産物価格の上昇の結果，賃金が上昇し，農地を保有する地主が受け取る地代も上昇する一方，資本家の利潤が少なくなり，資本蓄積が止まる（Ricardo, 1819, 訳書上巻172ページ）．ルイスもリカードと同様にSからCの間で農産物価格の上昇と近代セクターの賃金上昇によって停滞に陥ってしまう可能性が高いと考えた．Cに到達するのはあたかも「スキュラとカリュブディスの間（言い換えれば，前門の虎，後門の狼の間）」を行くようなものだといっている（Lewis, 1954）．

　リカードはイギリスがこうした事態に陥るのを打破するために貿易の自由化を主張した（Ricardo, 1819, 訳書下巻146ページ）．日本でも第一次世界大戦後，農産物の価格が騰貴したが，日本は植民地であった朝鮮と台湾から安い米を輸入して米価の上昇を抑えた．これは近代セクターの賃金上昇を抑える効果を持った（南, 1970）．第二次世界大戦後の日本はアメリカなどからの食料輸入で難局を乗り越え，南亮進の分析では1960年代初めにC（すなわち南のいう「ルイスの転換点」）を越えたのである．

　ただし，食料を輸入するためには，それを買う外貨を得るために何かを輸出しなければならない．19世紀のイギリスも，第二次世界大戦後の日本も，工業製品を輸出することで食料輸入を可能にし，それによって農業セクターの労働力がOL₁

以下に減少しても食料不足や農産品価格の上昇を招くことなく，経済がCの方向へむけて発展することを可能にした．つまり，図2-1でSからCへ向けて経済が順調に発展するには，近代セクターが工業製品を輸出し，食料を輸入することが暗黙のうちに前提とされている．そして食料の輸入を支障なく行える国には「不足点」は実際には存在しないことになる．

だが，このような発展の道はイギリスや日本ぐらいの人口規模であれば可能だが，日本の10倍もの人口を抱える中国が同じ道を歩むことは現実的ではない．中国のような国が食料を輸入に依存しはじめたら，世界の食料価格が上昇する．そうなると，中国の生存水準賃金が上昇せざるをえず，利潤が圧縮されて資本蓄積が停滞する．

こうした事態を避けるには，中国は食料を輸入に依存せず，自身の農業の生産性を高めるしかない．農業セクターの労働力がOL_1以下に減少しても農業生産はOQを下回らないようにする必要がある．これは図2-1では曲線OCTの上方へのシフトということになる．

農業セクターの労働力がOL_3に減少しても，農業生産の曲線が図2-1の点線のような位置にシフトしていれば，すなわち農業の生産性が上昇していれば，食料不足は起きず，近代セクターは生存水準賃金でずっと農業セクターから労働力を吸収して発展を続けることができる．輸入の可能性を除外した場合，これこそ経済がS（不足点）からC（というよりもC′，商業化点）に向かって発展し続けることを可能にする唯一の道である．

そしてもし農業が労働力の減少に見合うように生産性を高め続けることができる（つまり，曲線OCTから点線へ徐々に上方にシフトする）とすれば，結局食料不足が始まる「不足点」というものは存在しないことになる．経済は食料不足による賃金上昇を経験することなく，農業における労働の限界生産性が生存水準賃金を上回る点（C′）まで発展を続ける．ここでついに農業の余剰労働力が枯渇し，経済は転換点を迎える．レニス＝フェイも論文の中盤では農業の生産性が上昇することで不足点の位置がSからC′（商業化点）まで徐々に動き，SとC′が一致して転換点が一つだけのモデルを描いている．

以上をまとめると，経済がSのところまで発展したら，この先さらに農業セクターを相対的に縮小し，近代セクターを相対的に拡大するには，食料の輸入を拡大するか，農業の生産性を引き上げるか，あるいは両方を進めるしかない．

さて，中国では2004年頃から沿海部の出稼ぎ労働者の賃金が急騰しはじめた．この時点で農村にはまだかなりの余剰労働力があるという点では蔡昉も南亮進＝馬欣欣も認識が一致しているので，この現象が「商業化点」（CまたはC′）の通過を意味していないという共通了解がある．ではこの賃金急騰は「不足点」の通過によ

って起きた現象だろうか.

もしこれが「不足点」を通過した結果起きた賃金上昇であれば, 賃金の上昇と同じぐらい食料価格が上がるはずである. ところが, 2004年から2010年にかけて沿海部（深圳市）の出稼ぎ労働者の賃金は4.2倍になったが, 食品の価格は48%上昇したのみである. 1990年代半ばには中国が将来食料不足に見舞われるという議論もあったが, 結局中国は農業の生産性上昇と大豆などの輸入によって食料不足に陥ることなく来ており,「不足点」は経験していないのである. つまり, 賃金急騰の原因が「不足点」の通過によるものだとの解釈は無理があり, 中国は実際には食料不足を経験せずに来ているので, この点に何らかの意味を付与するのは適切ではない.

ではなぜ2004年を境に農村からの労働移動の流れが鈍り, 賃金の急上昇が起きたのであろうか. それは農民が農村から移動することのコストは, 若年層が流出するだけだったときは単に一人分の労働力を失うだけだったのが, 基幹労働力である中年層まで出稼ぎに出ると, それによって農地という資産をも失う可能性が大きくなったからだ, と私は考えている（丸川, 2010）. 中国の農民は農地に対する所有権を持っておらず, 農地は各家庭の人口や労働力の数に応じて割り当てられる. 基幹労働力までいなくなるとその家庭に割り当てられる農地が減らされてしまうので, 出稼ぎの機会費用が大きくなるのである.

しかし, 都市部での賃金上昇が続いたことで, 農地の減少を甘受しても出稼ぎへ出る人が増えてきた. 2015年頃から, 農地の割り当てを受けても大規模経営体に又貸しする農民が急速に増えている. 農村では大規模な経営体による農業, すなわち資本主義的な農業が広まっている. こうした農村の実態は中国の農業がいままさに「商業化点」, つまり本来の「ルイスの転換点」を通過しつつあることを実感させるものである.

3　リカード

二重経済発展の理論を確立したルイスの論文（Lewis, 1954）は, その冒頭でこの論文が古典派経済学の枠組みを用いると宣言している. ルイスは, 生存水準の賃金で無制限の労働供給が得られるという仮定はアダム・スミスからマルクスに至るまでの古典派経済学のものであると論じている. 蔡昉を含め後世の論者は伝統部門である農業セクターには古典派の枠組み, 近代セクターには新古典派の枠組みが当てはまると考え, ルイスの貢献は二つの世界に架橋したことだとする. ここから容易に生じうる誤解は, 古典派経済学が見ていたのは前近代的な経済だというものである.

実のところ古典派経済学が分析しようとしていたのは紛れもなく近代資本主義であった．では古典派は生存賃金や余剰労働力といったことについてはどう考えていたのだろうか．以下ではリカードとマルクスの見解を見てみよう．

近代資本主義における労働者の賃金は本人と家族（子供たち）を養うに足るだけの賃金であるはずだ，という考え方はアダム・スミスに始まり，リカードも受け入れている．リカードは人口の増減を通じて，賃金がそうした水準に落ち着いていくものだと考えた．もし賃金が高いと労働者たちがより多くの子供を生むようになって人口が増えて労働力が過剰になり，やがて賃金は下落する．逆に賃金が低いと労働者たちは困窮し，労働力が減るのでやがて賃金は上昇する．このようにリカードはルイスのいう生存賃金がまさに近代資本主義における賃金の正常な水準であると考えていた．また，賃金の上下動を通じて労働者の数が調整されるので，余剰労働力は賃金上昇のあと一時的に出現するかもしれないが恒常的には存在しないものと考えられている．

リカードの理論をあえてルイスの枠組に当てはめると，経済は常にS（不足点）の近辺にあるとリカードは考えていたといえる．経済発展（リカード流にいえば「資本蓄積」）が進み，労働者に対する需要が増えていけば賃金の上昇が人口の増加をもたらし，生存賃金でより多くの労働者を雇うことができる．ルイスの言い方を借りれば，生存賃金の水準で無制限の労働供給が得られるが，それはどこかに余剰労働力が貯まっているからではなく，賃金の上昇が労働力の増加をもたらすからである．

リカード理論において，経済発展に限界をもたらすのは労働供給の限界ではなく土地の限界である．労働者が増えればより多くの食料が必要になり，食料を生産するために農地を増やさなくてはならない．そのため条件が悪い土地も農地として耕作されることになる．そうした土地では，従来耕作されていた土地よりもより多くの労働を投入しないと同じだけの食料を生産できない．リカード理論では商品の価値はそれに投じられた労働の量で決まり，農産物の場合は，最も劣等な耕地で生産するのに必要な労働の量によってその価値が決まる．それよりも条件がいい土地では食料の価値が高くなると大きな収益が上がるようになるが，その土地と最劣等地との収益の差は，条件のよい土地を占有する地主によって地代として取得される．

したがって，資本蓄積が進み，より多くの労働者を養うために最劣等地までが耕作されるようになると，食料価格が高くなり，その結果賃金も上昇し，その分資本家の利潤が削られる．また，最劣等地より条件がよい土地を占有する地主たちが得る地代も増える．つまり，経済発展が続けば賃金と地代が上昇して資本家の利潤が減っていき，最後は資本家が再投資を断念するぐらい利潤が減ってしまって経済発展が止まる．この限界を打破するには食料を海外から輸入することで土地の限界を

突破するしかない.

4 マルクス

労働者の賃金は本人と家族を養うのに足るべきものである, と考える点でマルクスもリカードと同様であったが, マルクスの場合, 商品の価値はその生産に必要な労働の量によって決まるという価値法則が労働力という商品においても貫かれているからそうなるのだと考えていた (Marx, 1867, 訳書第 1 巻第 1 分冊, 299 ページ).

いかなるメカニズムを通じて労働市場での需給関係で決まる賃金が労働力の価値, すなわち労働者本人と家族を養うような水準に落ち着くのかという点に関し, マルクスはリカードほど明快で残酷なメカニズムを描いていない. だが, 他方でマルクスは近代資本主義が労働力の供給を自ら作り出すことができるメカニズムを備えているというユニークな議論を展開している.

それはすなわち「相対的過剰人口」を作り出すメカニズムである (Marx, 1867, 訳書第 1 巻第 3 分冊, 第 23 章). 生産に投入される資本と労働の割合のことをマルクスは資本の有機的構成と呼ぶが, 技術の発展に従って資本の有機的構成は次第に高まり, 相対的に多くの資本と少ない労働が生産に使われるようになる. すると企業は以前ほどには労働者を必要としなくなり, 社会のなかで労働者が過剰になる. この過剰人口はリカードがいうように労働者たちが子供を多く生みすぎたから過剰になったのではなく, 資本の有機的構成が高まったために過剰になったのであり, それゆえにマルクスは「相対的過剰人口」と呼ぶ.

こうして企業からはじき出されて過剰になった人々は産業予備軍を構成し, 資本の蓄積が進めば再び企業に吸収される. すると企業は資本の有機的構成を高めて再び労働者たちを外にはじき出す.

このように相対的過剰人口を作り出したり吸収したりを繰り返すなかで賃金は労働力の価値の水準 (ルイスのいう生存水準) に落ち着くとマルクスは考えていたようである. また, 賃金が上がってくれば, 企業は資本の有機的構成を自在に高めて労働力の一部を不要にすることができるので, 長期的に見れば生存水準賃金で無制限の労働供給が得られることになる. ただ, 短期的に見れば, いったん生産に投入した資本をおいそれとは更新できないので, 有機的構成が不変のまま産業予備軍を吸収しつくすところまで資本蓄積が進み, そこで賃金が急騰し, 資本家の利潤が圧縮されて, 資本蓄積が止まる (宇野, 1964). 経済は恐慌に陥って, その後不況期に入り, そのときに企業は固定資本を更新して資本の有機的構成を引き上げ, 新たなる相対的過剰人口を生み出し, やがて再び拡大への軌道に乗る. つまり, マル

クスにあっては，資本家たちは短期的には労働供給の壁にぶち当たりながら，技術を変えることでその壁を乗り越え，長期的には無制限の労働供給を自ら作り出すのである．

　以上のように，リカードもマルクスも，生存水準賃金や無制限労働供給をいずれも近代資本主義のメカニズムのなかで論じている．ルイスはそれらの要素を借りながら，それを発展途上国の近代セクターではなくて，前近代的セクターに当てはめた．古典派の枠組を使うといいながら実質的には換骨奪胎している．だが，このように変えたことでルイス理論は改革開放期の中国にとてもよく当てはまるように感じられることとなった．

5　ルイス理論がなぜ現代中国に当てはまるのか？

　リカードは農業が前近代的セクターだとはみなしていなかった．彼の理論では資本は農業でも製造業でも利益が上がるところならどこへでも投資され，結果として各産業の利潤率が均等化する．

　だが，改革開放期の中国の農業は請負地を割り当てられた農民たちによって営まれ，資本主義とは程遠かった．2で述べたように2015年頃になってようやく資本主義的な経営主体が増えてきたところである．改革開放の早い時期から資本主義的原理で活動する企業が存在した都市部の工業やサービス業とは明らかに異なる．その意味で，中国を二重経済とみなすことには説得力がある．

　ルイス的な二重経済発展がうまくいくためにはいろいろな条件が揃うことが必要である．第一に，農業セクターにいる間は生産性が低いが近代セクターに移るだけで高い生産性を発揮できるような労働力が存在していなくてはならない．リカードが描いたような，農業まで近代資本主義が担っているような世界ではそのような労働力は見つかりにくいであろう．しかし，近代資本主義が部分的にしか浸透していない中国にはそうした労働力が存在した．

　第二に，余剰労働力が農業セクターにある程度貯まるように，移動に対する障壁がなければならない．仮に一国の経済を一本の川に例え，上流が農業セクター，下流セクターが近代セクターだとすれば，余剰労働力はいわば上流のダムに貯まった水である．この余剰労働力はマルクスのいう産業予備軍を構成し，近代セクターで労働需要があるときに労働力を自在にそこから引き出すことができるようになれば近代セクターにとって好都合である．中国では改革開放の当初から今日に至るまで戸籍制度がダムの役割を果たしてきた．戸籍制度によって近代セクターのある都市は外からの労働力の流入を制限したり緩めたりすることができたし，戸籍制度は出稼ぎ労働者たちが失業したまま出稼ぎ先地域にとどまることを困難にするため，不

況時には労働力を上流（農業セクター）に押し戻すことさえ可能にした.

　第三に，ダムという障壁があっても上流で余剰労働力があまりにも多くなれば，ついにはダムが決壊し，下流にいっぺんに水が押し寄せるだろう. もしそうなったら，近代セクターではその労働力を吸収しきれず，トダロが問題にした過剰都市化が起きる（本書第3章参照）. 中国では改革開放期を通じて農業も成長し，第1次産業の就業者は1991年までは増加し続けた. 改革開放の当初から大量の余剰労働力が農村に貯まっていたという理解は誤っている. むしろ，改革開放以降，農業が成長を続けて多くの労働力を吸収したが，農村の労働力が農業の成長に必要とされる水準を上回って増えた分が第2次産業や第3次産業に流れてきたのである. つまり，余剰労働力は1991年までは主に農村の労働年齢人口が農業で必要とする労働力を上回って伸びることによって供給され，1991年以降も第1次産業の就業者が緩やかに減っていったので，労働年齢人口が増加するのにつれて緩やかに増えていった. 言い換えれば上流のダムの水は当初から貯まっていたものが放水されたというのではなく，改革開放の時期を通じて2010年に人口ボーナスが消失するまでたえず上流からダムに水が流れ込み続けたのである. このため中国は優に30年以上にわたって二重経済発展を続けることができた.

6　日本経済

　本書の主たるテーマはもちろん中国経済だが，日本についてもかなり多くの箇所で言及されている. それも主に反面教師として日本に言及している. すなわち，日本は経済発展の局面が変化していたのに，短期的な景気刺激策に頼って経済成長率をもとの水準に回復しようと無駄な努力を続けたあげく失敗し，「高所得国の罠」にはまっているという. 蔡昉は日本経済を専門に研究しているわけではなく，本書が依拠するのは少数の先行研究であるが，それでも彼の見方に説得力を感じないわけにはいかない. 私は日本経済を専門的な目から見てきたわけではないが，バブル経済の崩壊以来このかた短期的な景気対策ばかりが続き，はや25年以上もそうした状態が続いているという印象がある. 1990年代には公共投資による景気刺激策が続けられたがはかばかしい成果が得られず，2000年代後半以降は金融緩和が主たる政策手段となった. 2012年に発足した第二次安倍政権は財政赤字に加えて異次元金融緩和とも称される極端な金融政策を採っているが，当初2年で結果を出すことを目指していた短期的な景気刺激策は，6年以上を経過した今年（2019年）もまだ続いている. 短期的な政策を6年以上も続けることは危ういといわざるをえない.

　本書の中国経済に関する議論と比較すると，過去30年の日本では10年先，

20年先を見据えた中長期的な政策ビジョンが不足しており，常に当面の景気対策ばかりが政策論争の対象となっていたような気がする．発展途上国である中国には開発経済学など中長期的な展望を可能にする枠組みが利用可能であったが，世界最先端の超高齢社会である日本にはそうしたおあつらえ向きの枠組みがなかったということなのだろう．だが，未知の海域へ進んでいく日本だからこそ，中長期的なビジョンに立って経済政策を選択していくべきであり，この国の経済学者には将来を見据えたビジョンを描いて政策を提言していく重責が課せられているのではないか，と本書を訳し終えて思った次第である．

丸川知雄

2019 年 7 月 15 日

参考文献

宇野弘蔵（1964）『経済原論』岩波書店

丸川知雄（2010）「中国経済は転換点を迎えたのか？——四川省農村調査からの示唆」『大原社会問題研究所雑誌』第 616 号，2010 年 2 月，pp. 1-13.

南亮進（1970）『日本経済の転換点』創文社.

南亮進・馬欣欣（2009）「中国経済の転換点——日本との比較」『アジア経済』50（12），pp. 2-20.

蔡昉（2008）『劉易斯転折点』社会科学文献出版社

蔡昉（2011）『超越人口紅利』社会科学文献出版社.

蔡昉（2012）『避免 "中等収入陥穽"：探尋中国未来的増長源泉』社会科学文献出版社.

蔡昉（2014）『従人口紅利到改革紅利』社会科学文献出版社.

林毅夫・蔡昉・李周（1994）『中国的奇跡：発展戦略与経済改革』上海人民出版社.

Lewis, Arthur（1954），"Economic Development with Unlimited Supply of Labor," *Manchester School*, 22（2），pp. 139-191.

Marx, Karl（1867），*Das Kapital*.（岡崎次郎訳『資本論』大月書店，1972 年）

Ranis, Gustav, and John C.H. Fei（1961），"A Theory of Economic Development," *American Economic Review*, 51（4），pp. 533-565.

Ricardo, David（1819），*On the Principles of Political Economy, and Taxation*, Second Edition.（羽鳥卓也・吉澤芳樹訳『経済学および課税の原理』岩波書店，1987 年）

参考文献

〈英語〉

Anderson, Jonathan (2011), *Chart of the Day: Is There Really Such a Thing as a 'Middle income Trap'*, UBS Investment Research, Emerging Economic Comment, July 21.

Aoki, Masahiko (2012), "The Five Phases of Economic Development and Institutional Evolution in China, Japan, and Korea," in Masahiko Aoki, Timur Kuran, and Gérard Roland eds., *Institutions and Comparative Economic Development*, Basingstoke: Palgrave Macmillan, pp. 13–47.

Asian Productivity Organization (2008), *APO Productivity Databook 2008*, Tokyo: Asian Productivity Organization.

Autor, David, Lawrence Katz, and Melissa Kearney (2006), *Tile Polarization of the U.S. Labor Market*, NBER Working Paper, No.11986, Cambridge, MA: National Bureau of Economic Research.

Bai, Chong-En, Chang-Tai Hsieh, and Yingyi Qian (2006), *The Return to Capital in China*, NBER Working Paper, No.12755, Cambridge, MA: National Bureau of Economic Research.

Bai, Moo-ki (1982), "The Turning Point in the Korean Economy," *Developing Economies*, 20(2), pp. 117–140.

Barro, Robert and Xavier Sala-i-Martin (1995), *Economic Growth*, New York: McGraw-Hill.

Bhagwati, Jagdish (1996), "The Miracle That Did Happen: Understanding East Asia in Comparative Perspective," Keynote speech at the conference on "Government and Market: The Relevance of the Taiwanese Performance to Development Theory and Policy" in honor of Professors Liu and Tsiang, Cornell University, May 3.

Bloom, David, David Canning, and Jaypee Sevilla (2002), *The Demographic Dividend: A New Perspective on the Economic Consequences of Population Change*, Santa Monica, CA: RAND.

Bloom, David, and Jeffrey Williamson (1997), *Demographic Transitions and Economic Miracles in Emerging Asia*, NBER Working Paper, No.6268, Cambridge, MA: National Bureau of Economic Research.

Boltho, Andrea, Wendy Carlin, and Pasquale Scaramozzino (1997), "Will East Germany Become a New Mezzogiorno?," *Journal of Comparative Economics*, 23(3), pp. 241–264.

Brandt, Loren, and Xiaodong Zhu (2010), *Accounting for China's*

Growth, Working Paper, No.395, Department of Economics, University of Toronto.

Brinton. Carl, Xinxin Chen, Renfu Luo, Di Mo, Scott Rozelle, Yaojiang Shi, Hongmei Yi, and Linxiu Zhang (2012), "Dropping Out: Why Are Students Leaving Junior High in China's Poor Rural Areas?," *International Journal of Educational Development*, 32 (4), pp. 555–563.

Cai, Fang (2008), *Approaching a Triumphal Span: How Far is China towards its Lewisian Turning Point?*, UNU-WIDER Research Paper, No.2008/09, Helsinki: UNU-WIDER.

Cai, Fang (2010a), "The Formation and Evolution of China's Migrant Labor Policy," in Xiaobo Zhang, Shenggen Fan, and Arjan de Haan eds., *Narratives of Chinese Economic Reforms: How Does China Cross the River?*, Hackensack, NJ: World Scientific, pp. 71–90.

Cai, Fang (2010b), "Demographic Transition, Demographic Dividend, and the Lewis Turning Point in China." *China Economic Journal*, 3 (2), pp. 107–119.

Cai, Fang (2013), "The Hukou Reform and Unification of Rural-Urban Social Welfare," in David Kennedy and Joseph Stiglitz eds., *Law and Economics with Chinese Characteristics: Institutions for Promoting Development in the Twenty-First Century*, Oxford: Oxford University Press, pp. 441–454.

Cai, Fang, and Yang Du (2011), "Wages Increase, Wages Convergence, and Lewis Turning Point in China," *China Economic Review*, 22 (4), pp. 601–610.

Cai, Fang, Yang Du, and Dewen Wang (2009), "A Study on Issues of China's Education Reform and Development Strategy," in Fang Cai ed., *Reforming the Education System to Promote Human Capital, Reports on China's Population and Labor*, No.10, Beijing: Social Sciences Academic Press, pp. 1–26.

Cai, Fang, Yang Du, and Meiyan Wang (2011a), "Labor Market Institutions and Social Protection Mechanism," Background Report of the World Bank.

Cai, Fang, Yang Du, and Meiyan Wang (2011b), *Rural Labor Migration and Poverty Reduction in China*, Working Paper, No.7, Beijing: International Poverty Reduction Center in China.

Cai, Fang, and Yang Lu (2013), "The End of China's Demographic Dividend: The Perspective of Potential GDP Growth," in Fang Cai, Ross

Garnaut, and Ligang Song eds., *China: A New Model for Growth and Development*, Canberra: Australian National University E Press, pp. 55–74.

Cai, Fang, Dewen Wang, and Yue Qu (2009), "Flying Geese within Borders: How Does China Sustain Its Labour-Intensive Industries," in Ross Garnaut, Ligang Song, and Wing Thye Woo eds., *China's New Place in a World in Crisis: Economic, Geopolitical and Environmental Dimensions*, Canberra: Australian National University E Press, pp. 209–232.

Cai, Fang, and Meiyan Wang (2008), "A Counterfactural Analysis on Unlimited Surplus Labor in Rural China," *China and World Economy*, 16 (1), pp. 51–65.

Cai, Fang, and Meiyan Wang (2012a), *Labour Market Changes, Labour Disputes and Social Cohesion in China*, OECD Development Centre Working Paper, No.307, Paris: OECD Development Centre.

Cai, Fang, and Meiyan Wang (2012b), "On the Status Quo of China's Human Capital—How to Explore New Sources of Growth after Demographic Dividends Disappear," *Frontiers*, 6, pp. 56–65.

Cai, Fang, and Meiyan Wang (2014), "Income Gap and the Risk of Middle-Income Trap Facing China," *China Economist*, 9(4), pp. 13–19.

Cai, Fang, and Wen Zhao (2012), "When Demographic Dividend Disappears: Growth Sustainability of China," in Masahiko Aoki and Jinglian Wu eds., *The Chinese Economy: A New Transition*, Basingstoke: Palgrave Macmillan, pp. 75–90.

Caldwell, John (1976), "Toward a Restatement of Demographic Transition Theory," *Population and Development Review*, 2, pp. 321–366.

Carter, Colin, Funing Zhong, and Fang Cai (1996), *China's Ongoing Reform of Agriculture*, San Francisco: 1990 Institute.

Chen, Shaohua, and Martic Ravallion (1999), "When Economic Reform Reform Is Faster than Statistical Reform: Measuring and Explaining Income Inequality in Rural China," *Oxford Bulletin of Economics and Statistics*, 61(1), pp. 33–56.

Cowen, Tyler (2011), *The Great Stagnation: How America Ate All the Low-Hanging Fruit of Modern History, Got Sick, and Will (Eventually) Feel Better*, New York: Dutton.

Deutsch, Joseph, and Jacques Silber (2001), *The Kuznets Curve and the Impact of Various Income Sources on the Link between Inequality and Development*, Working Paper, No.2001–03, Department of Economics, Bar-Ilan University.

Dollar, David, and Shang-Jin Wei (2007), *Das (Wasted) Kapital: Firm Ownership and Investment Efficiency in China*, NBER Working Paper, No.13103, Cambridge, MA: National Bureau of Economic Research.

Dornbusch, Rudiger, and Sebastian Edwards (1989), *Macroeconomic Populism in Latin America*, NBER Working Paper, No.2986, Cambridge, MA: National Bureau of Economic Research.

Du, Yang (2005), "The Formation of Low Fertility and Its Impacts on Long Term Economic Growth in China," *World Economy*, 12, pp. 14–23.

Du, Yang, Albert Park, and Sangui Wang (2005), "Migration and Rural Poverty in China," *Journal of Comparative Economics*, 33(4), pp. 688–709.

Dutta, Soumitra, and Bruno Lanvin eds. (2013), *The Global Innovation Index 2013: The Local Dynamics of Innovation*, Ithaca: Cornell University, INSEAD, and New York, Fontainebleau, and Geneva: WIPO.

Economist (2015a), "Mind the Gap: Anthony Atkinson, the Godfather of Inequality Research, on a Growing Problem," *Economist*, June 6.

Economist (2015b), "Working on Tap: The Rise of the On-demand Economy Poses Difficult Questions for Workers, Companies, and Politicians," *Economist*, January 3–9.

Eeckhout, Jan, and Boyan Jovanovic (2007), *Occupational Choice and Development*, NBER Working Paper, No.13686, Cambridge, MA: National Bureau of Economic Research.

Eichengreen, Barry, Donghyun Park, and Kwanho Shin (2011), *When Fast Growing Economies Slow Down: International Evidence and Implications for China*, NBER Working Paper, No.16919, Cambridge, MA: National Bureau of Economic Research.

Elvin, Mark (1973), *The Pattern of the Chinese Past: A Social and Economic Interpretation*, Stanford, CA: Stanford University Press.

Fan, Shitao, and Jinglian Wu (2010), "Beyond the East Asian Miracle: Looking Back and Future Prospects for China's Economic Growth Model," in Cai Fang ed., *Transforming the Chinese Economy*, Leiden: Brill, pp. 241–277.

Felipe, Jesus (1997), *Total Factor Productivity Growth in East Asia: A Critical Survey*, EDRC Report Series, No.65, Manila: Asian Development Bank.

Fogel, Robert (2007), *Capitalism and Democracy in 2040: Forecasts and Speculations*, NBER Working Paper, No.13184, Cambridge, MA: National Bureau of Economic Research.

Foster, Lucia, John Haltiwanger, and Chad Syverson (2008), "Reallocation, Firm Turnover, and Efficiency: Selection on Productivity or Profitability," *American Economic Review*, 98(1), pp. 394–425.

Freeman, Richard (2008), "Labour Market Institutions around the World," in Paul Blyton, Edmund Heery, Nick Bacon, and Jack Fiorito eds., *The Sage Handbook of Industrial Relations*, London: Sage, pp. 640–658.

Freeman, Richard (2009), "Labour Regulations, Unions, and Social Protection in Developing Countries: Market Distortion or Efficient Institutions?," in Dani Rodrik and Mark Rosenzweig eds., *Handbook of Development Economics, Vol. 5*, Amsterdam: Elsevier, pp. 4657–4702.

Gao, Peiyong (2014), "Strategic Perspectives on China's New Round of Tax Reform," *China Economist*, 9(4), pp. 4–12.

Gao, Wenshu (2010), "Providing an Education for Left-Behind and Migrant Children", in Fang Cai ed., *The China Population and Labor Yearbook, Vol. 2: The Sustainability of Economic Growth from the Perspective of Human Resources*, Leiden: Brill, pp. 75–91.

Garrett, Geoffrey (2004), "Globalization's Missing Middle," *Foreign Affairs*, 83(6), pp. 84–96.

Ge, Suqin, and Dennis Tao Yang (2011), "Labor Market Developments in China: A Neoclassical View," *China Economic Review*, 22(4), pp. 611–625.

Gerschenkron, Alexander (1962), *Economic Backwardness in Historical Perspective: A Book of Essays*, Cambridge, MA: Belknap Press of Harvard University Press.

Ghosh, Jayati (2012), "The Continuing Need for Industrial Policy," *Frontline*, 29(9), pp. 5–18.

Giles, Chris (2014), "China to Overtake US as Top Economic Power This Year," *Financial Times*, April 30.

Gill Indermit, and Homi Kharas (2007), *An East Asian Renaissance: Ideas for Economic Growth*, Washington, DC: World Bank.

Godo, Yoshihisa (2001), *Estimation of Average Years of Schooling by Levels of Education for Japan and the United States, 1890–1990*,

FASID Development Database, No.2000–01, Tokyo: Foundation for Advanced Studies on International Development.

Goldstone, Jack (2008), *Why Europe? The Rise of the West in World History, 1500–1850*, New York: McGraw-Hill.

Government of India (2006), *Economic Survey, 2005–06*, New Delhi, Ministry of Finance.

Hansen, Gary, and Edward Prescott (2002), "Malthus to Solow," *American Economic Review*, 92(4), pp. 1205–1217.

Harris, John, and Michael Todaro (1970), "Migration, Unemployment and Development: A Two Sector Analysis," *American Economic Review*, 60, pp. 126–142.

Hatakenaka, Sachi (2010), "The Role of Higher Education in High-Technology Industrial Development: What Can International Experience Tell Us?," in Justin Yifu Lin and Boris Pleskovic eds., *People, Politics, and Globalization*, Washington, DC: World Bank, pp. 233–265.

Hayami, Yujiro, and Yoshihisa Godo (2005), *Development Economics: From the Poverty to the Wealth of Nations*, 3rd edn., Oxford: Oxford University Press.

Hayami, Yujiro, and Vernon Ruttan (1980), *Agricultural Development: An International Perspective*, Baltimore, MD: Johns Hopkins University Press.

Hayashi, Fumio, and Edward Prescott (2002), "The 1990s in Japan: A Lost Decade," *Review of Economic Dynamics*, 5(1), pp. 206–235.

Hayashi, Fumio, and Edward Prescott (2008), "The Depressing Effect of Agricultural Institutions on the Prewar Japanese Economy," *Journal of Political Economy*, 116(4), pp. 573–632.

Heckman, James (2005), "China's Human Capital Investment," *China Economic Review*, 16(1), pp. 50–70.

Heckman. James, and Pedro Carneiro (2003), *Human Capital Policy*, NBER Working Paper, No.9495, Cambridge, MA: National Bureau of Economic Research.

Herd, Richard (2010), *A Pause in the Growth of Inequality in China?*, Economics Department Working Paper, No.748, Paris: Organization for Economic Cooperation and Development (OECD).

Herrmann-Pillath, Carsten, and Xingyuan Feng (2004), "Competitive Governments, Fiscal Arrangements, and the Provision of Local Public Infrastructure in China: A Theory-Driven Study of Gujiao Municipality," *China Information*, 18(3), pp. 373-428.

Hirschman, Albert (1970), *Exit, Voice, and Loyalty: Responses to Decline in Firms, Organizations, and States*, Cambridge, MA: Harvard University Press.

Ho, Ernest, Qing Wang, and Stephen Zhang (2009), *Chinese Economy Through 2020: It's Not Whether but How Growth Will Decelerate*, Morgan Stanley China Economy, Morgan Stanley Research Asia/Pacific, September 20.

Hoshi, Takeo, and Anil Kashyap (2011), *Why Did Japan Stop Growing?*, report prepared for the National Institute of Research Advancement (NIRA), http://www.nira.or.jp/pdf/1002english_report.pdf.

Howe, Neil, Richard Jackson, and Keisuke Nakashima (2009), *China's Long March to Retirement Reform: The Graying of the Middle Kingdom Revisited*, Washington, DC: Center for Strategic and International Studies and Prudential Foundation.

Hsieh, Chang-Tai, and Peter J. Klenow (2009), "Misallocation and Manufacturing TFP in China and India," *Quarterly Journal of Economics*, 124(4), pp. 1403-1448.

Information Office of the State Council of the People's Republic of China (2012), *White Papers of the Chinese Government 2011*, Beijing: Foreign Languages Press.

International Monetary Fund (2011), World Economic Outlook Database, April, https://www.imf.org/external/pubs/ft/weo/2011/01/weodata/index.aspx.

IMF (International Monetary Fund) (2012), *People's Republic of China: 2012 Article IV Consultation*, IMF Country Report, No.12/195, Washington, DC: International Monetary Fund.

International Monetary Fund (2014), *People's Republic of China: 2014 Article IV Consultation—Staff Report*, IMF Country Report, No.14/235, Washington, DC: International Monetary Fund.

Johnson, D. Gale (2002), "Can Agricultural Labor Adjustment Occur Primarily through Creation of Rural Non-Farm Jobs in China?," *Urban Studies*, 39(12), pp. 2163-2174.

Kaldor, Nicholas (1939), "Welfare Propositions of Economics and Interpersonal Compensations of Utility," *Economic Journal*, 49, pp. 549-551.

Kharas, Homi (2011), "China's Transition to a High Income Economy: Escaping the Middle Income Trap," in Edwin Lim and Michael Spence eds., *Thoughts and Suggestions for China's 12th Five-Year Plan from an International Perspective*, Beijing: China CITIC Press, pp. 470–501.

Knight, John, and Lisa Song (2005), *Towards a Labour Market in China*, Oxford: Oxford University Press.

Kojima, Kiyoshi (2000), "The 'Flying Geese' Model of Asian Economic Development: Origin, Theoretical Extensions, and Regional Policy Implications," *Journal of Asian Economics*, 11(4), pp. 375–401.

Krugman, Paul (1994), "The Myth of Asia's Miracle," *Foreign Affairs*, 73(6), pp. 62–78.

Krugman, Paul (2007), *The Conscience of a Liberal*, New York: W.W. Norton & Company.

Krugman, Paul (2013), "Hitting China's Wall," *New York Times*, July 18.

Kuijs, Louis (2009), *China through 2020-A Macroeconomic Scenario*, World Bank China Research Working Paper, No.9, Washington, DC: World Bank.

Kuznets, Simon (1955), "Economic Growth and Income Inequality," *American Economic Review*, 45(1), pp. 1–28.

Kwan, Yum, and Gregory Chow (1996), "Estimating Economic Effects of Political Movements in China," *Journal of Comparative Economics*, 23, pp. 192–208.

Lague, David (2003), "The Human Tide Sweeps into Cities," *Far Eastern Economic Review*, 166(1), pp. 24–28.

Lardy, Nicholas (2012), *Sustaining China's Economic Growth after the Global Financial Crisis*, Washington, DC: Peterson Institute for International Economics.

Lau, Lawrence (2010), "The Chinese Economy: The Next Thirty Years," presented at the Institute of Quantitative and Technical Economics, Chinese Academy of Social Sciences, Beijing, January 16.

Lee, Ronald, and Andrew Mason (2006), "What Is the Demographic Dividend?," *Finance and Development*, 43(3), pp. 16–17.

Lewis, Arthur (1954), "Economic Development with Unlimited Supply of Labor," *Manchester School*, 22(2), pp. 139–191.

Lewis, Arthur (1972), "Reflections on Unlimited Labor," in L. Di Marco ed., *International Economics and Development*, New York: Academic Press, pp. 75–96.

Lewis, Arthur (1979), "The Dual Economy Revisited," *Manchester School of Economic and Social Studies*, 47(3), pp. 211–229.

Li, Hongbin, Pak Wai Liu, and Junsen Zhang (2012), "Estimating Returns to Education Using Twins in Urban China," *Journal of Development Economics*, 97(2), pp. 494–504.

Li, Keqiang (2013), "China Will Stay the Course on Sustainable Growth", *Financial Times*, September 9.

Li, Shi (2010), "Economic Growth and Income Distribution: An Empirical Analysis on China's Experiences," in Fang Cai ed., *Transforming the Chinese Economy 1978–2008*, Leiden: Brill, pp. 279–315.

Lin, Justin Yifu (1992), "Rural Reforms and Agricultural Growth in China," *American Economic Review*, 82(1), pp. 34–51.

Lin, Justin Yifu (2008), "The Needham Puzzle, the Webber Question, and China's Miracle: Long-Term Performance since the Sung Dynasty," *China Economic Journal*, 1(1), pp. 63–95.

Lin, Justin Yifu (2012), *New Structural Economics: A Framework for Rethinking Development and Policy*, Washington, DC: World Bank.

Lin, Justin Yifu, Fang Cai, and Zhou Li (2003), *The China Miracle: Development Strategy and Economic Reform*, rev. edn., Hong Kong: Chinese University Press of Hong Kong.

Lin, Justin Yifu, and Yan Wang (2010), "China's Integration with the World: Development as a Process of Learning and Industrial Upgrading," in Fang Cai ed., *Transforming the Chinese Economy, 1978–2008*, Leiden: Brill, pp. 201–239.

Lindbeck, Assar (2008), "Economic-Social Interaction in China," *Economics of Transition*, 16(1), pp. 113–139.

Lu, Yang, and Fang Cai (2014), "China's Shift from the Demographic Dividend to the Reform Dividend," in Ligang Song, Ross Garnaut, and Fang Cai eds., *Deepening Reform for China's Long-Term Growth and Development*, Canberra: Australian National University E Press, pp. 27–50.

Lucas, Robert (2009), "Ideas and Growth," *Economia*, 76(301), pp. 1–19.

Maddison, Angus (2007), *Contours of the World Economy, 1–2030 AD: Essays in Macro-economic History*, Oxford: Oxford University Press.

Marti, Christa (1996), *Is There an East Asian Miracle*, Economic Research Working Paper, Zurich: Union Bank of Switzerland.

Meng, Xin (2013), "Rural-Urban Migration: Trend and Policy Implications (2008–2012)," in Ross Garnaut, Fang Cai, and Ligang Song eds., *China: A New Model for Growth and Development*, Canberra: Australian National University E Press, pp. 179–197.

Minami, Ryoshin (1968), "The Turning Point in the Japanese Economy," *Quarterly Journal of Economics*, 82(3), pp. 380–402.

Minami, Ryoshin (2010), "Turning Point in the Japanese Economy," presented at the Workshop in the Project of the Institute of Asian Culture, University of Tokyo "The Discussion on the Changes in East Asia Labor Market Based on Lewisian Turning Point Theory" Tokyo, July 18–19.

Minami, Ryoshin, and Akira Ono (1981), "Behavior of Income Shares in a Labor Surplus Economy: Japan's Experience," *Economic Development and Cultural Change*, 29(2), pp. 309–324.

Mitchell, Tom, and Shawn Donnan (2015), "IMF Makes Significant Shift with Vote of Confidence in Renminbi," *Financial Times*, May 27.

Niu, Jianlin, and Guangzhou Wang (2010), "Composition and Development of the Chinese Education System", in Fang Cai ed., *The China Population and Labor Yearbook, Vol. 2: The Sustainability of Economic Growth from the Perspective of Human Resources*, Boston, MA: Brill, pp. 43–61.

Notestein, Frank (1945), "Population-The Long View," in Theodore Schultz ed., *Food for the World*, Chicago: University of Chicago Press.

OECD (2011), *Pensions at a Glance 2011: Retirement-Income System in OECD and G20 Countries*, Paris: OECD.

Oi, Jean (1999), "Local State Corporatism," in Jean Oi ed., *Rural China Takes off: Institutional Foundations of Economic Reform*, Berkeley: University of California Press, pp. 95–138.

Öniş, Ziya (1991), "The Logic of the Development State," *Comparative Politics*, 24(1), pp. 109–126.

Palma, José Gabriel (2011), *Homogeneous Middles vs. Heterogeneous Tails, and the end of the 'Inverted-U': The Share of the Rich Is What It's All About*, Cambridge Working Papers in Economics, No.1111, Faculty of Economics, University of Cambridge.

Parente, Stephen, and Edward Prescott (2002), *Barriers to Riches*, Cambridge, MA: MIT Press.

Piketty, Thomas (2014), *Capital in the Twenty-First Century*, Cambridge, MA: Belknap Press of Harvard University Press.

Pomeranz, Kenneth (2000), *The Great Divergence: Europe, China, and the Making of the Modern World Economy*, Princeton, NJ: Princeton University Press.

Pritchett, Lant, and Lawrence H. Summers (2014), *Asiaphoria Meets Regression to the Mean*, NBER Working Paper, No.20573, Cambridge, MA: National Bureau of Economic Research.

Qu, Yue, Fang Cai, and Yang Du (2010), "Population Dividend: Continue or Alter?," in Fang Cai ed., *The China Population and Labor Yearbook, Vol. 2: The Sustainability of Economic Growth from the Perspective of Human Resources*, Boston, MA: Brill, pp. 15–27.

Qu, Yue, Fang Cai, and Xiaobo Zhang (2012), "Has the 'Flying Geese' Phenomenon in Industrial Transformation Occurred in China?," in Huw McKay and Ligang Song eds., *Rebalancing and Sustaining Growth in China*, Canberra: Australian National University E Press, pp. 93–109.

Ranis, Gustav (2004), *Arthur Lewis' Contribution to Development Thinking and Policy*, Yale University Economic Growth Center Discussion Paper, No.891.

Ranis, Gustav, and John C.H. Fei (1961), "A Theory of Economic Development," *American Economic Review*, 51(4), pp. 533–565.

Rifkin, Jeremy (2014), *The Zero Marginal Cost Society: The Internet of Things, the Collaborative Commons, and the Eclipse of Capitalism*, New York: Palgrave Macmillan.

Roberts, Kenneth, Rachel Connelly, Zhenming Xie, and Zhenzhen Zheng (2004), "Patterns of Temporary Labor Migration of Rural Women from Anhui and Sichuan," *China Journal*, 52, pp. 49–70.

Romer, Paul (1986), "Increasing Returns and Long-Run Growth," *Journal of Political Economy*, 94(5), pp. 1002–1037.

Romer, Paul (2010a), "Notes on Optimizing China's New Pattern of Growth," in Edwin Lim and Michael Spence eds., *Thoughts and Suggestions for China's 12th Five-Year Plan from an international Perspective*, China CITIC Press, Beijing, 572–587.

Romer, Paul (2010b), *Which Parts of Globalization Matter for Catch-Up Growth?*, NBER Working Paper, No.15755, Cambridge, MA: National Bureau of Economic Research.

Rostow, Walt (1960), *The Stages of Economic Growth: A Non-Communist Manifesto*, New York: Cambridge University Press.

Sala-i-Martin, Xavier (1996), "The Classical Approach to Convergence Analysis," *Economic Journal*, 16, pp. 1019–1036.

Sala-i-Martin, Xavier (1997), "I Just Ran Two Million Regressions," *American Economic Review*, 87(2), pp. 178–183.

Samuelson, Paul (2004), "Where Ricard and Mill Rebut and Confirm Arguments of Mainstream Economists Supporting Globalization," *Journal of Economic Perspectives*, 18(3), pp. 135–146.

Schultz, Theodore William (1964), *Transforming Traditional Agriculture*, Chicago: University of Chicago Press.

Schumpeter, Joseph (1982), *The Theory of Economic Development: An Inquiry into Profits, Capital, Credit, Interest, and the Business Cycle*, Piscataway, NJ: Transition Publishers.

Schumpeter, Joseph (2003), *Capitalism, Socialism, and Democracy*, Taylor & Francis e-Library.

Schwab, Klaus ed. (2014), *The Global Competitiveness Report 2013–2014*, Geneva: World Economic Forum.

Skidelsky, Robert (1992), *John Maynard Keynes, Vol. Two: The Economist as Saviour, 1920–1937*, London: Macmillan.

Solow, Robert (1956), "A Contribution to the Theory of Economic Growth," *Quarterly Journal of Economics*, 70(1), pp. 65–94.

Spence, Michael (2011), *The Next Convergence: The Future of Economic Growth in a Multispeed World*, New York: Farrar, Straus and Giroux.

Tao, Ran (2014), "The Issue of Land in China's Urbanisation and Growth Model", in Ligang Song, Ross Garnaut, and Fang Cai eds., *Deepening Reform for China's Long-Term Growth and Development*, Canberra: Australian National University E Press, pp. 335–377.

Taylor, Jeffrey (1993), "Rural Employment Trends and the Legacy of Surplus Labor, 1978–1989," in Yak-yeow Kueh and Robert Ash eds., *Economic Trends in Chinese Agriculture: The Impact of Post-Mao Reforms*, New York: Oxford University Press, pp. 273–310.

Thompson, Warren (1929), "Population," *American Journal of Sociology*, 34(6), pp. 959–975.

Tiebout, Charles (1956), "A Pure Theory of Local Expenditures," *Journal of Political Economy*, 64(5), pp. 416–424.

Todaro, Michael (1969), "A Model of Labor Migration and Urban Unemployment in Less Developed Countries," *American Economic Review*, 59(1), pp. 138-148.

Todaro, Michael (1985), *Economic Development in the Third World*, New York: Longman.

Turner, Adair (2006), "Pension Challenges in an Ageing World," *Finance and Development*, 43(3), pp. 36-39.

UNDP (United Nations Development Programme) (2011), *Sustainability and Equity: A Better Future for All*, New York: Palgrave Macmillan.

Unirule Institute of Economics (2013), "A Theoretical Research and Reforming Solution on Opening the Markets of Crude Oil and of Petroleum Products", http://english.unirule.cloud/consulting/2017-03-03/383.html.

United Nations (2010), *World Fertility Pattern 2009*, New York: United Nations.

United Nations (2011), *World Population Prospects: The 2010 Revision*, New York: United Nations, Department of Economic and Social Affairs, Population Division, https://www.un.org/en/development/desa/population/publications/fertility/fertility-patterns.asp.

United Nations (2015), *World Population Prospects: The 2015 Revision*, New York: United Nations, Department of Economic and Social Affairs, Population Division, CD-ROM edn..

Walder, Andrew (1995), "Local Governments as Industrial Firms: An Organizational Analysis of China's Transitional Economy," *American Journal of Sociology*, 101(2), pp. 263-301.

Wan, Guanghua (2007), "Understanding Regional Poverty and Inequality Trends in China: Methodological Issues and Empirical Findings," *Review of Income and Wealth*, 53(1), pp. 25-34.

Weller, Christian (2000), *Raising the Retirement Age: The Wrong Direction for Social Security*, Briefing Paper, Washington, DC: Economic Policy Institute.

Whalley, John, and Shuming Zhang (2004), *Inequality Change in China and (Hukou) Labour Mobility Restrictions*, NBER Working Paper, No.10683, Cambridge, MA: National Bureau of Economic Research.

Whalley, John, and Xiliang Zhao (2010), *The Contribution of Human Capital to China's Economic Growth*, NBER Working Paper, No.16592, Cambridge, MA: National Bureau of Economic Research.

Williamson, Jeffrey (1997), *Growth, Distribution and Demography: Some*

Lessons from History, NBER Working Paper, No.6244, Cambridge, MA: National Bureau of Economic Research.

Williamson, John (2004), "A Short History of the Washington Consensus", From the Washington Consensus towards a new Global Governance, Barcelona, paper commissioned by Fundación CIDOB for the conference, September 24–25 (http://www.petersoninstitute.org/publications/papers/williamson0904-2.pdf).

Woo, Wing Thye (2012), "China Meets the Middle-Income Trap: The Large Potholes in the Road to Catching-Up," *Journal of Chinese Economic and Business Studies*, 10(4), pp. 313–336.

World Bank (1993), *The East Asian Miracle: Economic Growth and Public Policy*, World Bank Policy Research Report, Oxford: Oxford University Press.

World Bank (1996), *World Development Report 1996: From Plan to Market*, Oxford: Oxford University Press.

World Bank (2010), *China: A Vision for Pension Policy Reform*, Washington, DC: World Bank.

World Bank (2012), *World Development Report 2012: Gender Equity and Development*, Oxford: Oxford University Press.

World Bank and Development Research Center of the State Council, People's Republic of China (2013), *China 2030: Building a Modern, Harmonious, and Creative Society*, Washington, DC: World Bank.

Young, Alwyn (1994), "Lessons from the NICs: A Contrarian View," *European Economic Review*, 38(3-4), pp. 964–973.

Zhang, Linxiu, Scott Rozelle, and Jikun Huang (2001), "Off-Farm Jobs and On-Farm Work in Periods of Boom an Bust in Rural China," *Journal of Comparative Economics*, 29(3), pp. 505–526.

〈中国語〉

白重恩・銭震傑 (2009)「誰在擠占居民的収入―中国国民収入分配格局分析」『中国社会科学』第5期, pp. 99-115.

蔡昉 (2003)「城郷収入差距与制度変革的臨界点」『中国社会科学』第5期, pp. 16-25.

蔡昉 (2013)『破解中国経済発展之謎』中国社会科学出版社.

蔡昉 (2015)「千呼万喚始出来―従公布調査失業率説起」蔡昉編『中国人口与労働問題報告 No.15』社会科学文献出版社.

蔡昉・都陽・王美艷 (2001)「戸籍制度与労働力市場保護」『経済研究』第12期.

蔡昉・孟昕（2004）「人口転変，体制転軌与養老保障模式的可持続性」『比較』第10期，pp. 179-206.

蔡昉・王徳文（1999）「中国経済増長可持続性与労働貢献」『経済研究』第10期，pp. 62-68.

蔡昉・王美艶（2004）「中国城鎮労働参与率的変化及其政策含義」『中国社会科学』第4期，pp. 68-79.

程傑・高文書・趙文（2011）「農村労働力流動対城郷居民収入差距統計的影響」蔡昉編『中国人口与労働問題報告 No.12』社会科学文献出版社，pp. 228-242.

都陽・陸暘（2011）「中国的自然失業率水平及其含義」『世界経済』第4期，pp. 3-21.

都陽・王美艶（2010）「農村剰余労働力的新估計及其含義」『広州大学学報』（社会科学版）第4期，pp. 17-24.

范菁菁編（1995）『中国人口年齢性別結構』中国人口出版社.

馮華（2015）「貧富差距到底有多大？」『人民日報』1月23日.

甘犁（2012）『中国家庭金融調査報告 2012』西南財経大学出版社.

国家発展改革委員会価格司編（各年版）『全国農産品成本収益資料匯編』中国統計出版社.

国家人口発展戦略研究課題組（2007）『国家人口発展戦略研究報告』中国人口出版社.

国家統計局編（各年版）『中国統計年鑑』中国統計出版社.

国家統計局（2005）『新中国六十年統計資料匯編』中国統計出版社.

国家統計局（2014）『中国統計摘要』中国統計出版社.

国家統計局農村社会経済調査司編（各年版）『中国農村住戸調査年鑑』中国統計出版社.

国家統計局人口和就業統計司編（各年版）『中国人口和就業統計年鑑』中国統計出版社.

国家統計局人口和就業統計司（各年版）『中国人口統計年鑑』中国統計出版社.

国家統計局住戸調査弁公室（2013）「2012 年全国農民工監測調査報告」王美艶・蔡昉編『中国人口与労動問題報告 No.14』社会科学文献出版社.

国家統計局・人力資源和社会保障部（各年版）『中国労働統計年鑑』中国統計出版社.

国務院人口普査弁公室・国家統計局人口和就業統計司（2012）『中国 2010 年人口普査資料』中国統計出版社.

呼濤・孫英威（2006）「振興東北戦略実施両年来国有経済控制力明顕提高」新華社，2006 年 1 月 16 日（http://www.gov.cn/jrzg/2006-01/16/content_160944.htm）.

教育部・国家統計局・財政部（2013）「関于 2012 年全国教育経費執行情況統計公告」.

李竜（2009）「農村大学生比重為何少了一半」『広州日報』1月 24 日.

林毅夫（2006）「発展戦略，人口与人口政策」曽毅・李玲・顧宝昌・林毅夫編『21 世紀中国人口与経済発展』社会科学文献出版社，pp. 3-10.

林毅夫（2007）「潮涌現象与発展中国家宏観経済理論的重新構建」『経済研究』第 1 期，

pp. 126-131.

劉建進（2002）「中国農村就業基本状況」蔡昉編『中国人口与労働問題報告――城郷就業問題与対策』社会科学文献出版社.

劉維濤（2013）「全国婦連発布"我国農村留守児童状況"研究報告」『人民日報』5月11日.

馬寅初（2002）『新人口論』中国人口出版社.

倪銘婭（2013）「林毅夫：中国経済増長仍靠投資駆動　不能靠消費」『中国証券報』5月31日.

曲玥（2012）「大規模投資維持的増長速度：産能過剰研究」蔡昉編『中国人口与労働問題報告 No.13』社会科学文献出版社, pp. 112-128.

任芳・劉兵（2006）「国資委：国有経済応保持対七個行業的絶対控制力」新華社, 2006年12月18日（http://www.gov.cn/ztzl/2006-12/18/content_472256.htm）.

審計署（2013）「全国政府性債務審計結果（審計署公告第32号）」.

史進峰・鄭智（2009）「周小川：某些基礎設施産能過剰　過低利率政策有弊端」『21世紀経済報道』11月21日.

施維（2009）「哪些障碍档住了農村学生的大学之路」『三農網』8月26日.

孫立平（2012）「中等収入陥阱還是転型陥阱？」『開放時代』第3期, pp. 125-145.

孫章偉（2013）「日本基尼係数与再分配制度研究」『現代日本経済』188(2), pp. 22-34.

王広州・牛建林（2009）「我国教育総量結構現状問題及発展予測」蔡昉編『中国人口与労働問題報告 No.10』社会科学文献出版社, pp. 104-123.

王美艶（2006）「農民工工資拖欠状況研究――利用労働調査数据進行的実証分析」『中国農村観察』第6期, pp. 23-30.

王美艶（2009）「普及高中和大衆化高等教育」蔡昉編『中国人口与労働問題報告 No.10』社会科学文献出版社, pp. 163-174.

王小魯（2013）「灰色収入与国民収入分配」『比較』第5期, pp. 1-51.

徐卓婷（2010）「対中国普及学前教育的研究与思考」『社会科学戦線』第11期, pp. 278-280.

于学軍（2002）「対第五次全国人口普査数据中総量和結構的估計」『人口研究』26(3), pp. 9-15.

張師奇・張継良・陳炳華（2014）「中美製造業主要行業増加値率的差異分析」『中国統計』第2期, pp. 45-47.

張小建編（2008）『中国就業的改革発展』中国労働社会保障出版社.

趙人偉・丁賽（2008），「中国居民財産分布研究」李実・史泰麗・古斯塔夫森編『中国居民収入分配研究Ⅲ』北京師範大学出版社.

鄭秉文編（2012）『中国養老金発展報告（2012）』経済管理出版社.

鄭真真（2011）「生育意願研究及其現実意義―兼以江蘇調査為例」『学海』第2期, pp. 10-18.

中国共産党中央委員会（2013）「関于全面深化改革若干重大問題的決定」

中国発展研究基金会（2012）「中国発展報告2011/2012人口形勢的変化和人口政策的調整」中国発展出版社.

中国人民銀行調査統計司（2010）「第5次農民工問題監測報告」蔡昉編『中国人口与労動問題報告No.11』社会科学文献出版社, pp. 35-47.

周黎安（2007）「中国地方官僚的晋昇錦標賽模式研究」『経済研究』第7期.

〈日本語〉

加藤弘之（2016），『中国経済学入門―「曖昧な制度」はいかに機能しているか』名古屋大学出版会.

中兼和津次（2012），『開発経済学と現代中国』名古屋大学出版会.

南亮進・馬欣欣（2009），「中国経済の転換点―日本との比較」『アジア経済』，50 (12)，pp. 2-20.

宮崎勇（2005），『証言戦後日本経済』岩波書店.

索 引

あ 行

アイケングリーン，バリー………21, 108

アウトソーシング ……………179

青木昌彦……………20, 102, 172

移行の罠 …………………214

移転収入……………182, 189

イノベーション ……………118

医療保険……………184, 206

インフレ非加速的失業率（NAIRU）……………197

ウィリアムソン，ジェフリー ……74

ウィリアムソン，ジョン ………135

請負制………13, 34, 36, 38–39, 56, 181, 217

か 行

海外資産市場 ………………148

改革開放政策…………………8

改革ボーナス ………………214

外国企業の直接投資 …………111

外国直接投資……………115, 140

下位中所得国 ………………103

開発経済学………………5, 37

外部経済 …………156, 167, 172

過剰生産能力 …………146, 149

株式市場………………92, 148

カルドア改善……………222, 224

雁行形態型発展 ……………118

雁行形態論 …………20, 109, 119

間接金融……………91, 189

技術イノベーション …………221

技術集約的産業 ……………127

技術進歩………………18

偽装失業 ……………198

義務教育 ……………158, 162, 173

キャッチアップ………19–20, 103, 106, 164

教育支出……………166, 169

教育システム ………………173

教育達成度 ………………183

教育のインセンティブ ………159

教育の質 ………………163

均衡の罠……………99

近代セクター ……28, 33, 100, 238

金融政策………………126, 138

クズネッツ，サイモン ……176, 184

クズネッツ仮説……………176, 186

クズネッツの転換点………175, 177, 184

グランドデザイン ……………220

クルーグマン，ポール……3, 19, 32, 115, 140, 178

計画経済………………32, 215, 234

計画経済期………………34

景気循環………………78

経済成長論………………98

経済成長方式 ………………138

限界労働生産性 →労働の限界生産性

顕示比較優位指数 ……………143

公共サービス………109, 120, 168,

263

183-184, 192-193, 205, 211-212, 222, 224

合計特殊出生率（TFR）………63-64, 68-70, 225-226

高所得国………………………84, 105

構造調整…………………146, 172

構造的失業 ……………………195

郷鎮企業………………………39

高賃金職種 ……………………179

公的教育支出……………166-167

高等教育 ………………………110

購買力平価…………………12, 14

後発の優位性……24, 115, 140, 228, 230

公立学校 ………………………171

高齢化社会 …………………82, 89

高齢者扶養率 …………………120

国際通貨基金（IMF）…………12

国内要因 ………………………143

国民総所得 ……………………103

国有企業…………………131, 217

国有部門……………………57, 131

小島清…………………………20

個人口座………………………90

戸籍制度……………………33, 48, 183

戸籍制度改革………………210, 228

戸籍登録地 ……………………182

固定資本形成 ………………73-74

古典派経済学…………………28

戸別請負制　→請負制

さ　行

財産収入 ………………………182

財政政策…………………128, 138

財政分権化………………201, 212

最低生活保障 ………183, 206, 222

最低賃金 ………………………206

再分配……………………178, 190

サマーズ, ローレンス ……4, 14, 21

サミュエルソン, ポール ………136, 179

サライマルティン, ハビエル ……19

産業構造の転換 ………………117

産業高度化………………117, 146

産業政策…………………138, 144

産業選択 ………………………127

事業収入 ………………………182

資源の再配分……………125, 140

資源配分効率 …………………74, 86

資源配分の効率性 ……………128

市場経済 ………………………215

市場志向的な改革 ……………183

自然増加率………66, 69, 72, 119

自然失業 ………………………197

失業保険 ………………………203

失業率……………………198, 203

ジニ係数 ………106, 109, 178, 186

資本形成 ………………………73

資本市場 ……………………89, 92

資本集約的産業 ………………127

資本集約度 ……………………128

資本の限界収益率 ……………77

資本の限界生産性 ……………19

資本の収穫逓減……20, 76-77, 114, 117, 139

資本労働比率………………116, 165

社会主義市場経済 ……………40

社会的セーフティネット ………193, 216

社会保険 ………………………200

社会保障 ········193, 202, 204-205

従属人口比率·········22, 66, 72, 85

集団所有·······························34

集団農業·······························34

収斂·······························19, 105

熟練労働······56, 58, 162, 165, 177

出生率································71

需要側の要因·················140, 153

循環的失業 ·······················194

上位中所得国 ·········23, 103, 107

商業化点···················31, 56, 239

所得移転 ·······················180

所得の不平等　→所得不平等

所得不平等······106, 175, 180, 184, 187

所得分配········108, 175, 178, 181, 184

新型農村合作医療保険 ···········206

新型農村養老年金 ···········206

人口オーナス························87

人口高齢化 ·················81-82, 84

人口センサス ···········22, 63, 122

人口転換 ·········6, 63-64, 66, 69

人口の高齢化　→人口高齢化

人口の年齢構成·····················83

人口ピラミッド ·······················81

人口ボーナス······6, 22, 66, 75, 85, 87

新古典派経済学 ·············8, 27, 33

新古典派成長段階 ·············108

新古典派成長モデル·······100, 115, 116

新古典派成長理論 ·············17, 67

新成長理論 ·······················19

新世代農民工·······················50

人的資本 ·············139, 155, 160

人的資本の蓄積 ·············155, 161

人民元 ·······················137

人民公社 ·······················34, 39

スペンス，マイケル·········16, 104, 135

スミス，アダム·············215, 240

生産年齢人口 ······6, 55-56, 66, 72, 81-82

生産要素························119, 191

生産要素の再配分···········118-120, 124

政治経済学·····················61, 214

政治的安定·····················202, 220

生存セクター·························55

生存水準··················30, 56, 238

生存水準賃金·····················30, 237

成長会計·················73, 87, 160

成長方式の転換 ·················138

制度的革新 ·······················103

制度的障壁 ······119, 125, 130, 213

生命保険·····························92

世界銀行 ·············3, 15, 67, 97

世界金融危機 ···········47, 137, 146

世界経済の不均衡 ·············136

世界貿易機関（WTO）········40, 42, 118, 142

潜在成長率 ·········25, 78, 139, 160

全要素生産性（TFP）···········73-74, 113, 116-117, 119, 160, 226

戦略的産業 ···········129, 138, 144

戦略的新興産業 ·················146

創造的破壊 ········9, 123, 125, 145

ソフトな予算制約 ···········148, 216

ソロー，ロバート···········100, 116,

122, 131

た 行

大学教育の拡大 ……………162
大収斂………………16
大躍進……………16
退職年齢……………92
第二の人口ボーナス ……………86
大分岐……………15
団体交渉 ……………200
地域戦略……………127, 136
地域発展……………139, 219
中央計画経済……………13, 218
中所得国……………23
中所得国の罠 ……4, 7, 23, 98, 104,
111
調査失業率 ……………196
貯蓄率……………28, 66, 85, 89
賃金の収斂……………56
積立方式 ……………89, 96
低所得国……………83
低水準均衡の罠……………99
低賃金職種 ……………179
出稼ぎ労働者……4, 47, 52, 57, 121,
162, 182, 197, 207
出稼ぎ労働者の子供たち ………207
転換点 →ルイスの転換点
伝統的産業……………28, 145
投資率……………101
登録失業率……………47, 196
都市戸籍保有者 ……………208
都市戸籍労働者 ……60, 198, 208
都市人口……………52, 177
都市部の人口 →都市人口
都市部労働市場……………53

トダロ, マイケル ……………51
トダロの教義……………51
トダロのパラドックス ……………51
トラクター……………49

な 行

ニーダムの謎 ……………15, 99
二重経済の発展 →二重経済発展
二重経済発展 ……4-5, 27, 29, 100,
108, 177
二重労働市場……………28
人間開発指数 ……………106
年金システム……………89
年金制度……………90
農家経営請負制 →請負制
農業セクター ………28, 33, 58, 237
農村土地改革 ……………223

は 行

馬寅初……………69
ハーシュマン, アルバート ……200
パレート改善 ………125, 217, 223
バロー, ロバート ……………19
ハロッド・ドーマー型成長モデル
……………99
半熟練労働者 ……………166
比較優位………102, 109, 127, 142,
234
比較優位の空白 ……………102
東アジア金融危機……………41, 141
非国有企業……………132, 217
非熟練労働……………101
非熟練労働者……………59, 155
一人っ子政策……………6, 69
貧困線 ……………183

貧困の罠………67, 100, 110, 229
フォーゲル，ロバート …………12
賦課方式………………………89, 91
不完全就業………………………34, 195
文化大革命………………………16
平均寿命………………………5, 82, 92
貿易黒字………………………136
法定退職年齢………………………93

ま 行

マクロ経済政策 ……135, 141, 149
摩擦的失業 ……………………194
マディソン，アンガス………14, 16,
　104
マルクス，カール ……………240
マルサスの罠……………………99
未富先老…………………………6, 81
南亮進…………55, 177, 234, 236
民間企業 ………………………183
民工潮……………………………41
無制限の労働供給　→無制限労働供給
無制限労働供給………46, 49, 56-58,
　65, 182

や 行

融資プラットフォーム …………149
誘発的技術革新…………………49
余剰労働力……29, 33, 35, 46, 237

ら 行

ライフサイクル…………………88
リカード，デビッド………238, 240
林毅夫 …………14, 34, 140, 218
ルイス，アーサー………5, 8, 28-29,
　64, 76
ルイスの転換点………5, 28, 30-31,
　43, 55, 177, 184, 200, 227, 234
ルイス・モデル…………………33
ルイス理論………………………33
ルーカス，ロバート ……………18
留守児童 ………………………171
レントシーキング………107, 181,
　189
労使関係 ………………………200
労働移動………4, 32, 36, 39, 41, 51
労働参加率………………………55, 225
労働市場………………………41
労働市場制度 ……178, 194, 200
労働市場の柔軟性 ……………178
労働市場の二極化 ……………165
労働集約的産業………4, 47, 86, 118,
　127, 145, 205
労働集約的製造業………109, 136,
　234
労働節約的な技術 ………………49
労働争議………………………121, 200
労働の限界生産性 ……6, 28, 35, 56
労働の限界生産物………………30
労働力の豊富さ……………127-128
労働力不足 ……………46-47, 59
ローマー，ポール……………18, 132
ワシントン・コンセンサス ……135,
　144, 216

IMF　→国際通貨基金
TFP　→全要素生産性
TFR　→合計特殊出生率
WTO　→世界貿易機関

[著者略歴]

蔡昉（ツァイ・ファン）

全国人民代表大会常務委員・中国社会科学院副院長。

1956年生れ。中国人民大学卒業。中国社会科学院大学院修了。博士（経済学）。専門は、中国経済、労働経済学、中国の経済成長、所得分配など。著書に『破解中国経済発展之謎』（Demystifying the Economic Growth in Transition China）、『《从人口红利到改革红利》（From Demographic Dividend to Reform Dividend）、『中国経済发展的世界意义』（China's Economic Development and Its Implications to the World）。などがある。

[監訳・解説者略歴]

丸川知雄（まるかわ　ともお）

東京大学社会科学研究所教授。1964年生れ。1987年東京大学経済学部卒業，アジア研究所入所。2001年東京大学社会科学研究所助教授。2007年より現職。著書に『現代中国の産業　勃興する中国企業の強さと脆さ』（中公新書、2007年）。『「中国なし」で生活できるか　貿易から読み解く日中関係の真実』（2009年、PHP研究所）『チャイニーズ・ドリーム　大衆資本主義が世界を変える』（ちくま新書、2013年）『現代中国経済』（2013年、有斐閣）他多数。

[訳者略歴]

伊藤亜聖（いとう　あせい）

東京大学社会科学研究所准教授。1984年生れ。博士（経済学）（慶應義塾大学）。主な研究内容は、中国の産業発展と対外直接投資活動、そしてアジア、新興国におけるイノベーションとデジタル化。著書・共著に『現代中国の産業集積「世界の工場」とボトムアップ型経済発展』（名古屋大学出版会、2015年）、『現代アジア経済論』（有斐閣、2018年）、『中国14億人の社会実装』（東京大学社会科学研究所、2019年）他多数。

藤井大輔（ふじい　だいすけ）

大阪経済大学経済学部講師。1979年生れ。2009年神戸大学大学院経済学研究科博士課程後期課程修了。博士（経済学）。著書に「競争する地方政府」（加藤弘之編著『中国長江デルタの都市化と産業集積』第2章、勁草書房、2012年）、「地方政府間競争と財政の持続可能性」（加藤弘之・梶谷懐編著『二重の罠を超えて進む中国型資本主義―「曖昧な制度」の実証分析』第3章、ミネルヴァ書房、2016年）。

三竝康平（みつなみ　こうへい）

帝京大学経済学部専任講師。1986年生れ。2015年神戸大学大学院経済学研究科博士課程後期課程修了。博士（経済学）。著書に中兼和津次・三竝康平「民営化、市場化と制度化の連鎖関係―民営化は市場の発展に必要か」加藤弘之・梶谷懐編著『二重の罠を超えて進む中国型資本主義―「曖昧な制度」の実証分析』第7章（ミネルヴァ書房、2016年）など。

現代中国経済入門
人口ボーナスから改革ボーナスへ

2019 年 12 月 23 日　初　版

［検印廃止］

著　者　蔡　昉

監訳者　丸川知雄

訳　者　伊藤亜聖・藤井大輔・三竝康平

発行所　一般財団法人　東京大学出版会

代表者　吉見俊哉

153-0041 東京都目黒区駒場 4-5-29
http://www.utp.or.jp/
電話　03-6407-1069　Fax 03-6407-1991
振替　00160-6-59964

印刷所　株式会社理想社
製本所　牧製本印刷株式会社

Ⓒ 2019 Tomoo MARUKAWA, Asei ITO, Daisuke FUJII, and Kohei
MITSUNAMI.
ISBN 978-4-13-046131-3　Printed in Japan

JCOPY〈出版者著作権管理機構　委託出版物〉
本書の無断複写は著作権法上での例外を除き禁じられています. 複写され
る場合は, そのつど事前に, 出版者著作権管理機構 (電話 03-5244-5088,
FAX 03-5244-5089, e-mail: info@jcopy.or.jp) の許諾を得てください.

姫田・久保ほか編	中 国 20 世 紀 史	A5	2800 円
久保・加島・木越編	統計でみる中国近現代経済史	A5	2900 円
久保 亨編	中 国 経 済 史 入 門	A5	3800 円
益尾・青山 三船・趙	中 国 外 交 史	A5	2900 円
川島・清水 松田・楊	日 台 関 係 史 1945-2008	A5	2800 円
高原明生ほか編	東大塾 社会人のための現代中国講義	A5	2800 円
飯島・久保・村田編	シリーズ20世紀中国史〈全4巻〉	A5	各 3800 円
高原明生ほか編	日中関係史 1972-2012〈全4巻〉	A5	各 3000～3800 円
久保亨ほか著	現 代 中 国 の 歴 史 (第2版)	A5	2800 円

ここに表示された価格は本体価格です．御購入の
際には消費税が加算されますので御了承下さい．